Eric Malpass

Unglücklich sind nicht wir allein

Ein Roman
um William Shakespeare
und seine Zeit

Deutsch von
Susanne Lepsius

Rowohlt

Die englische Originalausgabe erschien 1974 unter dem Titel
«The Cleopatra Boy» bei Macmillan London Limited,
London und Basingstoke
Umschlagbild von Brian Knight
Umschlagtypographie und Einbandentwurf von Werner Rebhuhn
Der Titel der deutschen Ausgabe
und die Kapitelüberschriften sind Zitate aus Werken von
William Shakespeare

1. Auflage August 1975

Gesamtherstellung Clausen & Bosse, Leck/Schleswig

Printed in Germany
ISBN 3 498 04243 2

Für Heather Malpass

HERZOG: Du siehst, unglücklich sind nicht wir allein,
Und dieser weite, allgemeine Schauplatz
Beut mehr betrübte Szenen dar, als unsre,
Worin du spielst.
JAQUES: Die ganze Welt ist Bühne,
Und alle Fraun und Männer bloße Spieler.
Sie treten auf und gehen wieder ab . . .

William Shakespeare
Wie es euch gefällt

Prolog

Frühling! Der Tod selbst, so schien es, war mit den Wintertagen dahingestorben. Überall herrschte neues Leben, lärmendes, blühendes, üppiges Leben. Leuchtend weiße Wolken segelten am tiefblauen Himmel dahin. Hunde jagten durch die Wiesen und schnappten nach dem wirbelnden Wind. Der Winter war vergangen und mit ihm der Tod.

Aber der Mann, der im kühlen Schatten der Kirche von Stratford am Grab seines Sohnes stand, wußte, daß der Tod nicht gestorben war. Er blickte auf den Grabstein: «Hamnet Shakespeare. Geboren 1585. Gestorben 1596.» Ein kleiner Stein für eine kleine Spanne. Eine kurze Inschrift für ein kurzes Leben. Ein alter Kummer, zuweilen halb vergessen und doch immer wieder lebendig. Vor sieben Jahren hatten sie hier den kleinen Hamnet begraben.

Der Morgenwind zerrte an seinem grauen Umhang und fuhr ihm durch sein kastanienbraunes Haar.

Er seufzte. Dann wandte er sich ab. Er bestieg sein Pferd. Und er schlug, wieder einmal, den Weg nach London ein – nicht weil er es wollte, sondern weil er nicht anders konnte. Es trieb ihn nach London, so wie es im Frühjahr die Schwalben nach Norden und die Rehe wieder in die Tiefe der Wälder trieb.

I

Ließ' Euren Namen an die Hügel hallen ...

Jene ersten stürmischen Frühlingstage waren so frisch und belebend wie eine kräftige Brise am Gischt sprühenden Meer.

Die Menschen schienen von einer seltsamen Unruhe ergriffen. Denn mit dem Frühling war zugleich ein neues Zeitalter angebrochen. Von der Turmspitze der St. Pauls-Kirche aus, auf der, wie alle Welt wußte, der Teufel jeden Tag ein Weilchen hockte (viele hatten ihn mit eigenen Augen dort beobachtet), hätte man sehen können, wie es auf den Straßen draußen vor London von Reitern wimmelte. Und hätte man mit den Zugvögeln nordwärts fliegen können, so hätte man irgendwo auf der Heerstraße von Edinburgh nach London einen langen prächtigen Zug von Kutschen und Planwagen und Berittenen und Bewaffneten gesehen. Der Nachfolger Königin Elisabeths näherte sich London: Jakob VI. von Schottland, der als Jakob I. zum König von England gekrönt werden sollte. Er, der Sohn Maria Stuarts, schickte sich an, die beiden Königreiche England und Schottland nach jahrhundertelangem, oft blutigem Streit zu vermählen.

Es würde, so glaubten viele, eine unruhige Hochzeitsnacht werden.

William Shakespeare dachte nicht lange über den neuen König nach, während er in leichtem Trab nach London ritt. Er hatte in den zwei Jahren, in denen er in Frieden in Stratford gelebt hatte, so manches gelernt. Er hatte erkannt, daß sein unruhiges

Leben in London oft nichts anderes gewesen war als die Jagd eines törichten Kindes nach schillernden Seifenblasen. Die zwei Jahre in seiner alten Heimat hatten ihm neue Kraft und einen klaren Blick gegeben. Der innere Zwiespalt, unter dem er so lange gelitten hatte, die Zerrissenheit war plötzlich einer inneren Sicherheit gewichen. Zum erstenmal wußte er, wo er leben wollte: in Stratford. Seine Wurzeln, seine Gefühle, seine Liebe, eine friedliche Umgebung – alles, was er zum Leben brauchte, hatte er in der stillen Welt der Grafschaft Warwick wiedergefunden. London – das war Aufregung, Unruhe, Gefahr gewesen, ein Leben, wie man es in der Jugend begehrte. Doch mit annähernd vierzig Jahren wußte man Ruhe, Sicherheit und seinen inneren Frieden zu schätzen. Darum wollte er diesmal und auch bei künftigen Besuchen nur kurz in London verweilen. Vielleicht würde er ein neues Stück für die Schauspielertruppe des Lord-Kämmerers schreiben, und vielleicht konnte er selbst in der einen oder anderen Rolle auftreten. (Wer je auf der Bühne gestanden hatte, vergaß nie das erregende Gefühl, wenn die Spannung der Zuschauer immer mehr zunahm und sich schließlich in zornigem Gebrüll oder in Gelächter entlud.) Und er würde dafür sorgen, daß die Schauspieler sich in seinen Stücken an seinen Text und an seine Anweisungen hielten und nicht etwa in den hochtrabenden Stil des berühmten Edward Alleyn verfielen! Und dann – zurück nach Stratford, zu Anne, zu seiner lieblichen Tochter Susanna und zu der armen, verschüchterten Judith, der Zwillingsschwester seines toten Sohnes Hamnet. Nun, bist du zufrieden, mein Gewissen? murmelte er. Es war das erste Mal, daß er nach London ritt, ohne daß Gewissensbisse ihn wie schwarze Höllenhunde verfolgten. Jahrelang hatte er Stratford jedesmal so verlassen, wie man einem Gefängnis entflieht. Doch nun war alles anders. Er war älter und weiser geworden.

Oder so glaubte er doch.

Richard Burbage, der größte Schauspieler der Truppe des Lord-Kämmerers und gleichwohl ein bescheidener, liebenswürdiger Mann, war der Verzweiflung nahe.

Es durften keine Aufführungen stattfinden. Gewiß, es wäre auch unziemlich gewesen, Theater zu spielen, solange die alte Königin, Elisabeth von England, noch nicht begraben war. Außerdem hätte ein solcher Mangel an Respekt den Puritanern noch einen Vorwand mehr gegeben, über die armen Schauspieler herzufallen.

Da er jedoch wie die anderen Schauspieler der beliebten Truppe ein vielbeschäftigter Mann war, hatte er die erzwungene Ruhepause nutzen und einen Knabenschauspieler einstellen wollen. Und bei diesem Versuch war er bald zu dem Schluß gekommen, daß offenbar jeder Knabe, der einen Satz stotterfrei herausbringen konnte, schon einer jener Kindertruppen angehörte, die beim Publikum so beliebt waren und den *richtigen* Schauspielern darum sehr zu schaffen machten.

Seine Halskrause scheuerte hinten am Nacken, sein Wams und seine Kniehose waren durchgeschwitzt, und seine nach einem langen Winter bei Pökelfleisch und Brot ausgetrocknete Haut juckte und brannte, als würden tausend Teufel mit ihren Nadeln auf ihn einstechen. Er hatte nur noch den einen Wunsch, nach Hause zu gehen und sich einen weiten Schlafrock anzuziehen. Ja, er fühlte sich so unbehaglich, daß er ernsthaft mit dem Gedanken spielte, ein Bad zu nehmen.

Was für ein Tag! Als sei es nicht schon genug, sich mit zehn nichtsnutzigen Bälgern – und ihren in sie vernarrten Müttern – abzuplagen, war er auch noch seinem Rivalen Philip Henslowe in die Arme gelaufen, und das ausgerechnet vor Henslowes Theater, dem ‹Fortune›!

Er hatte nicht mehr fliehen können. Henslowe hatte ihn am Arm gegrapscht, als griffe er nach einem Geldbeutel, und hatte ihm sein bläßliches bigottes Gesicht entgegengereckt.

«Schreckliche Zeiten, Master Burbage, schreckliche Zeiten! Es heißt, der neue König werde die Theater für immer schließen.» Er verdrehte die Augen und schickte ein stummes Gebet zum Himmel.

«Vielleicht ist es nur ein Gerücht», sagte Richard, bemüht, sich nicht niederdrücken zu lassen.

Henslowe sah ihn ernst an. «Gebe Gott, daß Ihr recht habt.» Er schüttelte zweifelnd den Kopf. «Ich jedenfalls danke unserem gütigen Schöpfer jeden Abend auf den Knien für meine Bierkneipen und Bordelle. Ich würde nicht gern von meinen Schauspielern abhängig sein in diesen schrecklichen Zeiten.»

«Da habt Ihr recht», sagte Richard Burbage, der weder Bierkneipen noch Bordelle besaß und im Gegensatz zu Henslowe von seinen Schauspielern abhängig war. Er wollte weitergehen, aber die Hand, die seinen Arm umklammert hielt, ließ nicht locker. Wäre Henslowe nicht ein so frommer Christ gewesen, hätte man meinen können, er wolle noch mehr Salz in eine offene Wunde streuen, doch sicherlich entsprangen seine Worte reiner Nächstenliebe. Er zog Richard Burbage noch näher zu sich heran, stieß ihm seinen nach Hering riechenden Atem ins Gesicht und fragte mit gedämpfter Stimme: «Sagt, Dick, ich mache mir Sorgen um den guten William Shakespeare. Er ist doch hoffentlich nicht etwa krank?»

«Nein, nein.» Als erfahrener Schauspieler gab Burbage seiner Stimme einen sorglosen Klang. «Ich glaube, irgendwelche Geschäfte, die sich in die Länge ziehen, halten ihn in Stratford fest.»

Henslowe tat so, als atmete er erleichtert auf. Wieder wandte er die Augen gen Himmel, diesmal scheinbar in tiefer Dankbarkeit. «Das freut mich zu hören, Dick. Man hat in London schon so lange kein neues Stück mehr von ihm gesehen, daß ich allmählich fürchtete . . .»

Burbage sah ihn mit einem haßerfüllten Lächeln an und ging

weiter. Nein, Henslowe hatte sich nicht täuschen lassen, dieser verdammte Kerl! Und dieser verdammte William! dachte er wütend. Warum versteckte er sich im fernen Stratford? Er war der beste Mann, den die Truppe je gehabt hatte, stets willig und zu allem bereit. Und auch nachdem er Teilhaber geworden war, hatte man sich immer darauf verlassen können, daß er jederzeit einsprang, wo Not am Manne war, sei es, daß er eine Rolle übernahm oder mit drei Trompetenstößen den Beginn der Aufführung anzeigte oder gar in den Pausen Quitten an die Zuschauer verkaufte, wenn die Lohnarbeiter krank waren. Und vor allem hatte er ein paar gute Stücke geschrieben. Richard Burbage war sogar bereit zuzugeben, daß Williams Stükke und sein Gespür für das, was die Zuschauer wollten, ebensosehr zum Erfolg der Truppe beigetragen hatten wie seine eigene Schauspielkunst und John Heminges Geschäftssinn.

Und nach zwei oder drei Gläsern Wein hätte er sogar hinzugefügt, daß Wills Stücke wie Zwiebeln waren – bei jeder Aufführung schälte man eine Hautschicht ab und entdeckte darunter eine weitere. Er wußte, daß er von Will, der ihn schon so tief in die Labyrinthe des menschlichen Denkens und Fühlens geführt hatte, noch vieles lernen konnte. Sie alle liebten und achteten Will, und er, Richard Burbage, ganz besonders, und insgeheim war er ein wenig enttäuscht, daß der Freund sie so lange im Stich ließ.

Doch jetzt war es Zeit, nach Hause zu gehen und die stickige, vollgestopfte Garderobe zu verlassen, wo er den ganzen Tag lang die lärmenden und zappeligen Kinder ertragen hatte. Es war Zeit, nach Hause zu gehen, in die Halliwell Street, wo – Allmächtiger! – acht weitere Kinder auf ihn warteten. *Seine* Kinder.

Er räumte auf und stellte die Schwerter und Lanzen wieder an ihren Platz – warum griffen diese kleinen Teufel immer sofort nach den Waffen? Zumal sie sich doch darum bewarben, daß man sie lehrte, Frauenrollen zu spielen. Freilich, heute war nicht ein einziger unter den Bewerbern gewesen, der dafür getaugt hätte.

Er nahm einen beschriebenen Quartbogen in die Hand und las: ‹Ich baut' an Eurer Tür ein Weidenhüttchen und riefe meiner Seel' im Hause zu, schrieb fromme Lieder der verschmähten Liebe . . .› O Gott, er hatte diese Zeilen aus ‹*Was ihr wollt*› immer sehr hübsch gefunden, aber heute waren sie von so vielen piepsigen, quiekenden, dröhnenden und brummigen Kinderstimmen deklamiert worden, daß sie jede Poesie, ja sogar ihren Sinn verloren hatten. Kinder! Kinder waren kleine Störenfriede. Sie störten den Frieden, die Eintracht, die Ordnung. Und nun mußte er nach Hause und weitere acht über sich ergehen lassen!

Jemand klopfte an die Tür. Richard Burbage erstarrte. Er wollte nur noch seine Ruhe. Hätte es eine Hintertür gegeben, wäre er leise davongeschlichen.

Aber es gab keine Hintertür. «Herein», rief er wütend.

Sie war zu sehr aufgeputzt. Nein, so kleidete sich keine Dame.

Sie trug einen kanariengelben Rock. Und ihre Halskrause war so groß wie ein Wagenrad. Zahllose goldene Ringe bedeckten ihre Finger. Und doch war sie hübsch. Ja, sie war ein stattliches Frauenzimmer. Richard Burbage ertappte sich dabei, wie er sich die weichen, üppigen Rundungen unter all dem Brokat vorstellte. «Ich bringe Euch meinen Sohn Nicholas», sagte sie. «Ich möchte, daß er bei Euch in die Lehre geht und Schauspieler wird. Ich bin Mistress Fox – Helen Fox. Meine Freunde nennen mich allerdings Nell.» Dabei sah sie ihn so an, als wollte sie sagen, daß ein kleiner, dicker Schauspieler wie er sicherlich nie zu dem Kreis ihrer Freunde zählen würde. «Nicholas, sag auf, was du gelernt hast.»

Nicholas stellte sich in Positur – er stand auf den Zehenspitzen, die Knie durchgedrückt, leicht nach vorn geneigt und den linken Arm halb über dem Kopf. Wie ein alberner Kerzenhalter, dachte Burbage mürrisch.

Jetzt hob der Junge die rechte Hand, die Handfläche nach außen gekehrt, und spreizte die Finger vor seinem angstverzerrten Gesicht.

«‹Welch gräßlich Schrei reißt mich aus meinem harten Bett›», kreischte er. «‹Welch eisig Hauch –›»

«Halt!» brüllte Burbage. Was fiel diesem Burschen ein, hier hereinzuplatzen und ausgerechnet aus Thomas Kyds *‹Spanischer Tragödie›*, diesem uralten Rührstück, vorzusprechen!

Der Knabe blieb in der gleichen Pose stehen, machte jetzt aber ein beleidigtes Gesicht. Seine Mutter sagte: «Ihr dürft ihn nicht gleich unterbrechen, Herr. Ich wette, wenn er zu der Stelle kommt, wo es heißt: ‹Oh, es ist Horatio, mein geliebter Sohn›, werdet Ihr die Tränen nicht zurückhalten können.»

Burbage hielt das für unwahrscheinlich. Er nahm den abgegriffenen Quartbogen vom Tisch und hielt ihn dem Jungen hin. «Lies das hier», sagte er kurz angebunden.

Der Knabe stellte sich wieder leicht vorgeneigt auf die Zehenspitzen und begann: «‹Ich baut' an Eurer Tür ein Weidenhüttchen und riefe . . .›»

Für eine taube alte Frau in der hintersten Reihe des Theaters wäre es die richtige Lautstärke gewesen. Hier, in dem kleinen Seitenraum, zerriß es einem schier das Trommelfell. Burbage brachte den Jungen wütend mit einer wedelnden Handbewegung zum Schweigen. «Wo, um Himmels willen, hast du diese aberwitzige Art zu schauspielern gelernt?»

Der Junge schmollte. Seine Mutter antwortete für ihn: «Das hat er sich bei Master Alleyn im ‹Fortune› abgesehen!»

Zweierlei ging Richard Burbage durch den Kopf: Warum ließen Mütter nie, aber auch nie ihre Söhne selber antworten? Und warum hatte diese Person ihren geliebten Sprößling nicht im ‹Fortune› in die Lehre gegeben? Henslowe und Edward Alleyn hätten solche Fähigkeiten bestimmt zu schätzen gewußt. Er wandte sich der Mutter zu: «Warum versucht Ihr es mit Eurem Sohn nicht im ‹Fortune›?»

«Oh, ich habe es versucht, aber man braucht dort zur Zeit keine neuen Knabenschauspieler.»

Aha. Im ‹Fortune› hatte man also genügend Knaben. Das hörte er gar nicht gern. Um so wichtiger war es, diesem Mangel im ‹Globe› möglichst schnell abzuhelfen. Er wappnete sich mit Geduld und sagte: «So, mein Junge. Jetzt noch einmal. Und denke daran, daß du kein Marktschreier bist. Du bist eine junge Frauensperson, die als Mann verkleidet ist und im Namen ihres Herren um eine Frau wirbt, die sich in dich verliebt hat – sie denkt natürlich, du wärst ein Mann.»

«Habt Ihr von solch einem Wirrwarr schon einmal gehört?» bemerkte Nell Fox.

Aber der Junge hatte das Wort ‹werben› vernommen, und das genügte. Er sank auf die Knie und hob flehend die Arme. «‹Ich baut' an Eurer Tür ein Weidenhüttchen›», begann er wieder, diesmal mit schmachtender, honigsüßer Stimme.

Burbage winkte ab und bedeutete ihm aufzustehen. Die Mutter, die den Schauspieler unterdessen eingehend gemustert hatte, meinte: «Ihr seid doch nicht etwa Master Burbage?»

Er nickte kurz.

«Ich hatte gedacht, Ihr wärt viel größer», sagte sie.

«So, tatsächlich?» Richard Burbage, der klein und dick wie eine Tonne war, hätte seinen rechten Arm hingegeben, wenn er dafür noch fünf Zentimeter gewachsen wäre. Für einen Tragöden war seine Statur ein schlimmes Handikap. Und er schätzte es gar nicht, wenn jemand Bemerkungen darüber machte. «Komm, mein Junge», sagte er. «Jetzt steh auf und . . .»

«Master Alleyn ist von Statur sehr hübsch und imposant», sagte die Dame. «Aber freilich», fügte sie hinzu, denn sie war eine Frau, die sich etwas auf ihren Takt zugute hielt, «körperliche Größe allein ist nicht alles. Und als Edward II. habt Ihr mir gut gefallen, Master Burbage.»

«Ich habe Edward II. nie gespielt, Mistress Fox.»

Sie sah ihn ungläubig an. «Nein, wirklich nicht? Ich hätte schwören können . . .»

«Ihr könnt mir glauben, Madame. In diesem Punkte irre ich mich nicht. Komm, mein Junge. Jetzt lies das noch einmal. Ganz ruhig. Und langsam.»

«Aber mit Gefühl, Nicholas», sagte seine Mutter und wandte sich Burbage zu. «Mein Sohn hat viel Gefühl, müßt Ihr wissen. Er hat es mit der Muttermilch eingesogen, wenn Ihr mir diesen etwas familiären Ausdruck gestattet, Master Burbage.»

Kein Zweifel, seit ihr klargeworden war, daß sie es nicht mit einem beliebigen Schauspieler, sondern immerhin mit dem berühmten Master Burbage zu tun hatte, wurde sie immer huldvoller und freundlicher. «Gehört Master Shakespeare nicht auch zu Eurer Truppe?»

Mußte sie denn ständig unterbrechen, dachte Richard Burbage verzweifelt. Andererseits freute er sich immer, wenn er feststellen konnte, daß Williams Name zunehmend bekannter wurde. Deshalb sagte er fast herzlich: «Ja, Mistress Fox, er ist einer von uns.»

«Hatte ich's mir doch gedacht.» Sie faltete befriedigt die Hände im Schoß. «So, Nicholas, nun zeig dem Herrn mal, was du kannst – dann wirst du vielleicht in dieselbe Schauspielertruppe aufgenommen, zu der auch Master Shakespeare gehört.»

Richard Burbage war ein gutmütiger Mann, aber er hatte durchaus seine menschlichen Schwächen. Und daß diese Frau nach Will fragte, während sie über *seine* Schauspielkunst offenbar so gut wie gar nichts wußte, kränkte seine Eitelkeit. «Und warum interessiert Ihr Euch so sehr für Master Shakespeare, Madam?» fragte er.

«Er logiert bei Mistress Mountjoy, wenn er in London ist.»

«Aha», sagte Richard Burbage. «So, Nicholas, und jetzt –»

«Und sie sagt, einen so liebenswürdigen, ruhigen Logiergast wie ihn gäb's nicht noch einmal auf der Welt.»

«Das will ich gern glauben. Also, mein Junge.»

«Und so bescheiden! Ein Stückchen Rindfleisch zum Frühstück und einen eingelegten Hering zum Abendbrot – das ist alles, was er verlangt. Aber natürlich verwöhnt ihn Mistress Mountjoy, wenn er in London ist.»

«Natürlich.»

«‹Ich baut' an Eurer Tür ein Weidenhüttchen›», begann der Junge wieder, «‹und riefe meiner Seel' im Hause –›»

«Halt», sagte Richard Burbage plötzlich leise und mit unsicherer Stimme. Er stand gegenüber der Tür, und die Tür hatte sich geöffnet, und ein Mann stand auf der Schwelle, ein Mann mit einem sorgfältig gestutzten kastanienbraunen Bart und lachenden Augen. «Will!» rief Richard. Und Tränen traten ihm in die Augen, und er brachte kein Wort mehr heraus, während er auf ihn zuging. «‹Ließ' Euren Namen an die Hügel hallen›», rief Nicholas von seinem eigenen Schwung mitgerissen.

Die beiden Männer umarmten sich tolpatschig wie zwei Bären.

Nell Fox betrachtete den Neuankömmling voller Interesse. Sie hatte eine Schwäche für stattliche Herren, und dieser gesund und kräftig aussehende, vornehm gekleidete Mann war in der Tat eine stattliche Erscheinung. Sie hatte ihn irgendwo schon einmal gesehen. Aber wo? Plötzlich fiel es ihr ein. «Ja, natürlich!» rief sie. «Das ist ja Mistress Mountjoys Logiergast.»

«‹O London, Blüte aller Städte›», hatte er vor sich hin gemurmelt, als er über die Brücke schritt – Worte eines schottischen Dichters, wie er sich lächelnd sagte. Und immer wieder ging ihm seit dem Tod der alten Königin die Geschichte von Banquo und Macbeth durch den Kopf – ein Stück schottischer Geschichte. War es möglich, daß er, der Edelmann William Shakespeare, unwillkürlich sein Mäntelchen nach dem Winde hängte?

Da er sich selbst sehr deutlich und ohne Illusionen sah, hielt er es sehr wohl für möglich. Er war längst zu dem Schluß gekommen, daß es dem neuen König aus Schottland schmeicheln würde, ein Stück zu sehen, das seine Abstammung von Banquo – und nicht von dem grausamen Macbeth – hervorhob. Also war er ein Schmeichler? Oder ging er zu streng mit sich selbst ins Gericht? War es nicht einfach so, daß er Freude daran hatte, anderen Menschen zu gefallen?

Seine Gefühle waren in Aufruhr. Vor zwei Jahren, nach dem mißglückten Aufstand seiner Freunde, der Grafen Essex und Southampton, war er aus London geflohen, um sein nacktes Leben zu retten. Essex war enthauptet worden, und Southampton lag seither, zu lebenslänglichem Gefängnis verurteilt, im Tower. Zwei sorglose Jahre in Stratford hatten ihn die Schrecken jener Tage vergessen lassen, doch jetzt durchlebte er sie wieder in seiner Erinnerung – die leeren Straßen, die unheimliche Stille vor dem Sturm, die Hagelkörner, die von einem kalten grauen Himmel herabstürzten, und wie immer die bösen Vorzeichen: Sterne, die ihre Bahnen verlassen hatten, ein bluttriefender Mond. Ihn schauderte. Damals hatte er vieles über die Schwächen des Edelmanns William Shakespeare erfahren, das er lieber nicht gewußt hätte. Die zwei friedlichen Jahre in New Place, seinem Herrenhaus in Stratford, hatten diesen bitteren Erkenntnissen den Stachel genommen. Doch seit er wieder in London war, quälten sie ihn von neuem.

Nach der langen Zeit im eigenen Haus war ihm sein Logis in London kalt und schmutzig vorgekommen. In den Zimmern über dem Laden des Kopfputzmachers Mountjoy im Stadtteil Cripplegate roch es so muffig, als sei dort während seiner Abwesenheit nicht ein einziges Mal gelüftet worden. Obwohl Mistress Mountjoy sofort Staub gewischt und Feuer gemacht hatte, war ihm zumute gewesen, als befände er sich in einer Grabkammer. Und die Mountjoys selbst rochen so, als hätten sie seit seiner Abreise vor zwei Jahren nicht ein einziges Mal mehr gebadet.

Draußen in den engen, sonnenlosen Straßen häufte sich noch immer der Unrat. O London, Blüte aller Städte! Und selbst die aufgespießten Köpfe der Verräter am Torhausturm der alten Brücke schienen noch dieselben. Regen und Frost und die hungrigen Vögel hatten dafür gesorgt, daß einer wie der andere aussah. Wieder schauderte ihn. Er dachte an den Grafen von Essex. O London, Perle aller Städte!

Draußen vor den Fenstern von New Place würden jetzt die letzten Sonnenstrahlen in hohen Ulmenzweigen spielen, und eine Schar wilder Jungen würde aus der Lateinschule gelaufen kommen und ausgelassen durch die Straßen stürmen. (Nur einer fehlte unter ihnen, der arme Hamnet, der so gern getobt und krakeelt hatte.) Anne würde nach getaner Küchenarbeit ihren besten blauen Kittel angezogen haben und am Fenster sitzen und stopfen und flicken. Die gute Anne. Eine neue Zärtlichkeit, eine wunderbare neue Liebe war in den vergangenen zwei Jahren zwischen ihnen erblüht. Einst, am Anfang, hatte er sie vor allem deshalb geliebt, weil sie ihn geliebt und bewundert hatte. Und weil sie sich ihm – ängstlich und ungeschickt und ganz und gar selbstlos – hingegeben hatte. Später hatte er sie oft gehaßt. Es war kein persönlicher Haß gewesen, sondern der Haß des Gefangenen gegen seine Kerkermauern. Inzwischen jedoch war das Gefängnis ein Zuhause geworden und der Gefängniswärter ein geliebter Gefährte. Die hohe Achtung, die er Anne jetzt entgegenbrachte, hatte das Band ihrer Ehe gefestigt.

Mein Gott, dachte er, was würde ich darum geben, wenn ich jetzt in Stratford mit Anne den Ausklang des Tages genießen könnte! Und einen Augenblick lang war die Sehnsucht fast ein körperlicher Schmerz, der sich schwer auf seine Brust legte und hinter seinen Augen brannte. Doch dann bot sich ihm ein Anblick, der ihn Stratford vergessen ließ und ihn zu Tränen rührte. Er ging jetzt am Südufer der Themse entlang, und dort drüben, eine dunkle Silhouette vor dem hellen westlichen Himmel, erhob sich ein Gebäude, das wie ein breiter Festungsturm alle anderen Häuser überragte – das ‹Globe›, *sein* Theater, Geburtsstätte und Heim so vieler seiner Gestalten.

Er ging hinein.

Ein weites, hallendes, leeres Rund. Ihn fröstelte. Würde je wieder stürmischer Beifall für Falstaff oder Agincourt hier aufbranden? Es hieß, der neue König werde alle Theater schließen lassen.

Er hörte Stimmen, die von der Garderobe herüberdrangen.

Er öffnete die Tür und trat ein.

Und dort stand Dick, sein Freund Richard Burbage! Man sah ihm auf den ersten Blick an, daß er vor Wut kochte.

Richard sah auf und erblickte ihn. Und plötzlich leuchtete sein müdes Gesicht auf vor Freude und Glück. William war gerührt. Es bewegte ihn, daß er von dem Freund und Weggefährten so geliebt wurde. «Dick!» – «Will!» Sie umarmten sich und klopften einander auf die Schultern und lachten und weinten. «Will, Will! Und ich dachte schon, du wärst in Stratford Ladenbesitzer geworden», sagte Burbage mit halb erstickter Stimme.

«‹Daß die vertraute Schwätzerin der Luft Olivia schrie›»,

schloß Nicholas, der Knabe, mit hoher, bebender Stimme.

Sie drehten sich um und sahen ihn beide verwirrt an. Was hatte der plappernde Junge jetzt hier zu suchen? «Nun, Will, hast du eine Truhe voll neuer Stücke? Du wirst doch nicht auf der Bärenhaut gelegen haben.»

«Nein, Stücke nicht, aber allerlei Ideen. In den ‹*Chroniken*› von Holinshed habe ich eine blutige Geschichte von zwei Schotten, Banquo und Macbeth, gelesen. Die würde dem König bestimmt gefallen. Und – und wie würde es *dir* gefallen, dein Gesicht zu schwärzen und einen vor Eifersucht rasenden Mohren zu spielen? Unter den Novellen von dem italienischen Dichter Cinzio –»

«Ich kann auch etwas aus Master Marlowes ‹*Doktor Faustus*› aufsagen», platzte Nicholas dazwischen.

«Ein andermal, mein Junge», sagte Burbage gedankenverloren. Sie hatten nie Stücke von Christopher Marlowe gespielt, und der Dichter war schon vor zehn Jahren bei einer Messerstecherei in einer Schenke ums Leben gekommen. Aber ein schwarzer wahnsinniger Mohr . . .! Das war etwas, das die Gründlinge, die Zuschauer im Parterre, erschaudern lassen würde.

Aber dem höflichen William war es unangenehm, wie sie, Richard und er, sich der Dame und dem Jungen gegenüber benahmen. Leise fragte er: «Taugt der Junge etwas?»

«Nein. Furchtbar! Ein kleiner Edward Alleyn.»

In diesem Augenblick begann Nicholas wieder zu deklamieren: «‹War dies das Antlitz, das tausend Schiffe in Bewegung setzte und die hohen Türme Ilions in Flammen aufgehen ließ?›»

«Oh, sei doch still!» fuhr Burbage ihn an.

William sagte hastig: «Komm, sei friedlich, Dick. Wir erzählen uns nachher, was es zu erzählen gibt. Laß uns erst mit der Dame sprechen.» Er wandte sich mit einer Verbeugung an

Mistress Fox. «Verzeiht, Madam! Die Wiedersehensfreude ließ uns die Gebote der Höflichkeit vergessen.»

«Euch ist verziehen, Herr», sagte sie huldvoll, und ihr Gesicht glühte förmlich.

Er verbeugte sich abermals und wandte sich Nicholas zu: «So, mein Junge. Fang doch noch einmal von vorn an.» Er setzte sich auf einen X-förmigen Stuhl.

Nicholas ließ gequält und mit einem deutlich hörbaren Seufzer die Schultern sinken. Unverschämter kleiner Teufel, dachte Burbage. Aber William ermunterte den Jungen freundlich: «Nun? ‹War dies das Antlitz ...›»

Nicholas gab nach und sagte den gelernten Text auf.

Es war furchtbar. Aber William hörte geduldig zu und war trotz der aufbrausenden Stimme, der heftigen Gesten und der rollenden Augen des Knaben hingerissen von der Schönheit der Verse Christopher Marlowes.

Danach saß er, das Kinn in die Hand gestützt, schweigend da und betrachtete nachdenklich den Knaben, sein unscheinbares schmales, blasses Gesicht, die scharfe Nase, die eng stehenden Augen. Nun, Henry Condell vermochte mit ein wenig Schminke wahre Wunder zu vollbringen. Und was den geschwollenen Ton betraf, so würde er ihm den schon abgewöhnen. Er würde ihn lehren, ‹so sanft zu brüllen wie ein saugendes Täubchen›, wie es im ‹*Sommernachtstraum*› hieß.

Plötzlich hörte er Burbage sagen: «Vielen Dank, Madam, Ihr werdet von uns hören.»

Er überlegte, ob er sich einmischen durfte. Aber schließlich war er auch Teilhaber. Er wandte sich Richard Burbage zu. «Dick», sagte er leise. «Brauchen wir denn neue Knabenschauspieler?»

«Ja», sagte Burbage kühl. «Aber ganz so dringend ist es auch wieder nicht.»

«Nimm ihn, Dick! Wir können ihm schnell beibringen –»

«Verdammt, ich will nicht!»

Die Frau und der Junge standen beide mit gespitzten Ohren da. William sagte: «Na gut, wie du willst. Edward Peers wird bestimmt in kürzester Frist etwas aus ihm machen.»

Mistress Fox besaß offenbar ein sehr gutes, sehr feines Gehör. «Master Peers», sagte sie, «hat gebeten und gebettelt, ich sollte ihm Nicholas für die St. Pauls-Kindertruppe geben. Aber ich habe zu ihm gesagt, nein, Nicholas soll an ein richtiges Theater. Er wird ja nicht immer und ewig ein Kind bleiben, habe ich gesagt.»

Der Unmut, der sich den ganzen Tag lang in Richard Burbage angestaut hatte, entlud sich in einem plötzlichen Donnerwetter. «Verdammt, Will!» brüllte er. «Zwei Jahre läßt du uns im Stich und lebst in Saus und Braus in Stratford, und dann geruhst du endlich wieder herzukommen und fängst schon in den ersten fünf Minuten an, den alten Freund zu lehren, was seines Amtes ist!» Er stand schwer atmend da, breitbeinig und mit zornig funkelnden Augen und starrte William böse an, nachdem er ihn eben noch umarmt hatte.

William wandte sich mit einer abermaligen Verbeugung an Mistress Fox. «Madam», sagte er, «ich muß Euch bitten, uns jetzt zu verlassen und morgen wiederzukommen. Wir haben dringende Geschäfte ...»

Mistress Fox verabschiedete sich mit einem zuckersüßen Lächeln und ging, schnurrend wie eine Katze, mit Nicholas davon. Sie konnte es kaum noch erwarten, Marie Mountjoy von ihrer Begegnung mit Maries höflichem, wohlerzogenem Logiergast zu erzählen.

Richard sah William finster an.

William sah Richard lächelnd an. Vor zwei Jahren noch wäre er nach einem solchen Ausbruch bedrückt und gekränkt wie ein gescholtenes Kind heimgeschlichen und hätte den ganzen Abend lang Trübsal geblasen. Doch inzwischen nahm er solche

Unwetter bei Richard nicht mehr tragisch. Das schöne Haus, das er in Stratford besaß, sein Erfolg und die Zuneigung seiner Freunde – das alles gab ihm innere Sicherheit. Er wußte, schon morgen würde Richard alles tun, um sein verletzendes Verhalten wiedergutzumachen. Der Junge war so gut wie angestellt.

Er klopfte seinem Freund auf die Schulter. «Komm, sei nicht so mürrisch, Dick», sagte er und rüttelte ihn. Dann hob er horchend den Kopf. Es hatte geklopft. Er blickte zur Tür, und plötzlich leuchteten eine Sekunde lang seine Augen glücklich auf. Dann wurde er aschfahl im Gesicht. Er fuhr sich mit der Zunge über die Lippen und schluckte. «Ich hielt dich für einen anderen», murmelte er lautlos vor sich hin.

Beide blickten sie zur Tür.

Richard Burbage sah eine Frau mit einem Knaben.

William Shakespeare sah einen Knaben mit einer Frau.

Es war eine Frau, die einen Mann in Unruhe versetzen konnte.

Nicht daß sie ihre Schönheit bewußt zur Schau getragen oder gar durch ihre Kleidung ihre hübschen weiblichen Linien betont hätte. Sie trug ein schlichtes schwarzes Kleid. Ihr ovales Gesicht war von dunklem Haar gerahmt. Die Augenbrauen waren stark geschwungen. Und die makellose brünette Haut über ihrem seidenen Mieder wirkte wie dunkler Samt. Sie muß südländisches Blut in den Adern haben, dachte Burbage, italienisches oder gar spanisches.

Später sollte auch William Shakespeare die Schönheit der Frau bemerken. Doch jetzt konnte er immer nur den Knaben anstarren, der ihn so lebhaft an seinen toten Sohn Hamnet erinnerte.

Erinnerungen. Stratford, die Wiesen am Fluß und die kleine Hand vertrauensvoll in seiner großen Hand. Und das stolze

Geplapper des Jungen. «Wenn ich groß bin, Vater, werde ich Schauspieler, und ich verspreche dir, daß ich die Rollen in deinen Stücken besser spiele als alle anderen.» Stratford, und dann Annes starres Gesicht. Anne, die mit gebrochenem Herzen zu ihm sagte: «Du hättest bei uns sein sollen, als dein Sohn krank war. Vielleicht wäre er dann nicht gestorben.»

Ja, vielleicht wäre er nicht gestorben. Seit sieben Jahren lebte er mit diesem Gedanken, der ihn bis an sein Grab begleiten würde.

Und hier war nun ein Junge genau wie Hamnet – ernst, stämmig und mit einem frischen, offenen Gesicht. Doch forschte er vergeblich in diesem Gesicht nach dem sicheren, unbekümmerten Vertrauen seines Sohnes, der gestorben war, ehe er wissen konnte, was Zweifel waren.

Er winkte den Jungen zu sich herüber. Der Junge, der neben seiner Mutter gestanden hatte, kam, stellte sich vor ihn hin und sah scheu zu ihm auf.

«Wie heißt du, mein Junge?»

«Matthew, Herr, Matthew Peyre.»

Nein, das war nicht Hamnets Stimme. Hamnets Stimme war warm und weich gewesen, sie hatte etwas von den Feldern und Wiesen um Stratford gehabt. Das hier war eine Londoner Stimme, schüchtern zwar, aber nüchtern und klar. Überdies sprach der Junge mit der Deutlichkeit eines Fremden, der nicht seine Muttersprache spricht. «Peyre?» sagte Will. «Das ist kein englischer Name, nicht wahr?»

«Nein, Herr, wir sind französischer Abkunft, mein Vater war Silberschmied.»

«War?»

«Ja, Herr. Er starb. Im letzten Jahr.»

«Das tut mir leid für dich, Matthew.»

«Ich danke Euch, Herr.»

Aha. Ein englischer Hamnet, ein französischer Matthew.

Und doch einander so ähnlich. Und der verhaßte Tod hatte auch in Matthews Leben schon eingegriffen. Oh, du bist zu geschäftig, Tod! Lächelnd fragte er: «Und du möchtest gern Schauspieler werden?»

«Ja, Herr.» Der Junge nickte eifrig.

«Es ist kein leichtes Brot. Und eine strenge Lehre erwartet dich. Du mußt jeden Tag viele Stunden arbeiten – mehr Stunden, als für einen Jungen in deinem Alter gut ist –, mußt lernen, proben und bei den Aufführungen auftreten. Erschreckt dich das nicht?»

Der Junge schüttelte mit zusammengepreßten Lippen und glänzenden Augen heftig den Kopf.

«Du mußt lernen, wie eine Frau zu sprechen, zu gehen und sogar zu denken, und du mußt Frauenkleider tragen. Geniert dich das nicht?»

«Nein, Herr. Meine Mutter ist eine Frau – warum sollte ich mich schämen, eine Frau zu spielen?»

«Bravo. Aber du mußt auch tanzen und singen, mußt kokettieren und spröde tun und ausgelassen kichern. Du mußt deine Mutter verlassen und unter Männern arbeiten, die dir manchmal grob und ungebärdig vorkommen werden. Das Theater ist eine Männerwelt, Master Peyre.»

William bemerkte das leichte Zögern, die Zungenspitze, die über die Lippe fuhr. Aber die Antwort klang mutig und fest: «Mir ist davor nicht bange, Herr.»

«Und du mußt mit auf Reisen gehen, in Wagen schlafen, mußt in der Frühe die Bühne mit errichten und sie um Mitternacht wieder abschlagen. Und du wirst oft frieren und hungern. Ist dir auch davor nicht bange?»

«Nein, Herr.»

William lachte und legte die Hand auf seine Schulter. Dann sah er den abgegriffenen Bogen auf dem Tisch. Er gab ihn dem Jungen. «So, Matthew, jetzt lies mir das einmal vor. Und denke daran – du bist ein als Mann verkleidetes Mädchen und umwirbst eine junge Frau . . .»

Richard geleitete die Frau unter vielen Verbeugungen zu einem Stuhl.

Sie schritt zu dem Stuhl hin, setzte sich und neigte ein wenig den Kopf zur Seite, und das alles war gleichsam eine einzige fließende Bewegung, die durch nichts unterbrochen wurde. Dann saß sie da, ruhig und gelassen, die Hände im Schoß gefaltet, und wandte nicht eine Sekunde die Augen von ihrem Sohn ab.

Burbage betrachtete sie dankbar. Sie wirkte so erfrischend und so wohltuend wie ein See im heißen Sommer. Und die stille Heiterkeit, die sie ausstrahlte, ließ ihn seinen Ärger vergessen. Er sagte: «Darf ich Euch ein Kompliment machen, Mistress?»

Der Blick, mit dem sie ihn kurz ansah, war nicht ermutigend, und ihr «Warum?» klang fast ein wenig verächtlich.

Sie war eine schöne Frau, und nach dem Tode ihres Mannes hatte sie schnell gelernt, worauf die Schmeicheleien der Männer einer jungen Witwe gegenüber meist hinausliefen und daß man ihnen am besten mit kühler Zurückhaltung begegnete.

«Ihr seid die erste Mutter, Madam», sagte Richard Burbage, «die ihren Sohn selbst sprechen läßt.»

Ihr Ausdruck wurde sanfter. Sie lachte sogar. «*Er* will schließlich Schauspieler werden», sagte sie. «Nicht ich. Nein, beim Kreuze Christi, nicht ich.»

Beim Kreuze Christi – welch seltsamer altmodischer Ausdruck für eine so ruhige junge Frau, dachte Richard Burbage. Seit der Glaube nicht mehr viel galt, hörte man dergleichen nur noch selten. Also war sie vermutlich Katholikin.

Solange die Menschen, mit denen er zu tun hatte, keine eifernden Puritaner waren, die er um so mehr haßte, als sie dafür sorgen wollten, daß die Theater geschlossen wurden, kümmerte es ihn nicht, welchem Glauben sie anhingen. Insgeheim dachte er sogar, daß die Welt ohne Religionen wahrscheinlich ein sehr viel angenehmerer Ort gewesen wäre. Aber der Allmächtige hatte es nun einmal so gefügt, und jetzt, da ein calvinistischer König auf dem Wege von Schottland nach London war, galt es, in den Fragen der Religion wieder auf der Hut zu sein. Es hatte Zeiten gegeben – und vielleicht standen solche Zeiten nun abermals bevor –, in denen oft schon die Bekanntschaft mit einem Papisten genügt hatte, daß unschuldige Männer und Frauen den Folterknechten überantwortet worden waren.

Er sagte: «Es ist eine schwere Arbeit, aber wir sorgen gut für die Knaben. Jeder von ihnen wird einem unserer verheirateten Teilnehmer zugeteilt, bei dem er wohnt und wie ein Glied der Familie behandelt wird.»

«Da bin ich froh. Seit dem Tod meines Mannes fehlt dem Jungen die väterliche Hand. Und sicher ist es nicht gut für ihn», fügte sie traurig hinzu, «daß er so sehr an mir hängt. Aber –»

«Aber, Madam?»

«Wenn es möglich ist, Herr, würde ich gern sehen, daß mein Sohn bei Master Shakespeare in die Lehre geht.»

Trotz der höflichen Worte klang es wie ein Befehl. Richards Unmut brach wieder hervor. «Das ist *nicht* möglich, Madam. Das Gesetz bestimmt ausdrücklich, daß die Knaben in die Obhut von Familienoberhäuptern gegeben werden. Es könnte sonst zu Unannehmlichkeiten kommen, wie Ihr gewiß versteht, Madam.»

«Ist Master Shakespeare denn kein Familienoberhaupt?» Die schön geschwungenen Augenbrauen hoben sich verwundert.

«Doch, gewiß, Madam. Aber seine Familie wohnt nicht in London, sondern in der Grafschaft Warwick.»

«Er ist nicht in London zu Hause? Ihr erstaunt mich. Wer hätte gedacht, daß auf lehmigem Ackerboden so viel Witz gedeiht.»

Burbage schwieg. Dann sagte er: «Ich fürchte, Madam, wir werden keinen Platz für Euren Sohn haben.» Und mit schlecht verhohlener Gereiztheit fügte er hinzu: «Master Shakespeare hat gerade erst vor zehn Minuten einen Knaben in die Truppe aufgenommen.»

Doch jetzt kam William strahlend mit dem Knaben auf die beiden zu. «Dick», rief er, «dieser Junge *ist* Viola! Gleich beim ersten Vorlesen. Er wird die Rolle so gut spielen wie kein anderer.» Er wandte sich der Mutter des Knaben zu. «Mistress Peyre. Ich nehme den Jungen in meine Lehre. Gewöhnlich fertigen wir in solchen Fällen keine formellen Verträge aus, aber wenn Ihr etwas Schriftliches wünscht ...»

Sie senkte den Kopf. «Ich bin Euch sehr dankbar, Herr.» Sie vermied es, Burbage anzusehen. Eine weniger taktvolle Frau hätte es sich nicht versagen können, den Triumph auszukosten.

Aber Richard Burbage sah sie an, und er sah den Jungen und schließlich Will an. Und mit fast übermenschlicher Anstrengung gelang es ihm, die Ruhe zu bewahren. Er sagte: «Es tut mir leid, Madam, aber wir können Euch noch keine feste Zusage geben. Master Shakespeare und ich haben einiges zu besprechen, bevor er Euch eine Lehrstelle für Euren Sohn anbieten kann.»

«Ich verstehe, Herr.» Sie erhob sich und schritt zur Tür. Es waren die gleichen anmutigen, fließenden Bewegungen wie zuvor. «Komm, Matthew», sagte sie. Als sie die Tür erreicht hatte, wandte sie sich den beiden Männern zu und neigte den Kopf. Sie bedachte Richard Burbage mit einem flüchtigen Lächeln und sah dann Master Shakespeare an. Es war ein langer, nachdenklicher Blick, den William seltsam beunruhigend fand.

2

Er ist in Schweiß und außer Atem . . .

Matthew Peyre kniete vor seinem Bett. Seine Mutter kniete neben ihm.

Er trug ein langes weißes Nachthemd mit Rüschen an den Ärmeln. Seine Mutter hatte ihr schwarzes Kleid an. Sie trug noch immer Trauer.

Sie erhoben sich und bekreuzigten sich. Matthew sprang ins Bett und zog sich die Decke bis ans Kinn. «Warum muß ich so früh ins Bett, Mutter? Es ist noch gar nicht dunkel draußen.»

«Pater Grainger kommt, um mir die Beichte abzunehmen.»

«Warum nimmt er nicht auch mir die Beichte ab?»

«Weil du nichts zu beichten hast, du Schelm.»

Er lachte. «Ich habe große Sünden begangen, Mutter.» Er ließ den Kopf hängen, machte ein zerknirschtes Gesicht und schlug die Hände über seinem blonden Schopf zusammen. *«Miserere mei, Deus.»*

«Laß das, mit so etwas treibt man keinen Scherz», sagte seine Mutter lächelnd und doch streng.

Er klopfte mit der Hand auf die Decke. «Bleib noch ein bißchen hier, Mutter, und sprich mit mir. Master Shakespeare hat mir gut gefallen.»

Sie setzte sich mit der ihr eigenen Anmut auf den Bettrand. «Wie schön, mein Junge. Er ist ein sehr gescheiter Mann. Und er kann dich mehr lehren als jeder andere Schauspieler in London.»

«Er . . .» Der Junge sah seine Mutter forschend an. Er wußte, daß man lieber nicht an vergessene Kümmernisse rührte, aber dieser eine Kummer würde nie in Vergessenheit geraten. «Er hat mich an Vater erinnert. Er ist so nett. So höflich.» Er sah sie wieder an. «Es kommt selten vor, daß ein erwachsener Mann zu einem Jungen höflich ist», fügte er hinzu. «Aber Vater war es. Und Master Shakespeare ist es auch. Seltsam, nicht wahr?»

«Ja», sagte sie kurz und stand auf. Er legte sich zurück, und sie machte wie jeden Abend das Zeichen des Kreuzes über ihm. «Gott gebe dir eine gute Nacht und einen erquickenden Schlaf, Matthew.»

«Ich werde beten, daß Gott dir das gleiche gibt, Mutter.»

Sie beugte sich über ihn und küßte ihn in einem Aufwallen von verzweifelter Zärtlichkeit. Dann ging sie hinunter ins Wohnzimmer, wo die letzten Strahlen der Abendsonne durch die rautenförmigen Butzenscheiben fielen und sich golden über die Täfelung ergossen. Unruhe war über sie gekommen. Die heiteren Frühlingsabende machten sie immer unruhig, lockten sie mit dem Versprechen sommerlicher Wärme hinaus ins Freie, wo ein kalter, peitschender Wind sie alsbald wieder ins Haus trieb.

Aber an diesem Abend raubte ihr noch etwas anderes die Ruhe.

Sie hatte an diesem Tag einen Schritt getan, der für sie selbst trostlose Einsamkeit bedeutete, zumal nur wenige Menschen den Mut hatten, mit Katholiken befreundet zu sein. Vor allem aber hatte sie Angst um ihren empfindsamen, verletzbaren Sohn. Würde er nicht Monate oder gar Jahre unglücklich sein, wenn er aus einem friedlichen, frommen Elternhaus in den Trubel des Theaterlebens gestoßen wurde? Außerdem war sie an diesem Tage zum erstenmal seit Roberts Tod aus ihrer einsamen Welt hinausgetreten und hatte zwei Männer kennengelernt – zwei kluge, höfliche Männer. Sie schätzte Klugheit, und sie vermißte das Gespräch mit klugen Männern, auf das sie seit Roberts Tod verzichten mußte. Matthew war klug, und er war ein lieber, aufmerksamer, guter Sohn. Aber ein Junge, wie lieb und zärtlich er auch sein mochte, konnte keinen Mann ersetzen. Und Pater Grainger – gewiß, er war klug, aber er war gleichsam nur ein schwarzes Gespenst, das mit den Motten und Fledermäusen durch die Dämmerung huschte.

Sie warf sich einen Mantel über und ging in den kleinen Garten hinaus, wo ein paar knorrige Apfelbäume zwischen erfrorenen gelben Narzissen standen und die hohe Ziegelmauer im letzten Sonnenlicht glühte.

Pater Grainger wollte kommen. Und das bedeutete Gefahr.

Gefahr! Man war ihr immer ausgesetzt. Sie lauerte überall. Aber jetzt würde es noch schlimmer werden. Die alte Königin hatte es abgelehnt, Fenster in die Seelen der Menschen einzusetzen, wie sie sagte, solange sie aus ihrem Glauben keine Politik machten. Oh, es hatte Zeiten gegeben, da kein Katholik seines Lebens hatte sicher sein können, doch im ganzen war es immer noch besser gewesen, Katholik zu sein, als Jude oder ein Hund zu sein.

Und jetzt? Der neue König, den niemand kannte, kam aus Schottland. Er war Calvinist. Ein Mann, der seine Religion sehr ernst nahm. Und die Schotten waren, so hieß es, ein grausames, blutdürstiges Volk. Was würde der neue König denen antun, die unbeirrbar am alten Glauben festhielten? Ihr war angst und bange, wenn sie daran dachte. Zwar war schon lange Zeit niemand mehr um seines Glaubens willen hingerichtet worden, aber die Folterbank und das Henkersbeil waren noch da.

Die Sonne war untergegangen, und die Gartenmauer wirkte jetzt kalt und abweisend wie Gefängnismauern. Sie ging fröstelnd wieder ins Haus und machte Feuer im Kamin, um die abendliche Kälte zu vertreiben. Dann setzte sie sich ans Fenster und blickte auf die Straße hinaus und wartete, daß Pater Grainger kam.

Die Häuser mit den vorspringenden oberen Stockwerken hielten schon früh am Nachmittag die Sonne fern. Jetzt füllte sich die enge Straße mit Schatten.

Die Schatten wurden länger und dunkler. Hin und wieder sah man in dem einen oder anderen Fenster Kerzenschein und dahinter ein fahles, gespensterhaft schimmerndes Gesicht. Vorhänge wurden zugezogen. Überall spannen sich die Menschen in ihre Häuslichkeit ein. Sie würden miteinander sprechen und lachen und musizieren, aber auch streiten und einander hassen. Und sie selbst? Sie wartete in einem stillen Zimmer, daß es Zeit wurde, sich schlafen zu legen . . .

Auf der anderen Straßenseite löste sich plötzlich aus den jetzt schwarzen Schatten ein noch schwärzerer Schatten und huschte über die Straße. Sie zog hastig die Vorhänge zu und ging ohne Kerze zur Tür. Der schwarze Schatten stand auf der Schwelle.

«Pater!» Sie beugte im Dunkeln die Knie und streckte die Hand aus. Kalte, knochige Finger legten sich um ihr Handgelenk – es fühlte sich an wie der Griff eines Skeletts. Sie führte den Priester ins Wohnzimmer, prüfte, ob die Vorhänge fest geschlossen waren, hielt einen Fidibus ans Feuer und zündete die Kerzen in einem Leuchter an.

Ein behaglicher goldener Lichtschein erfüllte den Raum. Aber sie fragte ängstlich: «Was für Neuigkeiten bringt Ihr, Pater?»

«Keine guten, Tochter.» Er blickte unwillkürlich zum Fenster hinüber, ehe er seine schwarze Kapuze zurückschlug. Sein rundes, gütiges, kindlich pausbäckiges Gesicht paßte ganz und gar nicht zu seinen dürren, knochigen Fingern. «Nichts Gutes kann uns von diesem Schotten kommen. In seinen Schriften hat er verkündet, der Heilige Vater sei der –» er bekreuzigte sich und seufzte gequält auf, ehe er das Wort hervorbrachte – «Antichrist.»

Annette Peyre schwieg. Das beunruhigte sie nicht weiter. Dem Papst konnten ein paar Schimpfwörter nichts anhaben. Nein, sie machte sich Sorgen, wie es Matthew und ihr und ihren Freunden ergehen würde.

«Werden wir und unsere Glaubensgenossen Not und Verfolgung leiden, Pater?»

Er sah sie mit seinem flackernden Blick an, und seine Augen glänzten im Kerzenlicht. Die Augen paßten zu den Händen, dachte sie. Das gütige Gesicht war das, was nicht paßte. «Wenn es so sein wird», sagte er langsam und fast feierlich, «dann werden einige von uns wissen, was zu tun ist. Denkt immer daran, Tochter.»

Sie starrte ihn an. Sie verstand nicht, was er meinte. Aber sie zitterte plötzlich vor Angst. Über ihnen schrie Matthew im Traum laut auf. Und im Kamin rutschte ein Scheit, so daß die Funken stoben.

Nachdem Annette Peyre und ihr Sohn fortgegangen waren, kam Burbage wütend in die Theatergarderobe zurück. «Du Narr», fauchte er Will an und ließ sich in einen Stuhl fallen. «Als hätte ich heute nicht schon genug Ärger gehabt! Ein Dutzend Rotznasen und dazu ihre albernen Mütter! Und dann mußte mir auch noch Henslowe über den Weg laufen. Der alte Gauner hat übrigens nach dir gefragt. Er wollte wissen, wo du geblieben bist. Der gute William Shakespeare, er ist doch hoffentlich nicht etwa krank? Nein, nein, sagte ich, er hat in Stratford zu tun.» Er sprang auf und schlug zornig mit der Faust auf den Tisch. «Wärst du doch in Stratford geblieben und hättest weiter dein Herrenleben geführt! Dann hätten wir jetzt nicht diesen eingebildeten kleinen Poseur Nicholas Fox am Hals.»

William lachte. «Wenn der ehrenwerte Master Henslowe so um meine Gesundheit besorgt ist, so vielleicht deshalb, weil der ehrenwerte Master Alleyn Lust verspürt, sich das Gesicht zu schwärzen und meinen vor Eifersucht rasenden Mohren zu spielen, oder weil er sich ein Barett aufstülpen und als Macbeth auf der Bühne stehen möchte.»

Richard Burbage sah ihn prüfend an. Er hängte sich einen Mantel über die Schultern und schloß ihn sorgfältig am Hals, ohne den Blick von William abzuwenden. Und langsam veränderte sich der Ausdruck in seinem Gesicht. Schließlich sagte er: «Oh, Will, Will, ich bin froh, daß du wieder da bist. Du hast uns hier sehr gefehlt. Komm, laß uns in die Taverne gehen. Henry Condell, Augustine Phillips und John Heminge werden auch dort sein.»

Sie gingen in die Taverne, trafen dort Condell, Phillips und Heminge, und bald kamen auch die übrigen Mitglieder der Schauspielertruppe, denn die Kunde von William Shakespeares Rückkehr hatte sich wie ein Lauffeuer verbreitet. Sie umarmten ihn und freuten sich, denn sie alle hatten Will und seinen sprühenden Witz vermißt.

Bis in die Nacht hinein tranken sie, lachten und sangen und rissen Zoten. William war glücklich. Alle diese Männer waren seine Freunde, und er genoß das Zusammensein mit ihnen, ihre aufrichtige, unbekümmerte Freundschaft. Er liebte die Frauen, aber sie engten das Leben ein, sie fesselten einen mit den zarten, seidenen Banden der Liebe, bis man auf einmal ... ‹*Wo die Eichen und die Eschen und die schönen Efeuranken wachsen*› brüllten die Schauspieler im Chor, und dann sangen sie den Kanon ‹*Halt's Maul, du Schelm*›. Das klang anders, als wenn seine hübsche Tochter Susanna zur Laute griff und mit zaghafter, dünner Stimme das Lied ‹*Komm herbei, Tod*› vortrug, das er für sein Stück ‹*Was ihr wollt*› geschrieben hatte, wo es der Narr dem Herzog vorsang. Und er konnte sich Bier nachschenken, ohne jedesmal die ängstlichen Blicke seiner Frau auf sich zu spüren. Nicht daß er das Zeug besonders gern trank – ihm wurde immer übel danach.

Es war schon spät, als die letzten Schauspieler vorsichtig durch die Tür der Taverne in die Nacht hinauswankten. Es war schon spät, aber Annette Peyre lag noch wach und starrte mit weit geöffneten Augen an die Zimmerdecke. Auch Helen Fox lag noch wach. Sie blickte mißvergnügt auf den schlafenden Bettgenossen an ihrer Seite und dachte an den hübschen, stattlichen Logiergast von Mistress Mountjoy.

In New Place in Stratford am Avon war alles dunkel und still. Nur die Mäuse raschelten, und draußen schrie das Käuzchen.

Diesmal beachtete er nicht nur den Jungen, sondern auch dessen Mutter.

Sie war bezaubernd anzusehen, dachte er, und ihre Augen waren wie dunkle Seen. Aber mehr noch als ihr hübsches Gesicht und ihre zarten, schmalen Hände fiel ihm die Ruhe auf, die sie wie ein Mantel umhüllte, und der traurige Zug um ihren Mund. Er führte sie voller Ehrerbietung zu einem Stuhl, denn Master Shakespeare, der Dichter und Edelmann, verehrte Amut und Schönheit mehr noch als Titel und Rang.

Und die Art, wie sie leicht den Kopf neigte, ehe sie sich setzte, verriet ebenfalls Ehrerbietung. Der Stuhl war ein alter, nicht mehr benutzter Thronsessel, auf dem so mancher Tragöde als König oder als der große Caesar gesessen hatte. Aber noch nie hatte ihn jemand so graziös eingenommen, dachte William.

«Sitzt Ihr auch bequem, Mistress Peyre?»

Ein Lächeln huschte über ihr Gesicht. «Bequemer und sicherer, als so mancher König auf diesem Thron gesessen hat, wenn man Euren Stücken glauben darf, Master Shakespeare.»

Er war entzückt. «Ihr kennt meine Stücke?»

Sie nickte. «Ich kenne Eure Stücke. Und ich denke, sie sind das Wunderbarste, was je geschrieben wurde. Nach der Heiligen Schrift, natürlich», fügte sie pflichtschuldigst hinzu.

Was für eine gescheite Frau! Oh, er wußte, daß seine Stücke beliebt waren – am Hof, bei den Studenten und selbst bei den Gründlingen im Parterre. Aber man schätzte sie als Zeitvertreib für einen Nachmittag oder ein paar Abendstunden. Nur wenige erkannten, daß es Unterschiede zwischen den Stücken von einem Marlowe, einem Greene oder einem Shakespeare gab. Und die Gründlinge wußten nicht einmal, daß die Stücke *geschrieben* wurden. Sie glaubten, die Schauspieler erfänden sie während der Aufführung. Ohne es zu meinen, sagte er: «Madam, Ihr erweist mir zuviel der Ehre.»

Sie schüttelte lächelnd den Kopf. Er sah sie erwartungsvoll an und hoffte, sie würde noch mehr über seine Stücke sagen. Aber sie schwieg. Sie war keine Frau, die viele Worte machte.

Er wandte sich Matthew zu und war entzückt und gerührt, als er den glühenden Eifer in dem klaren Gesicht des Jungen sah. Lächelnd fragte er: «Wie wär's, wenn du mir ein Lied vorsingen würdest, Matthew?»

Es schmeichelte ihm, daß der Junge das Lied *‹Wer ist Silvia?›* aus seiner Komödie *‹Die beiden Veroneser›* sang. Er sang es hübsch und ausdrucksvoll.

Als der letzte Ton verklungen war, klatschte William in die Hände. «Und nun, mein Junge, zeig mir, ob du radschlagen kannst. Gleich hier, ja. Schnell! Und noch einmal! Und noch einmal!»

Der Junge wirbelte herum. Als er wieder auf den Füßen stand, schüttelte er lachend sein Haar zurück. William gab ihm ein Florett in die Hand. «Jetzt sei auf der Hut!» rief er. Und

Matthew fühlte eine Florettspitze am Hals.

Er antwortete mit der ersten Parade und schlug die Spitze fort, die darauf rasch zu seiner Hüfte glitt. Er wechselte über zur zweiten Parade, um William zurück in die Abwehrstellung zu zwingen.

William versuchte es mit einer Kontraparade – vergeblich. Er versuchte es mit einer Finte. Sie mißlang. Der Junge durchschaute den Scheinangriff.

William, der lange nicht geübt hatte, geriet außer Atem. Er nahm die beiden Klingen, warf sie in eine Ecke und ließ sich keuchend in einen Sessel fallen. «Jetzt laß sehen, wie du eine Galliarde tanzt.»

Matthew tanzte fröhlich und sprang und warf übermütig die Beine in die Luft. «Großer Sprung», rief er, und «Mittlerer Sprung» und «Kleiner Sprung», immer wieder, bei jedem Sprung, den er machte. «Oh, es ist herrlich zu tanzen!» sagte er, als er schließlich aufhörte, und seine Augen glänzten.

«Ja», sagte William gedankenverloren. Dieser hübsche Junge, der schauspielern und tanzen und singen und springen und sogar fechten konnte, war all das, was Hamnet, sein eigener Sohn, hätte sein können. Und dazu hatte er noch eine gescheite und betörend aussehende Mutter. Er sagte: «Mistress Peyre, ich werde Euren Sohn alles lehren, was ich selber weiß. Und wenn es mir nicht gelingt, einen guten Schauspieler aus ihm zu machen, so wird es mein Fehler sein und nicht seiner.»

Wieder neigte sie leicht den Kopf und lächelte.

Er sagte: «Matthew soll bei Mistress Mountjoy wohnen, und ich werde ihn in meine persönliche Obhut nehmen.»

«Ich danke Euch. Er hat erst wenig von der Welt gesehen, Herr. Ich fürchte, es wird am Anfang nicht leicht sein für ihn.»

Oh, wieviel Traurigkeit lag in ihrem Lachen! Es rief seine ganze Ritterlichkeit auf den Plan und weckte Gefühle, über die auch ein glücklich verheirateter Mann nicht erhaben war. Er dachte jetzt nicht mehr an sich selbst und die Schauspieler des Lord-Kämmerers. «Aber *Ihr* werdet Euch sehr einsam fühlen, Madam», sagte er mit leiser, warmer Stimme.

Sie erhob sich. «Ich bin es gewohnt, einsam zu sein, Herr. Doch nun wird es einem guten Zweck dienen.» Sie ging schwebend auf die Tür zu. (Ja, dachte er, es gab kein anderes Wort, um ihre Art zu gehen zu beschreiben.) An der Tür blieb sie stehen und blickte ihm in die Augen. Und plötzlich war alles Strenge aus ihren Zügen gewichen. Ihre Lippen waren leicht geöffnet, und ihre Augen strahlten. Fast sah sie wie ein junges Mädchen aus. Obwohl es ungewöhnlich war, ergriff sie seine Hand und schüttelte sie. «Ich kann Euch nicht sagen, Herr, wie dankbar ich Euch bin. Mein Mann und ich haben alle Eure Stücke gesehen. Wir erfreuten uns an Eurem Genie. Und nun nehmt Ihr Matthew in die Lehre. Robert, mein Mann, wäre sehr stolz gewesen.»

Genie! Das hätte er nie von sich gesagt. Oh, er hatte Talent, das wußte er, das Talent, ein Schauspiel zusammenzuschustern. Und in seiner Jugend war er auf seine Poeme *‹Venus und Adonis›* und *‹Die Entehrung der Lukrezia›* sehr stolz gewesen. Aber in der Jugend überschätzte man sich leicht. Er ein Genie? Nein, das war ein zu großes Wort.

Und doch, aus dem Munde einer schönen und klugen Frau hatte es eine berauschende Wirkung. Er verneigte sich. «Ich bin kein Genie, Mistress Peyre. Aber ich schätze mich glücklich, Matthew helfen zu dürfen, wie immer ich es vermag. Er ist so, wie ich mir meinen eigenen Sohn gewünscht hätte.»

Sie hatte den Kopf gesenkt und blickte zu Boden. «Ich danke Euch», flüsterte sie kaum hörbar. Dann sagte sie mit fester Stimme: «Komm jetzt, Matthew.»

Der Knabe drehte sich um und blickte zu William auf. «Ich danke Euch, Master Shakespeare.»

William fuhr ihm lachend mit der Hand durchs Haar.

«Wenn ich einmal nicht so kurzatmig bin wie heute, kreuzen wir wieder die Klingen.» Er wandte sich der Mutter zu. «Ich werde mit Mistress Mountjoy alles regeln. Ihr müßt dann sehen, ob die Unterkunft so ist, wie Ihr sie Euch für Euren Sohn wünscht.»

«Das ist sehr gütig», sagte sie. Doch jetzt sah sie ihn wieder an. Und zum erstenmal wirkte sie ein wenig unsicher. «Da ist noch etwas, Herr. Ich hätte es Euch eher sagen sollen. Ehe Ihr sagtet, Ihr würdet den Jungen nehmen. Wir, Matthew und ich, hängen dem alten Glauben an.»

William schwieg. Er war kein sehr frommer Mann. Gewiß, er glaubte. Er glaubte an Gott, an die Schönheit der Erde und des Himmels, an das Edle in den Menschen und an die Liebe: die Liebe der Mutter zu ihrem Kind, des Mannes zu seiner Frau, des Sohnes zu seinem Vater. Und vielleicht auch an die Liebe zu einem leidenden Erlöser. Er glaubte an die von Gott gesetzte Ordnung in der Familie, im Staat und im Universum. Aber er glaubte weder an des Papstes noch an des neuen Königs Religion.

Dennoch galt es, auf der Hut zu sein. Die Papisten, von den Puritanern verfolgt, wandelten seit langem im Schatten, und etwas von diesem Schatten fiel auch auf jene, die mit ihnen wandelten.

Hätte der Knabe ihn nicht so sehr an Hamnet erinnert und hätte die Frau ihn nicht so sehr angezogen, er hätte es sich vielleicht anders überlegt und irgendwelche Ausflüchte gebraucht . . .

Als sie sein Zögern bemerkte, sagte sie: «Ja, ich hätte es Euch eher sagen sollen. Ich würde sehr gut verstehen, wenn –»

«Ihr müßt dafür sorgen, daß er zur Messe geht», sagte William mit ruhiger Stimme. «Laßt mich wissen, wenn eine abgehalten wird, dann gebe ich dem Jungen, wenn es möglich ist, frei.»

«Ich danke Euch.»

Was habe ich mir da aufgeladen, dachte er, nachdem die beiden gegangen waren. Da habe ich just in dem Augenblick, in dem der krähende calvinistische Hahn Jakob von Schottland herangeflattert kommt, ein katholisches Küken unter meine Fittiche genommen. Ich muß von Sinnen sein.

Er stand schwer atmend in der kleinen, vollgestopften Garderobe und sah wie im Fieberwahn einen riesigen, ungeschlachten Schotten über London herfallen, der die Theater in Brand steckte und die Katholiken folterte und verbrannte.

Die Katholiken – und alle, die mit ihnen befreundet waren. Es schien ihm so gut wie sicher, daß man auch William Shakespeare, den armseligen Schauspieler, holen würde. Er hatte das Ende seines Weges erreicht...

Doch knapp zwei Monate später hatte der hohe und mächtige König Jakob von England und Schottland seinen treuen und geliebten Edelmann William Shakespeare zum königlichen Kammerdiener ernannt. So blind, so töricht und so furchtsam sind unsere Bemühungen, ins Dunkel der Zukunft zu blicken.

3
Wie Vater, Kind und frohe Mutter

«Die Königin der Schotten», hatte Elisabeth, die Königin der Engländer, weinend gesagt, «ist heute von einem blonden Sohn entbunden, und mein Schoß ist unfruchtbar!»

Das war vor siebenunddreißig Jahren gewesen.

Die Königin der Schotten, Maria Stuart, war enthauptet worden, und Elisabeth von England lag zum Begräbnis aufgebahrt in ihrem Leichenhemd in Whitehall. Jener blonde Sohn aber zog ebenso freudig gen Süden wie einst die Israeliten ins Gelobte Land.

Freudig, jedoch nicht sehr eilig. Er wollte erst nach dem Begräbnis der alten Königin in London eintreffen. Das hatte nichts mit persönlichen Gefühlen zu tun. Aber er hielt es nun einmal für taktvoller, nicht zu dem Begräbnis der Monarchin zu erscheinen, die seiner Mutter den Kopf hatte abschlagen lassen. Nein, er zögerte seine Ankunft lieber ein wenig hinaus.

Und so unterbrach er die Reise von Edinburgh nach London immer wieder und ging seinen Lieblingsbeschäftigungen nach: er jagte Hasen und Hexen. Die Hasen wurden, damit er sie jagen konnte, lebendig in Körben im Troß mitgeführt. Hexen dagegen gab es allerorts in ausreichender Zahl. Und er verstand etwas von Hexen. In einer gelehrten Abhandlung hatte er ausführlich ihre Fähigkeiten beschrieben. Gern hörte er sich an den Rasttagen auch Predigten von Bischöfen an. In jeder Grafschaft erhob er zahlreiche Männer in den Ritterstand, und überall befahl er, die Gefangenen freizulassen – außer den

Mördern, den Verrätern und den Papisten. Er war glücklich. Er hatte ohne Bedauern die dunklen, verschwörerischen Häuser Edinburghs, die Kälte und Düsternis ausstrahlten, und den dort herrschenden Calvinismus, der so streng wie der schottische Winter war, hinter sich gelassen. Er dachte an seinen Vater, Henry Stuart Darnley, der von dem Geliebten seiner Mutter ermordet worden war. Und er dachte an die Hinrichtung seiner Mutter im Jahre 1587. Wie gut, daß er damals, als Zwanzigjähriger, an dem Bündnis mit Elisabeth von England festgehalten und nicht auf seine unbesonnenen Ratgeber gehört hatte. Wie leicht hätte es damals zu einem diplomatischen Zwischenfall oder gar zu einem Krieg kommen können! Er lächelte zufrieden vor sich hin. Er hatte es mit einem formellen Protest bewenden lassen und hatte so seinen Sohnespflichten Genüge getan, ohne sich den englischen Thron zu verscherzen.

Ja, er war glücklich und zufrieden. Und was lag vor ihm? Ein englischer Sommer, das heitere England, das fröhliche London und ein noch edlerer Thron als der schottische, auf dem er bisher gesessen hatte. Und ein prunkvoller Hof und glanzvolle Feste mit schönen Frauen. Zwar machte er sich nicht viel aus Frauen, aber immerhin mußte er Interesse zeigen, und die drallen englischen Mädchen, die er bisher gesehen hatte, waren anders als die strengen, spröden schottischen Geschöpfe. Sie würden dem Teufel ins Gesicht lachen, wenn man sie ins warme englische Heu zog. Wer weiß, vielleicht fand er noch Gefallen an ihnen.

Doch nicht alles war so, wie es sein sollte. Seine liebe Anna war nicht bei ihm. Und wenn er sie auch nicht sehr vermißte, so war es ohne sie doch schwieriger, die Engländer von seinem Eheglück zu überzeugen.

Aber Königin Anna, die dänische Prinzessin, die er 1589, vor vierzehn Jahren, geheiratet hatte, war wieder einmal schwanger und schmiedete wieder einmal finstere Pläne.

Ihr Abschied von König Jakob war, obwohl er mitten auf der High Street in Edinburgh stattgefunden hatte, so zärtlich gewesen, daß die zu Tausenden herbeigeströmten Untertanen bitterlich geweint hatten. Der Königin liefen die Tränen über die Wangen, während sie ihm nachgesehen hatte, bis er ihren Blicken entschwunden war. Dann hatte sie eine Schar von Getreuen um sich versammelt und war mit ihnen flugs nach Stirling geritten, zur Burg des Grafen von Mar, in dessen Obhut ihr Sohn Heinrich gegeben worden war.

Jetzt, da der Graf und ihr königlicher Gatte beide den Freuden Londons entgegeneilten, würde es, so glaubte sie, leicht sein, den Sohn, den man ihr genommen hatte, wiederzuerlangen. Aber sie hatte nicht bedacht, wie schwierig eine herrische alte Dame sein konnte. Die Witwe des alten Grafen weigerte sich schlicht, Prinz Heinrich, der jetzt acht Jahre alt war, herauszugeben, was die Königin so sehr erzürnte, daß sie eine Fehlgeburt hatte. Auf diese Weise endete die Schwangerschaft, die sie daran gehindert hatte, ihren Gatten nach London zu begleiten.

König Jakob war sehr ungehalten, als man ihm die Nachricht überbrachte. Er war ein pflichtbewußter König, wenn nicht ein pflichtbewußter Gatte, und er kam seinen ehelichen Pflichten stets nach, wenn seine Minister andeuteten, daß ein neuer Erbe wünschenswert sei. Aber was nützte das, wenn diese törichte Person immerfort Fehlgeburten hatte?

Er schrieb ihr einen gekränkten Brief und schickte den Herzog von Lennox nach Edinburgh, damit er sie nach London holte. Es war alles sehr lästig. Er hatte auch ohne die Launen der Königin Sorgen genug. Da waren nicht nur die Staatsgeschäfte, sondern auch sein unerbittlicher Kampf mit dem Teufel. Und schließlich war er nicht nur König. Er war auch Schriftsteller. Und als Schriftsteller brauchte er Zeit zum Nachdenken. Begriff diese Frau denn nicht, daß sie ihm, wenn sie ihm mit ihren Ansprüchen und Forderungen seine Zeit stahl, zugleich unsterblichen Ruhm raubte?

Aber eines tröstete ihn. Während in den Augen der schottischen Adligen jemand, der mehr als seinen Namen schreiben konnte, ein eitler Geck war, gab es in London viele Männer, die nicht nur schreiben konnten, sondern es auch taten. Männer, die Gedichte und Schauspiele und moralische Traktate schrieben. Ein ganzes Gestirn von Dichtern.

Er gab seinem Pferd die Sporen. Dieses Gestirn sollte sehr bald eine Sonne erhalten.

Alle waren erleichtert, als Elisabeth von England, die alte Königin, endlich begraben war. Man fürchtete sie noch im Tod und wagte erst aufzuatmen, als sie unter der Erde lag.

Die Pferde, die den Wagen mit dem Sarg zogen, waren bis zu den Hufen mit schwarzem Tuch behängt und vorn und hinten mit schwarzen Federbüschen besteckt. Die Adligen, die den Sarg begleiteten, waren ebenfalls bis zu den Fußknöcheln in Schwarz gehüllt und trugen Banner. Und ihre schwarzgekleideten Frauen weinten. Aber das alles bedeutete nichts. Nur ein einziger hätte sie aufrichtig beweint: ihr Liebling «Robin», Robert Dudley, der Graf von Leicester. Doch der war schon lange vor ihr den einsamsten aller Wege gegangen. Wer weiß, vielleicht stand er prächtiger als alle Erzengel am Himmelstor, um sie zu begrüßen.

Und so begruben sie die Königin, die ihnen am Ende zu groß gewesen war. Denn England hatte sich verändert. Das Schwerterrasseln war aus der Mode gekommen. Und sie, die am lautesten mit dem Schwert gerasselt hatte, sie, die Königin, hatte sich selbst überlebt. Ihre Regierungszeit war glorreich gewesen, aber sie hatte zu lange gewährt. Und so wandten sie sich erleichtert vom Grabe ab und jubelten dem neuen König zu, als er hoch zu Pferd in die Stadt einzog.

William Shakespeare war nicht mitgegangen zum Begräbnis der Königin. Er hatte sie geachtet und gefürchtet, aber er hatte sie nie geliebt. Sie war ihm zu stark, zu herrisch, zu mächtig gewesen.

Aber es lockte ihn, sich den Einzug König Jakobs in die Hauptstadt anzusehen. Noch zögerte er. Er liebte das Gepränge, das einen König umgab, aber ihn schreckte der Gedanke, auch nur einen Morgen lang Teil jener drängenden, kreischenden und gaffenden Menge zu werden, die nur noch das Gefühl der Einsamkeit verstärkte, das ihn seit seiner Rückkehr nach London so oft überfiel. Nur in seinem Logis fühlte er sich niemals einsam. Dort sah er sich von vornehmen Gefährten umgeben – Seneca, Ovid, Plutarch, Othello, Macbeth. Aber umdrängt von glücklichen Männern und ihren Frauen und Kindern fühlte er sich verloren und verlassen.

Nein. Er würde zu Hause bleiben. Warum sollte er auch diesem Schotten zujubeln, der womöglich bald störend in sein Leben eingriff?

Er knöpfte sein Wams zu und ging zum Frühstück. Matthew, frisch und strahlend wie der Maimorgen, wartete darauf, ihn zu bedienen.

Unzählige Staubteilchen, die Mistress Mountjoys Wedel aufgewirbelt hatte, tanzten in dem Sonnenlicht, das den öden Raum erfüllte. Es war ein schöner, fröhlicher Morgen. Und einen Augenblick lang war es, als habe die starke alte Königin alle Sorgen ihrer Untertanen, alle ungetanen Pflichten, alle Schwächen und alle Fehler mit in ihr Grab genommen. Das Leben schien an diesem Maimorgen neu anzufangen. Alle Schulden schienen getilgt, alle Sünden vergeben. «Matthew», sagte William, «möchtest du heute den Unterricht schwänzen und mit mir kommen, damit wir den neuen König sehen?»

«O ja, Herr!»

«Gut, dann geh und wasch dir den Hals und zieh dein rotes

Wams an. Was soll der König denken, wenn er dich sieht?»

«Er wird mich gar nicht sehen in der Menge, Master Shakespeare.»

«Nein, wahrscheinlich nicht, und mich sicher auch nicht», sagte William. «Aber das ist kein Grund für uns, Matthew, daß wir ungewaschen und unordentlich gekleidet zu seinem Empfang hinausgehen.»

Nach dieser kleinen Ermahnung wandte er sich mit ungewöhnlichem Appetit seinem Frühstücks-Rindfleisch zu. Es war einer der seltenen Augenblicke, da er nicht nur zufrieden oder sorglos oder frohen Mutes, sondern von Herzen glücklich war. Er hatte einen Jungen in seine Obhut genommen, der ihn an seinen Sohn erinnerte. Er würde für ihn sorgen und ihn beschützen, damit er unversehrt von des Teufels Künsten und Anfechtungen zum Manne heranwuchs.

Matthew präsentierte sich in seinem roten Wams, mit gelben Strümpfen und spitzen Schuhen und mit einer schmucken Kappe, aber mit schmutzigen Fingern. «Sag mir, Matthew, wie bringst du das Kunststück fertig, dir den Hals zu waschen und dabei schmutzige Hände zu behalten?»

«Mit einem feuchten Handtuch, Master Shakespeare.»

«Erfinderische Jugend! Nun geh noch einmal, und wasch dir die Hände mit Wasser aus dem Krug.»

«Master Shakespeare . . . Master Shakespeare, könnte meine Mutter uns vielleicht begleiten?»

«Deine Mutter?» William blickte von einem Häufchen beschriebener Bogen auf. Der Gedanke, an diesem herrlichen Maimorgen mit Matthew hinauszugehen, hatte ihn mit Glück erfüllt. Aber war es nicht ein doppeltes Glück, wenn auch diese ruhige, schöne Frau mit ihm kam? Wenn er sie inmitten all der Diebe und Spitzbuben beschirmen durfte? «Ja, natürlich», sagte er.

«Ich laufe schnell und sage ihr, sie soll sich bereit machen», rief der Knabe, und schon war er fort.

Ganz London war an diesem strahlenden Morgen auf den Beinen.

Annette Peyre blickte aus dem Fenster. Überall in der Straße brachen die Nachbarn auf, die Männer stolz wie die Pfauen, die Frauen und Kinder mit bunten Bändern und Ziersträußchen geschmückt. Meist war der Grund für einen so fröhlichen, allgemeinen Aufbruch eine Hinrichtung. Heute war es die Ankunft des neuen Königs.

Doch Annette Peyre wagte sich nicht hinaus. Es war einer jener Tage, wie es sie im Leben eines jeden Katholiken immer wieder gab, bedrohliche Tage, da man am besten daheim blieb, die Türen verriegelte und sich so unauffällig wie möglich verhielt.

Überdies waren Feiertage für sie seit Roberts Tod eine Qual. Es versetzte ihr immer wieder einen Stich, wenn sie die glücklichen Familien sah. Ja, es war, als sei ganz London eine einzige große Familie. Sie selbst dagegen starrte, die Nase an die kalte Fensterscheibe gepreßt, einsam in das fröhliche Treiben hinaus.

Wie blau der Himmel war! Es versprach ein heißer Tag zu werden. Später würde sie sich mit ihrem Stickrahmen in den Garten setzen und zusehen, wie die Sonne langsam, oh, so schrecklich langsam, durch die Zweige der Apfelbäume zog.

Sie schrak zusammen. Jemand hämmerte laut an die Tür. Sie fuhr sich entsetzt mit der Hand an den Mund. Wie in einem Alptraum hatte sie einen Augenblick lang gefürchtet, König Jakob, der Protestant, habe schon angefangen, persönlich die Katholiken zu verhaften.

Sie nahm sich zusammen. Aber sie lächelte nie mehr über ihre Ängste. Wie lächerlich sie auch scheinen mochten, in diesen Zeiten konnte man nie wissen, ob sie nicht doch berechtigt waren. Mit dem ruhigen Gesicht, das sie der Welt gegenüber zur Schau trug, öffnete sie die Tür. «Matthew!» rief sie.

Es tat gut, ihn zu sehen! Und er sah hübsch und so stolz aus in seinem roten Wams und seinen gelben Strümpfen. Würde der Tag nun doch nicht einsam werden? Hatte Master Shakespeare dem Jungen schon nach so kurzer Zeit einen freien Tag gewährt? Sie breitete die Arme aus. «Matthew! Komm in meine Arme!»

Er schmiegte sich an sie. «Mutter!» rief er. «Master Shakespeare und ich wollen den König vorbeireiten sehen, und Master Shakespeare schickt mich, dich zu fragen, ob du mitkommen magst.»

Sie hielt den Knaben in den Armen und unterdrückte die Tränen. Eben noch war ihr der Tag öde und leer erschienen, und nun holte Matthew sie zu einem Spaziergang mit einem Mann, von dem Robert ihr gesagt hatte, er sei einer der großen Männer dieser Zeit. Ein Dichter. Und ein berühmter Schauspieler. Die Menschen würden sich nach ihnen umdrehen und fragen: «War das nicht William Shakespeare, der Schauspieler von der Truppe des Lord-Kämmerers?» Nein, heute würde die Witwe Peyre nicht allein durch die Straße gehen, sondern stolz zwischen zwei Männern einherschreiten. Und an Master Shakespeares Seite würde sie ihre Ängste vergessen.

Aber warum hatte er Matthew geschickt und sie eingeladen? Aus Freundlichkeit? Aus Mitleid? Von anderen Männern hätte sie eine solche Einladung kaum angenommen. Aber Master Shakespeare war so liebenswürdig, so verständnisvoll und gütig gewesen, daß sie nicht lange überlegte. «Ich bin in fünf Minuten fertig», sagte sie, küßte Matthew und rannte wie ein junges Mädchen die Treppe hinauf.

Zwanzig Minuten später war sie wieder unten und wartete. Sie trug jetzt einen Mantel aus schwerem schwarzem Samt und einen Witwenschleier, der so dünn war, daß er ihre warme, dunkle Schönheit nur noch hervorhob.

Sein Wams war rostrot, die Kniehose gelb, die Strümpfe braun, der Hut hoch und rund und ohne Federschmuck. Alles an ihm wirkte vornehm und schlicht. Der kastanienbraune Bart war kurz und spitz gestutzt. Das Gesicht sah frisch und gesund aus. Er war stämmig, aber er hatte die Geschmeidigkeit des Schauspielers. Er betrachtete Annette Peyre mit Wohlgefallen. Und er überlegte, was wohl Anne im fernen Stratford gerade tat.

Er verneigte sich. Es war die Verbeugung eines Schauspielers, eines Höflings. «Meine Dame, die Ehre ist ebenso groß wie unerwartet.»

Sie machte einen Knicks, wie ihn der beste Knabenschauspieler nicht anmutiger hätte machen können. «Ich bin Euch dankbar, Herr, für diese Einladung.»

Er sah sich um. Ein gutes Haus, dachte er. Solide gebaut und vornehm. Nicht so prächtig wie New Place, sein Herrenhaus in Stratford, aber auch keineswegs zu klein oder zu unscheinbar.

Sie machten sich auf den Weg und begaben sich in die drängende Menge.

Eine allgemeine Erregung hatte die Menschen erfaßt. Und William, mit einer schönen Frau am Arm und einem hübschen Knaben an der anderen Seite, war aufgeregter als alle anderen. Aber er war auch ein wenig traurig. So wie mit diesen beiden hätte er mit Anne und Hamnet spazierengehen können. Und er hatte es nie getan. Warum nicht? Weil die arme Anne keine Mistress Peyre war? Weil er ihren Wert erst lange nach Hamnets Tod erkannt hatte? Oder weil er sie, wie er plötzlich bitter dachte, einst in London mit jener dunklen Schönheit betrogen hatte, wofür er von Gott wahrlich schwer gestraft worden war?

Aber die Reue hielt nicht lange an. Die Gegenwart war zu schön. Annette Peyres glückstrahlendes Gesicht, die Musik, das Gelächter, die fröhlichen Stimmen, die warme Sonne, die leichte Brise, die Straßenhändler, die mit lautem Geschrei ihre Waren feilboten – Bänder, Süßigkeiten, geröstete Kastanien, gefüllte Pasteten und Bier –, das alles ließ ihn die Vergangenheit vergessen. Und dann kam endlich der Festzug: Artisten, Tanzbären, Musikanten, Soldaten, Reiter, der Lord-Kämmerer, die Lords und schließlich, umringt von Lanzen und Hellebarden, eine große goldene Sänfte, in der verdrossen König Jakob saß, er, den Gott der Allmächtige selbst zum König auserkoren hatte. Er mochte das gemeine Volk nicht. Er konnte nicht verstehen, warum diese Menschen so beharrlich an ihrer Armut festhielten, und er verachtete sie, weil sie ihn, den König von Gottes Gnaden, begaffen wollten.

Matthew war von König Jakob tief enttäuscht. Dieser schlaff dasitzende und unordentlich gekleidete Mann ohne Krone und ohne Zepter sollte der neue König sein? Da gab Master Burbage einen weit besseren König ab.

William Shakespeare und Annette Peyre betrachteten den neuen Herrscher. Und beide empfanden eine tiefe Angst, wenn auch aus verschiedenem Grund. Für William war er der Mann, der die Theater schließen und ihn dadurch zwingen konnte, in Stratford wie sein Vater das Leben eines Handschuhmachers zu führen. Und für Annette war er der Mann, der die Katholiken verfolgen und so auch sie und Matthew vernichten konnte.

Wie ein Tyrann sieht er freilich nicht aus, dachte William, der nahe genug stand, um das ratlose, etwas törichte Gesicht mit den großen, staunenden Augen und dem an einen Dachsschwanz erinnernden Bart sehen zu können. Aber er wußte, daß das nicht viel bedeutete. Torheit richtete oft noch mehr Leid unter den Menschen an als Bosheit.

Auch die Menge war von dem König aus Schottland enttäuscht. Die Leute hatten einen größeren, kraftvolleren und rauheren Mann erwartet. Und nun ... Wenn sie diesen Mann mit der alten Königin verglichen! Mein Gott, noch ihren Enkeln würden sie von ihr erzählen! Irgendwie hatten sie das unbestimmte Gefühl, daß England zwar Schottland gewonnen haben mochte, aber seine Seele verloren hatte.

Es war ein schöner, freundlicher Tag gewesen. Sie hatten viel geplaudert – über das Theater, über den neuen König, über den Glorienschein, der schon jetzt die alte Königin umgab. Annette hatte ihm lachend von des Königs Befehl erzählt, seiner Gemahlin eintausend von Elisabeths Kleidern nach Edinburgh zu schicken, und wie der König gezürnt hatte, als der Kronrat sich weigerte, dem Befehl nachzukommen. William freute sich jedesmal, wenn sie lachte und ihre schimmernden weißen ebenmäßigen Zähne zeigte.

Sie fragte ihn nach seiner Frau und seinen Kindern. Er habe zwei heiratsfähige Töchter, sagte er. Susanna, die schön und fröhlich sei, und Judith, die immer schon ein zartes, anfälliges Geschöpf gewesen sei und seit dem Tode ihres Zwillingsbruders verloren umherirre und darauf warte, daß die Stimme seines Geistes wieder zu ihr spreche. Ob sie die Stimme wirklich höre? Ja, das glaube er. Annette bemerkte die Wärme, mit der er von seiner Tochter sprach. Er ist ein guter Mann, dachte sie.

Aber über seine Frau erfuhr sie nur, daß sie Anne hieß. Und er sprach ihren Namen sehr liebevoll aus. Ihre weibliche Neugier war geweckt, und sie versuchte sich diese Frau vorzustellen, die offenkundig von ihm geliebt wurde und es gleichwohl vorzog, in der Grafschaft Warwick zu leben. Doch es gelang ihr nicht, sich ein Bild von dieser Anne zu machen. Sie selbst, die so sehr unter ihrer Einsamkeit litt, wäre ihrem Mann bis ans Ende der Welt gefolgt – ganz besonders, wie sie sich plötzlich beunruhigt eingestand, wenn dieser Mann William Shakespeare gewesen wäre.

Und jetzt hatten sie ihr Haus erreicht. Er sah sie mit einem offenherzigen, freundlichen Lächeln an. «Mistress Peyre, das war für mich der glücklichste Tag seit langem.»

«Auch für mich, Herr.» Sie lächelte ihn ebenso offenherzig an.

Er sagte: «Ihr würdet Euch jetzt einsam fühlen, Madam. Darum soll Matthew bei Euch bleiben.» Er wandte sich dem Knaben zu: «Aber morgen früh bist du pünktlich zur Stelle, du Schelm! Hast du gehört? Es gibt viel zu tun.»

Matthew legte den Arm um die Taille seiner Mutter, die so schmal war, wie William bemerkte, daß der Junge sie ohne Mühe umfassen konnte. «Ja, Herr», sagte Matthew. «Ich danke Euch, Herr.»

Sie legte den Arm um die Schulter ihres Sohnes und sah ihn lächelnd an. So hatte William einst Anne und Hamnet beieinanderstehen sehen. Aber das war lange, lange her, in einem anderen Leben, so schien es.

Wenn er jetzt geht, dachte Annette, wird es bei dieser kurzen Begegnung bleiben. Und wenn wir uns wiedersehen, werden wir wie Fremde sein. Aber wenn er mit ins Haus hereinkommt, dann beschreiten wir einen Weg, der entweder in den Himmel oder in die Hölle führt, niemand kann es voraussagen. Was wollte sie? Nein, sie wollte keine Verwicklungen. Aber konnte es denn Verwicklungen geben? Er war ein verheirateter Mann und sie eine ehrbare Frau. Und so hörte sie sich zu ihrem Erstaunen sagen: «Herr, wollt Ihr uns die Ehre antun, ein Glas Wein in meinem Haus zu trinken?»

Sie ist dunkelhaarig, dachte Will, und ich finde sie schön, ich kann es nicht ändern. Mein Herz ist voll Mitleid für sie. Ich würde sie gern in die Arme nehmen und sie trösten, wie man ein Kind tröstet. Aber Mitleid ist ein gefährliches Gefühl. Und ich habe eine Frau, die ich liebe. Schon einmal hat mich Gott gestraft. Ich habe meine Lektion gelernt. Und sie ist eine gute und ehrbare Frau. Doch wenn ich jetzt in ihr Haus eintrete, ist das für uns beide ein gefährlicher Schritt. Nein, ich will es nicht. Und doch sagte er: «Mistress Peyre, das würde die Krönung eines vollkommenen Tages sein. Es ist *mir* eine große Ehre.» Er trat ein.

Sehr steif, sehr förmlich saßen sie einander an dem mit einem Teppich bedeckten Tisch gegenüber. Matthew brachte den Wein und schenkte ihnen ein, flink, geziert, mit einem Tuch über dem Arm, wie ein Diener in einer Taverne. Sie lachten mehr, als der kleine Auftritt es verdient hatte, denn sie waren plötzlich beide verstummt und saßen schüchtern und um Worte verlegen da. Sie dachte: Er hat sich auf Roberts Stuhl gesetzt, und es stört mich nicht. Er dachte: Sie erinnert mich in ihrer stolzen Haltung an meine vornehme Mutter.

Der Besuch war kein Erfolg. Doch als er aufbrach, sahen sie einander lächelnd in die Augen. Und als er sich noch einmal umdrehte, stand sie noch immer auf der Schwelle, die Hand auf Matthews Schulter, und sah ihm nach.

Er winkte. Sie winkte nicht zurück.

Der neue Herrscher hatte sein Amt angetreten. Die Sorgen, Ängste und Hoffnungen seiner Untertanen stiegen und sanken in ständigem Wechsel wie die Wellen des Meeres.

Die Schauspieler des Lord-Kämmerers hatten dank Williams übertriebener Großzügigkeit zwei neue Knabenschauspieler, und den einen konnte niemand leiden. Mistress Fox erschien täglich bei Richard Burbage – mal brachte sie Nicholas ein sauberes Hemd, mal ein paar moralische Verhaltensmaßregeln, mal einen Auflauf zum Abendessen –, und immer hatte sie Zeit, Master Burbage mit einem vielsagenden Blick zu bedenken oder ihm kokett etwas ins Ohr zu raunen. Die Herren, die Mistress Fox besuchten, waren natürlich allesamt feine Herren. Aber ein berühmter Schauspieler wie Master

Burbage wäre, so fand sie, eine besondere Feder an ihrem Hut gewesen.

William war besessen – von einem rasenden Mohren. Die Geschichte, die er in den Novellen des Italieners Cinzio gefunden hatte, begann so einfach, aber inzwischen hatten seine Gestalten ihn beim Genick gepackt und zerrten ihn durch einen Strom von Poesie und Eifersucht und Unglück. Er kam nicht mehr los von ihnen. Er aß, ohne den Federkiel aus der Hand zu legen. Er ging zu den Proben, ermutigte Matthew, dämpfte den affektierten Nicholas, aber es zog ihn dabei immerfort zu seinem Federkiel. Othello und Jago, Edelmut und Luzifer, ein triumphierender Luzifer. Wascht mich in tiefen Schlünden flüss'ger Glut! Fahr wohl! Othellos Tagwerk ist getan! Seine Feder flog über das Papier. Eine riesige Sturzsee riß ihn mit sich fort und ließ ihn schließlich erschöpft, aber glücklich zurück. Der Gedanke, daß der abscheuliche Widerstreit zwischen Jago und Othello, falls der König die Theater schließen ließ, vielleicht nie auf die Bühne gebracht wurde, störte ihn wenig. Der Aufruhr in ihm drängte ans Licht, so wie das Kind aus dem Schoß der Mutter drängt.

Matthew Peyre liebte sein neues Leben, solange Master Shakespeare in seiner Nähe war. Es war kein leichtes Leben. Er mußte in aller Frühe aufstehen, mußte Master Shakespeare bedienen, und dann mußte er proben und tanzen und fechten und singen. Und abends, wenn Master Shakespeare Bogen um Bogen vollschrieb, mußte er seinen Ovid oder seinen Seneca lesen. Aber für Master Shakespeare hätte er alles getan. Er liebte ihn fast schon so zärtlich, wie er seinen sanften, gütigen Vater geliebt hatte.

Aber wenn Master Shakespeare *nicht* in seiner Nähe war, wurde ihm das Leben oft zur Hölle. Er hatte vor allen anderen

Angst, von dem jähzornigen Master Burbage angefangen bis hin zu dem heimtückischen Nicholas Fox, der ihn heimlich kniff und zwackte oder ihm die Arme umdrehte. Die Schauspieler der Truppe des Lord-Kämmerers mochten eine Schar von Brüdern sein, von schwer arbeitenden, anständigen und gutmütigen Männern, aber keiner von ihnen kam auf die Idee, daß es für einen empfindsamen vaterlosen zwölfjährigen Jungen vielleicht nicht ganz das richtige war, wenn man ihn immerfort anschrie und mit Flüchen und Ohrfeigen erzog.

Doch Matthew ertrug alles, und nur eines bekümmerte ihn tief: er würde nie ein so guter Schauspieler werden wie der andere neue Junge, Nicholas Fox. Nicht nur, daß Nicholas es ihm ständig sagte – nein, er sah es selbst. Nicholas hatte seinen eigenen Stil, einen großartigen, glänzenden Stil. Man brauchte Nicholas eigentlich gar nicht zu sagen, was er tun sollte – und doch sagten es ihm die Schauspieler überraschenderweise immerfort.

Auch Nicholas Fox war glücklich. Gewiß, es war eine schlechte Truppe. Die Männer verstanden allesamt nichts von der Schauspielerei, und dieser Shakespeare hatte ziemlich unsinnige Vorstellungen. Aber bald würde er, Nicholas, es ihnen zeigen. Zufrieden wartete er seine Zeit ab. Und der junge Matthew Peyre schien willens und bereit, sich als Diener ausnutzen zu lassen (und wenn nicht, würde er, Nicholas, ihn schnell dazu bringen). Seine Mutter hatte dadurch, daß er bei der Truppe war, schon einige angenehme Herren kennengelernt. Seine Mutter freute sich immer, wenn sie angenehme Herren kennenlernte. Und die angenehmen Herren freuten sich oft, wenn sie seine Mutter kennenlernten.

König Jakob befand sich im Palast von Whitehall, und er war sehr erleichtert, dort zu sein.

König Jakob fürchtete drei Dinge: kalten Stahl, Schießpulver und den Teufel.

Und man konnte es ihm nicht verdenken, denn seine Mutter war durch das erste und sein Vater durch das zweite gestorben. Und was den Teufel betraf, so wußte ganz Schottland, daß Satanas, mit einem hohen schwarzen Hut auf dem Kopf und mit schrecklich verzerrtem Gesicht, von der Kanzel der Kirche in North Berwick herab verkündet hatte, daß Jakob sein Erzfeind sei. Eine Ehre, die der nervöse König Jakob zu schätzen wußte, auf die er jedoch gern verzichtet hätte.

Trotz der Lanzen und Schwerter, die ihn beschützten, hatte er während seines Umzugs durch London nicht einen Augenblick vergessen, daß hier in der Menge alle drei Gefahren auf ihn lauerten. Er hatte viele Gesichter erspäht, die ihm verdächtig erschienen. Aber ohne die Körper dieser Menschen nach des Teufels Zeichen abzusuchen oder zu prüfen, ob ein Haar von ihrem Haupt die Schneiden einer Schere stumpf machte, ließ sich nicht beweisen, daß sie zu Satans Hexen gehörten. Und solche Prüfungen waren während eines Festzugs durch London nicht gut möglich.

Doch nun war er im Palast von Whitehall. Unversehrt, und er fühlte sich auch nicht verhext. Und niemand kannte die Zeichen des Behextseins besser als er: man verfaulte bei lebendigem Leibe, das Blut wallte gleich kochendem Wasser im Kessel, und ein unerträglicher Gestank entströmte dem Körper. Nein, er stellte keines dieser Zeichen bei sich fest. Er mochte Satans Erzfeind sein, doch es bestand kein Zweifel, daß Gott auf seiner Seite war.

Seine neue Umgebung entzückte ihn. Die hübschen roten Ziegelsteinhäuser in London gefielen ihm weit besser als die düsteren Steinhäuser in Edinburgh. Und die in Seide und Samt gekleideten englischen Adligen waren sehr viel angenehmer im Umgang als die in Häute und Felle gehüllten rauhen schottischen Grafen und Barone, die immer genau das sagten, was sie gerade dachten, während den Engländern die Schmeichelei eine Kunst war, die sie ihr Leben lang zu vervollkommnen suchten. In Schottland war er widerwillig als Primus inter pares anerkannt worden. In England war er als König höchsten und edelsten Geblüts für die Menschen die Verkörperung aller königlichen Tugenden: Gerechtigkeit, Barmherzigkeit, Gelehrsamkeit und Weisheit. Jeder sagte es. Man sagte es immer wieder. So mußte es wohl stimmen.

Doch es kränkte ihn, wie kühl man seinen glänzenden und so vernünftigen Einfall aufgenommen hatte, Elisabeths alte Kleider seiner Gemahlin nach Schottland zu schicken.

Und es lag doch so nahe. Jedermann wußte, wie verschwenderisch Anna von Dänemark war. (Gewiß, er, der König, war es auch, aber das war etwas anderes.) Es beunruhigte ihn, wenn er daran dachte, wieviel Geld sie für ihren ersten Auftritt als Gemahlin des englischen Königs ausgeben würde. Allein für Juwelen hatte er in den vergangenen zehn Jahren fünfzigtausend Pfund bezahlen müssen. Und bisher war sie nur die Gemahlin des Königs von Schottland gewesen! Seit er sie allein in Edinburgh hatte zurücklassen müssen, hatten ihm diese Sorgen oft den Schlaf geraubt. Und dann war ihm plötzlich dieser glänzende Einfall gekommen.

Aber die Idee hatte keinen Anklang gefunden. Die Königin erklärte kühl, sie trage keine abgelegten Kleider. Und König Jakobs Brief an den Kronrat, in dem er diesen aufforderte, sowohl Kleider als auch Sänften, Kutschen, Pferde und Juwelen der dahingeschiedenen Königin nach Edinburgh zu schikken, wurde von den Mitgliedern des Kronrats als Zeugnis eines etwas zweifelhaften Geschmacks empfunden, und so weigerte man sich stillschweigend, der Aufforderung nachzukommen.

Ja, die neue Regierung nahm Gestalt an. Nur ein Akteur fehlte noch: Anna von Dänemark, die Gemahlin des Königs, die noch immer in Schottland weilte und schmollte.

Doch nachdem sie schließlich alles, was sie wollte, erreicht hatte, machte auch sie sich auf den Weg nach London.

Sie bestieg ihre neue, in Edinburgh gebaute Kutsche und trug ihren neuen Mantel aus weißem Atlas und purpurrotem Samt. Auch Prinz Heinrich war in purpurroten Samt gekleidet. Prinzessin Elisabeth trug einen Rock aus spanischrotem Taft. Anna von Dänemark war allen außer ihrem Gemahl gegenüber eine äußerst liebenswürdige Frau. Und sie genoß es, all das tun zu können, was ihr Freude machte: teure Kleider zu tragen, andere Menschen zu bezaubern und ihren Gemahl bis aufs Blut zu reizen, und das aus der Ferne, was besonders kurzweilig war. In Berwick weigerte sie sich, die Hofdamen zu empfangen, die der aufmerksame König Jakob ihr entgegengeschickt hatte. In York veranstaltete man für sie eine Landpartie nach Heworth Moor und überreichte ihr einen silbernen Pokal, und nachdem man vier Tage lang gefeiert hatte, geleiteten der Bürgermeister und die Stadtväter sie feierlich zur Stadt hinaus. In Nottingham wurde sie von jungen Mädchen begrüßt, die ihren Weg mit Blumen bestreuten, sowie von Hirten, die ihre Schafe mit Mehl geweißt hatten, und von Jägern, die eine Schar Hirsche mit vergoldeten Geweihspitzen vorführten. Je weiter sie gen Süden kam, um so mehr Damen und Herren eilten ihr entgegen, alle in der Hoffnung, in ihren Haushalt aufgenommen zu werden. Es war ein triumphaler Zug von zweihundertfünfzig Kutschen, der schließlich in Windsor eintraf, und die Wiedersehenszeremonie zwischen ihr und dem König war ebenso ergreifend, wie der Abschied in Edinburgh gewesen war. Der König gebärdete sich so, als sei er außer sich vor Freude und vor Stolz auf seine Familie, und er ging von einem Höfling zum anderen und fragte jeden, ob er nicht auch fände, daß seine Anna entzückend aussehe. Vor lauter Begeisterung trat er ins Fettnäpfchen. Als er seine kleine Tochter, Prinzessin Elisabeth, in den Armen hielt, rief er laut, so daß alle es hören konnten: «Die Kleine ist gar nicht häßlich. Wer weiß, vielleicht wird sie noch viel schöner als ihre Mutter.»

Nicht lange darauf ereignete sich etwas, das für William Shakespeare mehr Bedeutung hatte als alle Feste, Intrigen und Schmeicheleien am Hofe. An einem schönen Sommerabend wohnte Königin Anna in Althorp einer Aufführung des Maskenspiels ‹*Satyr*› bei. Die Aufführung fand unter freiem Himmel statt, am Rande eines jetzt wie durch Zauber von Elfen und Satyrn belebten Waldes. Die Königin sollte die Schönheit der Bewegungen, die Musik und die Pracht der Farben im glänzenden Abendlicht nie vergessen. Nach dem rauhen Leben am schottischen Hofe rührten sie die Anmut, der Witz und die Eleganz fast zu Tränen. Von diesem Abend an war Königin Anna bis zu ihrem Ende den Dichtern und Schauspielern zugetan. Und sie sorgte dafür, daß der Hof es auch war.

Das Maskenspiel ‹*Satyr*› stammte von einem vielversprechenden jungen Stückeschreiber, der Ben Jonson hieß. Er hatte in den Niederlanden gegen die Spanier gekämpft, war danach Schauspieler geworden, hatte vor einigen Jahren im Duell einen anderen Schauspieler getötet und war, wie man sich flüsternd erzählte, im Gefängnis Katholik geworden.

4

Kennst du diese Mücke?

«Sag, Dick, ihr habt doch ‹*Hamlet*› gespielt, als ich in Stratford war. Hat das Stück gefallen?»

Sie saßen auf der Rampe und ließen die Beine baumeln. Es war einer der seltenen Augenblicke zur Muße, und William hatte sich von Richard Burbage erzählen lassen, wie es der Truppe in den zwei Jahren seiner Abwesenheit ergangen war. Wie waren die Einnahmen gewesen? Wie viele Erfolge, wie viele Mißerfolge? Wie war es mit den Kostümen gegangen? Hatte es Ärger mit den Puritanern gegeben? Mit den Knabenschauspielern? Hatten sie sehr unter der Pest gelitten? Und was machte ihr Rivale Philip Henslowe?

Fragen über Fragen. Aber keine war ihm so wichtig wie die Frage nach seinem ‹*Hamlet*›. Die Gestalt des Hamlet hatte ihn viele Jahre lang begleitet. Sie war ein Teil seines Lebens, seines Ichs, hatte für ihn gesprochen, seinen Zorn hinausgeschrien, hatte seine Zweifel und Ängste geteilt und hatte enthüllt, wie sehr er sich oft selbst verachtete. Und doch hatte er das Schauspiel nie auf der Bühne gesehen. Jahrelang hatte die Truppe sich nicht dafür interessiert, und als es schließlich aufgeführt worden war, hatte er in Stratford gesessen, wohin er nach dem Aufstand des Grafen Essex geflohen war.

«Also, Dick, wie wurde das Stück aufgenommen?»

Burbage blickte abwesend vor sich hin und schwieg. Schließlich sagte er: «Dem Pöbel hat es gut gefallen.»

William ließ den Kopf sinken. «Aber?» fragte er verzagt.

«Auch dem besseren Publikum hat es gefallen. Und den Schauspielern auch.»

«Aber?» fragte William.

«Kein Aber. Die Einnahmen waren sogar sehr gut ...» Er saß auf seinen Händen und blickte plötzlich auf und sah Will in die Augen. «Nur ... es hat mich erschreckt. Es ist zu ... zu groß, verstehst du? Jedesmal, wenn ich den Hamlet spielte, habe ich bei mir gedacht: Ist es denn möglich, daß *unser* Will das geschrieben hat? Ist es möglich, daß *irgendein* Mensch auf Erden eine so unergründliche Gestalt schuf?»

Nun saß William schweigend da. Schließlich sagte er: «Und was denkst du, Dick? Glaubst du, daß ich meine Seele an den Teufel verkauft habe, um Hamlet erschaffen zu können? An den Mephistophilis in Christopher Marlowes *‹Doktor Faustus›*?»

«Nein, das denke ich nicht. Ich verstehe nur nicht ... Verdammt, Will, woher weißt du das alles?»

«Wieso, was?»

«Wie ein Mensch fühlt. Und denkt. Tief innen. In seinem tiefsten Innern.»

«Aber ich bin doch selbst ein Mensch.»

«Ja», sagte Richard Burbage schnell. «Ja, aber kein Prinz, der den Geist seines Vaters gesehen und geschworen hat, seinen Onkel zu töten, und der weiß, daß seine Mutter eine blutschänderische Ehebrecherin ist.»

«Aber ich kann mir *vorstellen*, was er fühlt.»

Burbage sah ihn fast ehrfürchtig an. «Ja, bei Gott, ich glaube, das kannst du. Und ebenso, was Gertrud fühlt und Claudius und die arme, unglückliche Ophelia. Oh, Will, es *klingt* wie Hexerei.»

William schüttelte lächelnd den Kopf. «Aber es *ist* keine Hexerei. Es ist die uns allen gemeinsame menschliche Natur. Ein König, ein Prinz, ein junges Mädchen oder auch ein Handschuhmacher aus Stratford – wir alle haben die gleichen Schmerzen, die gleichen Ängste, die gleichen Zweifel. Aber sag, Dick, könnten wir nicht, ehe der König womöglich die Theater schließen läßt, den ‹*Hamlet*› noch einmal aufführen?»

Richard Burbage sah ihn mit gespieltem Entsetzen an. «Was? Soll ich etwa die ganze endlose Rolle noch einmal lernen? Und das nur für einen einzigen Nachmittag?»

«Dick, ich habe ‹*Hamlet*› nie gesehen.»

«Na gut. Wenn es sein muß ... Aber wir brauchen mindestens eine Woche für die Vorbereitungen. Und falls der Schotte die Theater schließen läßt, ehe wir soweit sind, ist die ganze Mühe umsonst!»

«Danke», sagte Will leicht gekränkt.

«Das war doch nur Spaß, Will. *Natürlich* sollst du dein Stück sehen. Übernimmst du auch eine Rolle? Spiel doch den Geist des Vaters, dann hast du nach dem ersten Akt so gut wie nichts mehr zu tun.»

«Aber er muß eine lästige, weitschweifige Rede halten.»

«Und *meine* Rolle?»

Sie sahen sich lachend an. Dann sagte William ernst: «Nein, Dick, ich spiele den Horatio, den treuen Freund.»

«Das würde dir gut anstehen.»

William schwieg. Er war plötzlich mit seinen Gedanken tausend Meilen weit fort. Richard Burbage kannte das schon an ihm und wartete geduldig.

Schließlich kehrte William zurück. «Vielleicht *bin* ich Horatio», sagte er. «Ein ehrlicher, erdgebundener Horatio.» Er lachte wehmütig. «Und ich hielt mich einst für Hamlet!» Er seufzte. «Aber jetzt fliege ich nicht mehr so hoch, mein Freund.»

Das ‹Globe› war überfüllt. Und im Parterre ging es zu wie in einem Ameisenhaufen.

Die Zuschauer waren in Hochstimmung wie Leidtragende nach einem Begräbnis. Elisabeth von England lag unter der Erde, und König Jakob hatte ohne Blutvergießen den Thron bestiegen. Er hatte auch bisher die Theater nicht schließen lassen. Das Leben ging wieder seinen gewohnten Gang. Das ‹Globe› war gedrängt voll, und die Menschen freuten sich ihres Lebens. Sie genossen den Lärm und das Gedränge, die erwartungsvolle Unruhe, die Vorfreude auf Gebrüll und klirrende Waffen.

Die Gründlinge schnauften geräuschvoll. Die Kavaliere rückten ihre Stühle zu beiden Seiten der Bühne zurecht, knackten Nüsse und lachten schallend. Richard Burbage zuckte mit den Schultern. Solange sie nicht randalierten, sollten sie machen, was sie wollten. Die Unruhe, die Erregung war im Eintrittspreis inbegriffen, und auf die Schauspieler wirkte sie berauschend wie Wein.

Annette Peyre saß auf der Galerie hoch oben unter dem Strohdach. Sie hatte einen Penny am Eingang bezahlt, einen zweiten Penny an der Tür zur Galerie und einen dritten für das Kissen auf ihrem Sitz. Das war viel Geld, auch für die Witwe eines Silberschmieds. Aber die Ausgabe lohnte sich, dachte sie und blickte hinab auf das Gewoge und Gedränge im Parterre. Zu Roberts Lebzeiten hatten sie sich sogar immer den Luxus eines Zwölf-Penny-Platzes geleistet.

Vom Dach her ertönte ein Trompetenstoß. Dann ein zweiter. Dann ein dritter. Ein Beben ging durch die Reihen der Zuschauer. Ein paar Nachzügler wurden hereingeschoben, hereingezwängt wie Mäntel in einen gefüllten Kleiderschrank. Es wurde still, so als sei plötzlich eine Tür ins Schloß gefallen. Vom Hintergrund der Bühne her hörte man einen gedämpften, lange anhaltenden Trommelwirbel.

Ein Wachsoldat war auf der Oberbühne sichtbar geworden. Ein zweiter trat auf. «Wer da?» Der Trommelwirbel brach ab.

Tiefe Stille. «Nein, *mir* antwortet; steht und gebt Euch kund!» – «Lang lebe der König!» – «Bernardo?» – «Er selbst.» – «Ihr kommt gewissenhaft auf Eure Stunde.»

Annette Peyre lehnte sich mit den Armen auf die Brüstung und stützte das Kinn auf die Hände. Sie war bereits dem geheimnisvollen Bann erlegen. Zwei Wachsoldaten, die einander ablösten. Ein gewöhnlicher Vorgang. Und doch hatte Master Shakespeare durch die Magie seiner Sprache etwas Besonderes daraus gemacht. «'s ist bitter kalt, und mir ist schlimm zumut.» Nur ein paar Worte, und man spürte, daß sich Unheil über Helsingör zusammenbraute.

In einer Garderobe hinter der Oberbühne wartete William auf sein Stichwort. Seine Finger spielten nervös am Griff seines Schwertes. Er war aufgeregter als die Zuschauer. In seinen Augen standen Tränen. Er war gerade heraufgekommen von einer der Garderoben hinter der Hauptbühne, wo die Schauspieler, die in der zweiten Szene auftraten, sich versammelt hatten: König Claudius, Gertrud, die Königin, Polonius, der ganze dänische Hofstaat, alle erhaben in ihrer Pracht und stolz wie die Pfauen, und ein wenig abseits, schwermütig schon und traurig, von Kopf bis Fuß in Schwarz, Richard Burbage als Hamlet. Ja, es war eine großartige Möglichkeit gewesen, dachte William, daß er den Gegensatz zwischen Hamlet und den übrigen Männern und Frauen am Hofe durch die Kleidung des Prinzen noch hatte betonen können. Othello würde sich auf eine vergleichbare Art von allen anderen abheben.

Er lauschte dem Klang der Worte, die er geschrieben hatte. Mein Gott, dachte er, ich bin zu aufgeregt, ich muß mich zusammennehmen für meinen Auftritt. «Freund dieses Bodens», murmelte er leise vor sich hin.

«He! Halt! Wer da?» ertönte es. Er nickte Marcellus, der neben ihm stand, aufmunternd zu, und sie betraten die Bühne.

«Freund dieses Bodens.»
«Und Vasall des Dänen.»

Es war in der Pause vor dem vierten Akt.

Das Flaschenbier verkaufte sich gut. Die Ereignisse auf der Bühne hatten die Zuschauer durstig gemacht. Einige beklagten sich über das Stück. Es sei zu schwierig, zu ausgeklügelt. Doch die meisten fanden, daß ihnen viel für ihr Geld geboten wurde. Ehebruch, Blutschande, Mord, Totschlag, ein Prinz, der vor einem jungen Mädchen unzüchtige Reden führte, Blut – was konnte man mehr von einem Schauspiel erwarten? Außerdem, dachten die Feinfühligeren, enthielt das Stück Poesie und witzige Bemerkungen über das Londoner Theaterleben.

Annette Peyre hatte wie gebannt die Handlung verfolgt. Selbst Matthews Auftritt als schüchterne, hübsche und elegante Hofdame hatte sie nicht ablenken können von dem Geschehen, das sich mit der unerbittlichen Macht eines Felsen erschütternden Sturmes vollzog. Und obwohl sie wußte, daß es aussichtslos war, hoffte sie inständig, Hamlet würde den letzten Akt heil überstehen.

Richard Burbage war in Schweiß gebadet. Als sei die lange Auseinandersetzung mit Königin Gertrud nicht schon erschöpfend genug, hatte er zum Abschluß des dritten Aktes auch noch den toten Polonius, mit anderen Worten den Schauspieler und Teilhaber Henry Condell, von der Bühne in die Garderobe schleifen müssen. Er wischte sich den Schweiß von der Stirn und trank einen Becher Wein. «Verdammt, Will, du verlangst sehr viel von deinen Schauspielern.»

«Was sagst du dann erst nach dem letzten Akt? Wie steht es mit deinen Fechtkünsten, mein Lieber?»

«Schweig! Doch nein, im Ernst, es ist zuviel, was du verlangst – geistig und körperlich. Es ist zu anstrengend.»

«Warte nur, bis du meinen rasenden Mohren spielst. Die

schwarze Schminke wird dir in Strömen das Gesicht herunterlaufen. Ich . . .» Er verstummte plötzlich. In der Garderobe stand ein Mann, der nicht zum dänischen Hofstaat gehörte. Ein Fremder, der hochmütig auf die Schauspieler herabblickte und eine Miene machte, als befände er sich in einem Tollhaus. Er sagte zu William: «Ich habe den Auftrag, Herr, Master Burbage, den Schauspieler, aufzusuchen.»

«Und wer gab Euch den Auftrag?» fragte William. Bittere Erfahrungen hatten ihn und die anderen Schauspieler gelehrt, jeden Fremden zunächst einmal als Feind zu betrachten.

Der Fremde starrte ihn herausfordernd an. «Der König von England und Schottland», sagte er schließlich laut und deutlich. Eine tiefe Stille entstand in dem Raum.

Es war soweit. Nun trat es ein, was sie alle befürchtet hatten: das Ende der Theater. Und sie könnten sich noch glücklich preisen, wenn sie nicht als Spitzbuben und Vagabunden öffentlich ausgepeitscht wurden. Er würde New Place verkaufen und wieder in das bescheidene Haus ziehen müssen, in dem sie gewohnt hatten, ehe das Herrenhaus sein Eigentum geworden war. Nun ja, Anne würde sich freuen. Sie hatte das kleine Häuschen sehr geliebt. Verdammt, und nicht einmal seinen *‹Hamlet›* hatte er zu Ende sehen dürfen. Nun war alles aus. William Shakespeares Tagwerk ist getan, dachte er bitter. «Das hier ist Master Burbage», sagte er mit schroffer Stimme.

Der Fremde verbeugte sich steif vor Richard. «Herr, ich habe den Auftrag, Euch zum Palast von Whitehall zu geleiten.»

Richard Burbage, der noch den Becher in der Hand hielt, sah den Mann entsetzt an. «Zum Palast von Whitehall? Wann?»

«Sofort.»

«Unmöglich. Ich muß noch zwei Akte spielen.»

«Wollt Ihr damit andeuten, daß der König auf einen Lumpen-Komödianten warten soll?»

Die übrigen Schauspieler traten murrend näher. Doch Burbage sagte in höflichem Ton: «Gewiß, ich könnte auf die Bühne gehen und verkünden, daß die Aufführung auf Geheiß eines Edelmanns vom Hofe abgebrochen werden muß.» Er betrachtete den Fremden bedächtig. «Freilich glaube ich nicht, daß Ihr das Theater lebend verlassen würdet. Aber Ihr hättet Eure Pflicht getan.»

Der Höfling wurde sichtlich unruhig. «Der König ist auf Jagd», sagte er. «Vielleicht kehrt er erst am Abend zurück. Aber der ehrenwerte Lord-Kämmerer trifft seine Vorbereitungen gern rechtzeitig.»

«Ich verstehe. Er möchte, daß ich dort bis nach dem Abendessen müßig herumstehe.» Der liebenswürdige Richard Burbage, der so plötzlich aufbrausen konnte, wetterte los: «Sagt dem ehrenwerten Lord-Kämmerer, Herr, daß *seine* Truppe für niemanden eine Aufführung abbricht, es sei denn für den König höchstpersönlich! Geht und überbringt ihm diese Botschaft, Herr!» Aber der Sturm hatte sich schon wieder gelegt. Mit ruhiger Stimme fügte er hinzu: «Nein, wartet lieber. Setzt Euch hier in die Garderobe und ergötzt Euch an unseren Possen. Und sobald ich getötet worden bin und mir das Schweineblut und die Schminke abgewaschen habe, komme ich mit Euch zum König.»

Der Höfling hatte inzwischen seinen Hochmut wie einen Mantel abgelegt. Unentschlossen kaute er an seinem Fingernagel. Doch dann setzte er sich in den ihm höflich angebotenen Sessel. «Schlagt die Trommel», befahl Richard Burbage.

Ein dumpfer Trommelwirbel setzte ein. Claudius, Gertrud, Rosenkranz und Güldenstern durchquerten die Garderobe und blieben dicht am Eingang zur Bühne stehen. Claudius biß sich auf die Lippen. Gertrud rang schon die Hände. Doch für William, der sich so gefreut hatte, zum erstenmal seinen ‹*Hamlet*› zu sehen, war der Zauber gebrochen. Was wollte König Jakob?

Es war still geworden unter den Zuschauern. Es gab niemanden in dem großen, runden Gebäude, der nicht auf seine Weise an der Aufführung teilnahm. Annette Peyre beugte sich wieder vor und stützte das Kinn auf die Hände, und die Gründlinge im Parterre schauten mit offenem Mund und starrten gebannt auf die Bühne. Die Kavaliere auf ihren dreibeinigen Hockern hielten Bogen in der Hand, auf denen sie sich Master Shakespeares Geistesblitze notierten, und Mistress Fox saß stolz auf ihrem Zwölf-Penny-Platz, einen angenehmen Herrn neben sich, und in der einen Hand eine Flasche Bier und in der anderen ein Stück Marzipan. Sie fand, das Stück war ein einziges Durcheinander. Aber es hatte ihr Spaß gemacht, Mistress Mountjoys Logiergast mit Brustharnisch und Helm auf der Bühne zu sehen und den reizenden Master Burbage wiederzuerkennen, obwohl er ganz in Schwarz war, was ihm übrigens gar nicht gut stand, zumal alle anderen so hübsch gekleidet waren – sie mußte ihm das sagen. Aber das Aufregendste stand noch bevor. Im letzten Akt sollte ihr Nicholas auftreten. Und er hatte seiner Mutter versprochen, daß er den Schauspielern des Lord-Kämmerers zeigen wollte, was richtiges Schauspielern war.

Die Trommel schlug. Nell Fox setzte die Bierflasche an die Lippen, leerte sie und warf sie ins Parterre. Der Mann, auf dessen Schulter sie fiel, blickte wütend herauf und schüttelte drohend seine Faust. Mistress Fox machte ihren Begleiter auf das rüpelhafte Benehmen des Mannes aufmerksam. Der Begleiter lehnte sich über die Brüstung der Loge und zog drohend sein Schwert halb aus der Scheide. Der Mann unten spuckte. Mistress Fox' Begleiter tat das gleiche, und da er das Gesetz der Schwerkraft auf seiner Seite hatte, erzielte er einen Volltreffer. Der Ehre war Genüge getan. Er steckte sein Schwert wieder in die Scheide und setzte sich. Mistress Fox belohnte ihn mit einem huldvollen Lächeln.

König Claudius betrat die Bühne. «In diesen tiefen Seufzern

ist ein Sinn», begann er. Der vierte Akt hatte angefangen.

Trotz seiner Ängste und Sorgen geriet William bald wieder in den Bann des Stückes. Er war froh, daß er in der Szene, in der er die wahnsinnige Ophelia auf die Bühne führen mußte, nichts mehr zu sagen brauchte. Ophelias Lieder rührten ihn fast zu Tränen. Eines Tages, dachte er, wird Matthew diese Rolle spielen, und er wird sie noch besser spielen als dieser Knabe hier, obwohl er seine Sache recht gut macht.

Matthew hatte hübsch ausgesehen als Hofdame, und er hielt sich gut. Bald konnten sie ihm eine Rolle mit einem kleinen Text geben.

Und Nicholas? Hoffentlich hatte er ihn nicht falsch beurteilt. Burbage war wutschnaubend zu ihm gekommen. «Will, der junge Fox will eine Rolle in *‹Hamlet›*, der unverschämte Bengel! Hast du so etwas schon einmal erlebt? Als Ophelia würde er die ganze Rolle kaputt machen. Und er wird ja doch wohl nicht glauben, er könnte die Königin spielen. Und andere Frauenrollen gibt es in dem Stück ja gar nicht.»

William hatte impulsiv gesagt: «Gib ihm doch eine Männerrolle, laß ihn den Osrick spielen.»

Burbage hatte ihn groß angesehen, hatte irgend etwas gemurmelt und sich dann unter brüllendem Gelächter auf die Schenkel geschlagen.

Der fünfte Akt kam, und als Nicholas in der zweiten Szene auftrat, erntete er stürmischen Beifall. Er drehte und verrenkte sich, wirbelte im Kreis herum, zwirbelte seinen falschen Schnurrbart, ließ seine Stimme erschallen und vollführte die tollsten Kunststücke mit seinem Hut. Bei seinem Auftritt mit Hamlet und Horatio spielte er Richard Burbage und William Shakespeare regelrecht an die Wand, eine nicht geringe Leistung. Die Zuschauer brüllten, klatschten, stampften mit den Füßen und kreischten vor Vergnügen. Burbage war fuchsteufelswild. Und ebenso Robert Armin, der Blut und Wasser geschwitzt hatte, um in seiner langweiligen Rolle als Totengräber dem Publikum hin und wieder leises Gelächter zu entlocken.

Mistress Fox aber war hochzufrieden. Einen besseren Possenreißer habe sie noch nie gesehen, verkündete sie, und der Auftritt ihres Nicholas sei der einzige Lichtblick in einem sonst überaus ermüdenden Schauspiel gewesen.

Und jetzt neigte sich ein langer Nachmittag seinem Ende zu und ebenso das Stück, die Geschichte von dem jungen Prinzen, der, wär er hinaufgelangt, unfehlbar sich höchst königlich bewährt hätte. Doch nun würde er nie mehr König werden. «Der Rest ist Schweigen», rief er. Und starb.

Es war herrlich gewesen, schöner als William es sich vorgestellt hatte. Der Hof zu Helsingör, diese glanzvollen und so verdorbenen Gestalten, die in ihren prächtigen Gewändern über die Bühne rauschten, immer wieder, ruhelos wie die See. Und die doch nur Hintergrund waren. Hintergrund für jenen schwarz gekleideten jungen Prinzen, den er mit einer seltsamen, leidenschaftlichen Bewunderung liebte. Und er, der Schöpfer dieses Prinzen, den er mehr liebte als einen Bruder oder Sohn, hatte den Horatio, Hamlets treuen Freund, gespielt.

Doch seine Rolle war noch nicht zu Ende. «Da bricht ein edles Herz», sagte er jetzt mit belegter, kummervoller und doch beherrschter Stimme. «Gute Nacht, mein Fürst!» Tränen standen ihm in den Augen. «Und Engelscharen singen dich zur Ruh'!»

Trommelwirbel, Böllerschüsse, Trauermusik. Hamlet, der edle Prinz, wurde von der Bühne getragen. Eine letzte Salve. Applaus, Hochrufe, Pfiffe. Murrend schoben sie auch Nicholas Fox nach vorn, damit er eine Ovation entgegennahm. Danach wanderte William erschöpft in der Garderobe umher, während Richard Burbage sich das Blut abwusch und sich bereitmachte für den Gang zum König.

An diesem Abend fühlte sich William in seinem Logis noch einsamer als sonst. Als er sich nach der Aufführung verbeugt hatte (als Horatio, nicht als Autor, denn die Zuschauer scherten sich nicht darum, wer der Autor war, und die meisten wußten nicht einmal, daß es einen Autor gab), hatte er Annette Peyre erspäht. Daraufhin hatte er, einer augenblicklichen Regung folgend, Matthew für den Abend freigegeben, damit er seiner Mutter Gesellschaft leistete. Und so war er jetzt allein mit seinen Gedanken. Er dachte über Othello nach. Dieser verdammte Othello! Niemand, nicht einmal ein wahnsinniger Mohr, würde auf eine Kreatur wie Jago hereinfallen, und warum wollte Jago den Mohren vernichten? Er mußte sich einen triftigen Grund ausdenken, sonst würde das Stück nicht gefallen. Sofern es überhaupt je aufgeführt wurde. Nein, er war jetzt nicht in der richtigen Stimmung, um an dem Stück zu arbeiten. In Stratford würden jetzt die Birnenblüten wie Schneeflocken von den Bäumen fallen, und auf den Wiesen würden die Butterblumen und die Himmelsschlüssel leuchten. Vom Fenster seines Zimmers in London dagegen sah er nur stinkenden Unrat und ein Stückchen Himmel mit weißen Wölkchen wie Enten auf einem Teich.

Doch dann mußte er wieder an Richard Burbage denken. Was wollte der König von ihm? Warum hatte er ihn nach Whitehall gerufen?

Er überlegte, was Matthew und Annette jetzt wohl taten. Der Junge fehlte ihm. Er vermißte das Rascheln der Buchseiten, die kleinen Melodien, die Matthew beim Lernen vor sich hin summte. War der Junge glücklich? Er wußte es nicht. Matthew besaß alle Eigenschaften, deren ein Schauspieler bedurfte – außer Selbstvertrauen. Er war zu schüchtern. Oh, nicht ihm gegenüber, nicht wenn sie allein waren. Aber den anderen gegenüber war er zaghaft und furchtsam. Doch was konnte man erwarten von einem Jungen, der plötzlich von der Seite seiner liebevollen Mutter gerissen worden war?

Er goß sich einen Becher Wein ein. Wie würde es mit Matthew weitergehen? Gewiß, er würde ihm helfen, so gut er konnte. Aber es lag in den Händen des Jungen, was aus ihm werden würde.

Genug des Grübelns, dachte er. Es war doch sonst nicht seine Art, seine Zeit zu vergeuden. Er *mußte* arbeiten. Er wollte sich gerade vom Fenster abwenden, als er eine Gestalt unten auf der Straße erblickte, einen Mann, der mit langen Schritten daherkam. Es war Richard Burbage, und er schritt aus, als brächte er wichtige Neuigkeiten.

5

Die Pfeil' und Schleudern des wütenden Geschicks . . .

William Shakespeare war nicht der einzige, der auf Nachricht wartete. Master Henslowe saß in seinem alten Kontor im ‹Rose›-Theater und zog fröstelnd seinen pelzgefütterten Schlafrock über die Knie. Er war (ganz zufällig, denn ein Ehrenmann wie er dachte nicht daran, seinen Rivalen nachzuspionieren) am ‹Globe› vorbeigekommen, als dort gerade die Nachmittagsvorstellung zu Ende war. Und nur dank einer Fügung, bei der es sich augenscheinlich um ein persönliches Eingreifen Gottes, seines Wohltäters, gehandelt hatte, lag er jetzt nicht, von der herausströmenden Menge zu Tode getreten, im Schmutz der Straße. Es mußten Tausende von Zuschauern gewesen sein, während in seinem eigenen, neuen Theater, dem ‹Fortune›, das er im Jahre 1600 mit Edward Alleyn erbaut hatte, die Schauspieler auf der Bühne zahlreicher gewesen waren als die Zuschauer. Er nahm die Feder zur Hand und schlug sein Rechnungsbuch auf.

«Den 19. Mai», schrieb er. «Im Jahre des Herrn 1603. Die Truppe des Lord-Admirals spielt NEBUKODONOZOR. Einnahmen nur sechs Shilling. Mein Gott, warum hast Du mich verlassen.»

Die Tür öffnete sich. Moreton, sein Gehilfe, kam herein. Henslowe hatte ihm nach dem Mittagessen seinen Segen und einen Penny gegeben und ihm gesagt, er solle sich, wo immer er wolle, einen schönen Nachmittag machen. Moreton, der seinen mit Geld sonst nicht sehr großzügigen Herrn und Meister kannte, war ins ‹Globe› gegangen.

«Nun?» fragte Henslowe.

«Ich schätze die Einnahmen, die sie am Nachmittag hatten, auf ungefähr fünf Pfund. Dazu kommt noch das Geld für das Bier, das sie verkauft haben.»

Henslowe stöhnte.

«Und sie haben zwei neue Knabenschauspieler. Der eine, hübsch wie ein Gemälde, hatte nur eine stumme Rolle, hielt sich aber sehr gut. Der andere wirkt so vielversprechend, wie ich seit Jahren keinen mehr gesehen habe.»

Philip Henslowe sah plötzlich zehn Jahre älter aus. «Gott verfluche ihre Seelen!» sagte er, und es klang wie ein inbrünstiges Gebet.

Moreton senkte den Kopf. «Amen.» Dann sah er seinen Herren an. «Der Junge heißt Nicholas Fox. Master Alleyn hat ihn erst letzten Monat für die Truppe des Lord-Admirals abgelehnt.» Moreton schätzte Treue ebenso hoch wie sein Herr. Aber Tatsachen waren Tatsachen, und ein wenig Zwietracht zwischen Vorgesetzten zu säen, erwies sich oft als sehr nützlich. «Seine Mutter ist eine gewisse Mistress Nell Fox aus Cripplegate. Eine Dame, die, wie ich höre, für Schmeicheleien wohlanständiger Herren nicht ganz unempfänglich ist.»

Philip Henslowes Miene hellte sich auf. «Du meinst, ich sollte der Dame vielleicht einen Besuch abstatten?»

Moreton betrachtete seinen Herren – das schmale, bleiche Gesicht, die riesige Nase, die trüben Augen, den von Speiseresten starrenden Schlafrock. «Nur mit einer wohlgefüllten Börse, Herr», sagte er kühl.

«Und wie soll ich sie füllen? Weißt du, wieviel wir für Nebukadnezar eingenommen haben? Sechs Shilling! Und in den Pausen haben wir nur zwei Fleischpasteten und ein paar Süßigkeiten verkauft. *Außerdem* heißt es, König Jakob wolle die Bordelle schließen lassen. Dann werde ich bald gar keine

Einnahmen mehr haben. Die Leute sagen, der König habe kein Verständnis für die gelegentlichen Bedürfnisse der Herren. Er habe andere Neigungen. Verstehst du, was ich meine?»

«Ja, Herr», sagte Moreton.

Henslowe griff in die Tasche seines Schlafrocks, zog ein schmutziges Tuch hervor und schneuzte sich. Der Gedanke an die Sünden der Menschen beunruhigte ihn stets. Doch wenn ein Sünder die Kunden seiner Bordelle von ihren harmlosen Vergnügungen abhalten wollte, dann gab es nur eines: er mußte Gott inbrünstig bitten, daß Er König Jakob mit den gleichen wirkungsvollen Maßnahmen heimsuchte, die Er einst gegen Sodom ergriffen hatte.

Aber vorerst galt es, über Master Nicholas Fox zu sprechen. «Was spielte der Knabe denn in dem Stück, Moreton?»

«Einen närrischen Höfling. Und er spielte ihn mit großer Kunst.»

«Ich werde seine Mutter besuchen. Ich werde ihr sagen, daß es Gott dem Herrn gewiß nicht gefällt, wenn ihr Sohn die Rivalen des gottesfürchtigen Philip Henslowe unterstützt.»

«Sehr wohl, Herr», sagte Moreton mit gebührendem Respekt.

William hörte, wie Richard Burbage die Treppe heraufkam und immer zwei Stufen auf einmal nahm. Richard war ein beleibter Mann, und er hatte einen anstrengenden Tag hinter sich – erst die Proben, dann die ‹*Hamlet*›-Aufführung und schließlich einen Besuch bei Hofe –, aber man merkte ihm keinerlei Erschöpfung an. Ungestüm riß er die Tür auf. «Will!» rief er. «Wir sind gerettet! Der König liebt das Theater über alles!»

William ging an den Schrank, nahm einen zweiten Becher und füllte ihn mit Wein. «Er will die Theater also nicht schließen lassen?» Schlechte Nachrichten glaubte er sofort. Aber bei guten Nachrichten hatte er zunächst immer seine Zweifel.

«Nur falls die Pest um sich greift. Oh, ich habe tüchtig Schelte bekommen, weil wir heute ‹*Hamlet*› aufgeführt haben. Der König fürchtet die Pest, so wie er alles andere fürchtet. Aber das ist nicht weiter wichtig.» Er hob seinen Becher und stieß mit Will an. «Ich habe noch eine große Neuigkeit für dich, du Stratforder Handschuhmacher», sagte er lachend. «König Jakob hat dich und mich und noch ein paar andere von unserer Truppe zu königlichen Kammerdienern ernannt.»

William ließ sich auf einen Stuhl fallen. Er war verwirrt. Noch vor ein paar Minuten hatte er das unabwendbare Unheil erwartet. Und statt dessen war er nun plötzlich ein königlicher Kammerdiener!

Er fühlte sich geschmeichelt, geehrt, aber zugleich war er entsetzt. Als Höfling konnte er nicht ‹*Othello*› und nicht ‹*Macbeth*› schreiben. Zwar schätzte er Rang und Ehren, aber er konnte nicht leben ohne das Theater – und ohne seine Stücke zu schreiben. «Ist das – ein Befehl?» fragte er freundlich.

Burbage nickte. «Könige bitten nicht. Auch dieser seltsame König nicht.»

«Aber ich kann nicht am Hofe leben. Das Theater ist meine Welt. Ich –»

«Ach ja, das habe ich dir noch gar nicht gesagt. Wir sind nicht mehr die Schauspieler des Lord-Kämmerers.»

Das war das Ende. Er hatte es geahnt. Den ganzen Tag lang, sogar während der ‹*Hamlet*›-Aufführung, war er von dunklen Ahnungen gequält worden. Das war das Ende dessen, was für ihn Leben bedeutete: das Geheimnis, mit Hilfe von Tinte, ein paar Metern Samt und einem armen Komödianten einen Gedanken in eine lebendige Gestalt zu verwandeln.

Richard hatte gut lachen. Er selbst aber . . .

«Wir sind jetzt, kraft eines königlichen Dekrets, die privilegierten Schauspieler des Königs!»

William starrte ihn an. Richard Burbage sagte: «Und wir stehen nicht nur unter dem Schutz des Königs, sondern wir haben auch eine königliche Urkunde, die wir jedem Bürgermeister oder Universitätsrektor, der uns wegschicken will, unter die Nase halten können.» Er leerte seinen Becher. «Will, es war ein langer, beschwerlicher Weg. Aber von nun an sind wir keine Spitzbuben und Vagabunden mehr. Wir sind jetzt des Königs Diener.» Plötzlich liefen ihm Tränen über die Wangen.

William nahm die beiden Becher und füllte sie wieder. William Shakespeare, Edelmann und Kammerdiener Seiner protestantischen Majestät König Jakobs I., stand mit einem Becher Wein in der Hand am Fenster und blickte hinaus. Aber er sah nicht die von der Abendsonne vergoldeten Dächer Londons. Er sah die im Mondschein liegenden Felder rings um Stratford vor sich, das kleine Haus, in dem er einst mit seiner Familie gewohnt hatte, und er sah Annes Gesicht, freudestrahlend bei seiner Ankunft und schmerzverzerrt beim Abschiedskuß. Und er sah sich selbst, einen jungen Mann, der stolz mit seiner Frau und seinen drei Kindern an einem Sommerabend am Avon spazierenging, ein Bürger von Stratford wie alle anderen. Schlichte Freuden, dachte er, für immer verloren, getötet von den Pfeilen eines nie erträumten Erfolgs.

An diesem Abend nahm er, ehe er sich schlafen legte, die Kerze und ging in Matthews Zimmer.

Der Junge schlief tief und fest, die Wange so weich wie das Kerzenlicht. Seine Kleider – das rote Wams, die Kappe mit den Federn, die gelben Strümpfe – lagen verstreut im Zimmer. Ein Spielzeug – ein kurzer Stab mit einem Narrenkopf und einer Schellenkappe – lag neben ihm auf dem Kopfkissen. Entzückt und gerührt sah William, wie der Schlaf den ängstlichen, ehrgeizigen Jungen wieder in ein unschuldiges Kind verwandelt hatte. Kindheit und Unschuld. Oh, dachte er, wäre es den Menschen doch gegeben, hin und wieder umzukehren und in diesen kristallklaren Wassern unterzutauchen. Kindheit und Unschuld! Ebenso konnte man den Winterschnee im Juni suchen oder des Sommers Rosen im Dezember. Er wandte sich ab und ging in sein Zimmer und weinte bitterlich. Vielleicht weil er höher gestiegen war, als er je gewollt hatte – und nun von diesen gefährlichen Höhen die Täler in ihrem stillen Frieden sah. Vielleicht weil Tränen für einen erwachsenen Mann den Wassern der Unschuld am nächsten kamen.

6

Ha, Worte, Kinder! Worte!

Es klopfte an der Tür.

Mistress Fox war erstaunt. Ihre regelmäßigen Besucher wußten, daß sie donnerstags niemanden empfing. Schließlich mußte eine Dame auch gelegentlich der Ruhe pflegen.

Sie trat ans Fenster und spähte durch die Vorhänge. Nein, es war keiner ihrer regelmäßigen Besucher, sondern ein hagerer, leicht gebeugter ältlicher Herr. Sie runzelte ärgerlich die Stirn. Aber sie wußte, ihre Herzengüte war stärker als aller Unmut. «Bring den Herrn herauf, Rose», rief sie die Treppe hinunter.

Das Mädchen führte den Herrn ins Zimmer. «Master Philip Henslowe, Madam», verkündete sie.

Aha, dachte Nell Fox erstaunt, der reiche Bordell- und Theaterbesitzer. Das war allerdings eine Überraschung. Nun, vielleicht stellte er höhere Ansprüche als seine Kunden. Sie schenkte ihm ein strahlendes Lächeln. «Mister Henslowe! Das ist in der Tat eine Ehre. Rose, ein Glas Sekt für den Herrn. Bitte, Master Henslowe, nehmt Platz.»

Henslowe ließ sich schwerfällig auf einen Stuhl nieder. «Madame», begann er, «ich komme, um ein Unrecht wiedergutzumachen.»

Nell Fox wartete und sah ihn mit einem vielsagenden Lächeln an. Schüchterne Herren gingen oft manch verschlungenen Pfad, ehe sie zur Sache kamen. Aber diese Art der Einleitung war ihr neu. Und überdies hielt sie Master Henslowe nicht für einen schüchternen Herren.

Henslowe sagte: «Es ist ein Irrtum geschehen, Mistress Fox. Ich höre, daß Master Alleyn von der Truppe des Lord-Admirals Euch sagte, er habe keine Lehrstelle für einen Knabenschauspieler.»

Nell Fox schluckte. Das war eine unerwartete Wendung. «So ist es», sagte sie und schlüpfte eiligst wieder in ihre Pantoffeln, die sie gerade kokett abgestreift hatte.

«Master Alleyn hat sich geirrt. Wir *haben* eine Lehrstelle. Und ich möchte nicht, daß Euer Sohn womöglich gar den schädlichen Einflüssen lüsterner Schauspielervagabunden ausgesetzt ist. Denn der Teufel, Mistress Fox, geht umher wie ein brüllender Löwe und sucht, welchen er verschlinge.»

«Oh, in der Tat, Master Henslowe. Aber mein Sohn ist nicht bei einer vagabundierenden Truppe, sondern bei Master Burbage in der Lehre.»

Henslowe stieß einen tiefen Seufzer der Erleichterung aus. «Ich bin entzückt, das zu hören, Madam. Er wird dort gewißlich viel lernen. Und dennoch . . .» Er verstummte und nippte an seinem Glas.

«Was meint Ihr, Master Henslowe?»

Der gute alte Herr sah sie betrübt, ja fast unglücklich an. «Darf ich mir ein offenes Wort erlauben, Mistress Fox?»

Mistress Fox sah ihn gedankenvoll an. Dann sagte sie langsam: «Ich weiß, Herr, daß es so manche Dinge gibt in dieser sündigen Welt, von denen eine tugendhafte Witwe wie ich nichts ahnt und die sie, hörte sie davon, auch nicht einmal verstehen würde. Doch flehe ich Euch an, sprecht offen, Herr, und achtet nicht der Röte, die meine unschuldigen Wangen flecken mag.»

Henslowe verneigte sich. «Ich habe Sorge, Mistress Fox», sagte er mit sanfter Stimme, «daß Euer Sohn dort verdorben wird.»

Mistress Fox hatte ihr Gesicht hinter einem Fächer verborgen. «Und Ihr würdet bereit sein, ihn vor solcher Verderbnis zu retten, indem Ihr ihn in die Truppe des Lord-Admirals aufnehmt?»

«Euch zuliebe, Madam.» Er hielt sein Glas gegen das Licht und betrachtete es. «Ich weiß freilich nicht, ob Euer Sohn Talent besitzt. Doch wenn es darum geht, eine junge Seele zu erretten, bin ich bereit, alles zu wagen. Ich würde es sogar riskieren, meinen lieben alten Freund Richard Burbage zu erzürnen.»

«Ich danke Euch, Herr.» Beide schwiegen und dachten nach. Dann sagte Nell Fox in einem Ton, als erwähnte sie es nur beiläufig: «Es wird erzählt, Master Burbages Truppe stehe jetzt unter dem Schutz des Königs. Ist *Euch* dieses Gerücht auch schon zu Ohren gekommen?»

Diesmal sah er sie mit einem vielsagenden Lächeln an. «Ich gebe nicht viel auf den Klatsch der Leute.»

Sie stand auf und trat ans Fenster. «Angenommen, es wäre wahr, sollte man dann nicht, um dieser hohen Ehre willen, ein wenig Verderbtheit mit in Kauf nehmen?»

«O nein, Madam! Nie und nimmer!» Master Henslowe war so tief bekümmert, daß es eine Weile dauerte, bis er fortfahren konnte. Dann sagte er rasch: «Ich gebe Euch fünf Pfund, wenn Ihr Nicholas der Truppe des Lord-Admirals anvertraut.»

«Zehn.»

«Ihr seid von Sinnen.»

«Zehn. Keinen Penny weniger.»

«Sechs.»

«Zehn.»

Philip Henslowe stellte mit einem tiefen Seufzer sein Glas auf den Tisch und griff nach seinem Hut. Er sah Mistress Fox mit traurigen Augen an. «Ich verlasse Euch jetzt, Madam, doch ich flehe Euch an, teure Schwester im Glauben, bedenkt, wenn ich gegangen bin, wie ein verhärtetes Herz unseren barmherzigen Heiland und Erlöser betrüben muß.»

«Rose», rief Nell mit scharfer Stimme die Treppe hinunter. «Der Herr wünscht zu gehen.»

Rose kam eilends herauf. Henslowe schritt mit kummervoller Miene auf die Tür zu. «Sechs Pfund und zehn Shilling», murmelte er. «Mein letztes Wort.»

«Zehn.»

Es gab nichts mehr zu sagen. Aber beide Parteien waren mit dem Ausgang des Gesprächs nicht unzufrieden. Verhandlungen zwischen einer Dame und einem Herren brauchten ihre Zeit. Und morgen war auch noch ein Tag.

König Jakob hatte ein paar unangenehme Angewohnheiten. Eine bestand darin, daß er den Leuten, mit denen er sprach, immer mehr auf den Leib rückte, bis sie schließlich seinen Atem im Gesicht spürten.

William Shakespeare saß mit seinem Monarchen in einer Fensternische. Der König rückte näher an ihn heran. Der empfindliche William rückte zur Seite. Aber bald konnte er nicht mehr weiterrücken, weil es keinen Platz mehr gab. Er fühlte das wattierte Brokatgewand des Königs immer dichter an seinem Arm, spürte im Gesicht den heißen königlichen Atem, und die königlichen Augen betrachteten ihn, als wollten sie eine klein gedruckte Buchseite entziffern. «Jei», sagte der König nachdenklich.

«Eure Majestät?» fragte William. Die freudige Erregung darüber, daß er neben seinem Monarchen sitzen durfte, war schnell abgekühlt. Im Grunde war der ganze Abend eine Enttäuschung gewesen . . .

Er hatte mit dem übrigen Hofstaat in dem riesigen Saal herumgestanden, in dem er einst darauf gewartet hatte, daß Königin Elisabeth eintrat. Schließlich hatte man die beiden Türflügel aufgerissen, und die hohen Herren des Hofes waren rückwärts und sich verbeugend eingetreten, und dann . . .

Dann war nicht die glorreiche Königin Elisabeth erschienen, stolz und herrlich wie ein Schwan, schön und schrecklich zugleich, sondern ein schlaffer, blinzelnder Bleichenwang und, ihm zur Seite, eine hochgewachsene, elegante, spöttische Königin. Sicher ist sie zehnmal gescheiter als ihr Gemahl, dachte William.

Das königliche Paar setzte sich. Die Geladenen wurden vorgestellt. William Shakespeare kam als einer der letzten an die Reihe. Er kniete nieder. König Jakob sagte salbungsvoll: «Schon lange wollten wir Eure Bekanntschaft machen, Master Shakespeare.»

Der König hatte also schon im fernen Schottland von ihm gehört! Es war ein erhebender Augenblick. William schluckte. «Eure Majestät sind zu gütig.»

«Euer *‹Doktor Faustus›* hat uns sehr gefallen. Ich habe selbst ein paar Händel mit Eurem Mephistophilis gehabt.»

William war froh, daß er noch kniete: so konnte der König wenigstens sein besorgtes Gesicht nicht sehen. Was sollte er tun? Sollte er zu dem Irrtum schweigen? Oder sollte er den König berichtigen und Gefahr laufen, sein Mißfallen zu erregen? Aber seine Ehrlichkeit gewann die Oberhand. «Herr, ich gäbe mit Freuden meine rechte Hand, um das Lob Eurer Majestät zu verdienen. Doch leider schrieb nicht ich den *‹Doktor Faustus›*.»

Schweigen. Schließlich wagte er hochzublicken. Jakob starrte finster in den Saal, biß sich auf seine Fingerknöchel und war offensichtlich sehr ungehalten. Er entließ William mit einer kurzen Handbewegung. Glaubte dieser unverschämte Schreiberling etwa, er wüßte mehr als König Jakob aus dem Hause Stuart?

Doch nun wandte sich die Königin an William. «Master Shakespeare, kennt Ihr Master Jonson?»

«Ein wenig, Eure Majestät.»

Sie lachte. Es war ein tiefes, heiseres Lachen, das William sehr gefiel. «Ich meine, er ist der beste Dichter aller Zeiten», sagte sie und fügte huldvoll hinzu: «Ich werde ihn bitten, Stücke für Eure Truppe zu schreiben. Ihr werdet sie Eures schauspielerischen Talents würdig finden.»

«Eure Majestät sind zu gütig.» Nun wagte er, sie anzublikken. Sie lächelte freundlich und ungezwungen. «Ihr seid immer willkommen an unserem Hofe, Herr.»

König Jakob schmollte noch immer. William erhob sich und zog sich mit einer tiefen Verbeugung zurück. Als er wieder neben Richard Burbage stand, flüsterte er ihm zu: «Er hat mir zu meinem *‹Doktor Faustus›* gratuliert.»

Ein Lächeln blitzte in Richards Augen auf. «Und was hast du gesagt?»

«Daß ich das Stück leider nicht geschrieben hätte.»

«Und was hat *er* da gesagt?»

«Ich hatte den Eindruck, er hat es mir nicht geglaubt. Und die Königin will Ben Jonson bitten, Stücke für uns zu schreiben.»

«Großer Gott! Wir haben es wohl doch nicht so leicht als Schauspieler des Königs!»

Nachdem die Geladenen vorgestellt waren, mischten sich der König und die Königin unter die Höflinge. Plötzlich legte sich eine Hand auf Williams Schulter. Er drehte sich um und stand dem König gegenüber. «Master Shakespeare, ich möchte mit Euch sprechen.» Er nahm William beim Arm, zog ihn in eine Fensternische, setzte sich und klopfte einladend auf den Sitz neben sich.

William fühlte sich geschmeichelt, doch war ihm nicht ganz wohl in seiner Haut. Er setzte sich.

Der König schwieg und rückte etwas näher an ihn heran. Dann stieß er einen langen Seufzer aus und sagte: «Jei.»

Das war kein sehr ermutigender Anfang. «Eure Majestät?» sagte William so munter, wie es ihm gelingen wollte.

Der König schwieg beharrlich weiter. William saß jetzt eng eingezwängt zwischen dem König und der Nischenmauer. Und jetzt zog der König etwas aus seinem Wams. Ein Buch. Er gab es William, und während er ihn noch mit feierlicher Miene ansah, stieß er ein Kichern aus und versetzte William einen kräftigen Rippenstoß. «Ihr seid nicht der einzige, der schreiben kann. Ich habe selbst ein paar Gedichte geschrieben.»

Will sah ihn erstaunt und tief beeindruckt an, aber ihm war beklommen zumute bei dem Gedanken an die unaufrichtigen Komplimente, die er dem König sicher gleich machen mußte.

Ein zweiter Rippenstoß. «Nur zu. So lest schon, und sagt mir Eure ehrliche Meinung. Keine englischen Schmeicheleien!»

William schlug das Buch auf, als enthielte es sein Todesurteil. Er las: «Und also wütete Zerberus in abscheulichem Grimm. Und all dies widerfuhr dereinst Aeneas.»

Er versuchte es an einer anderen Stelle: «Es gleichzutun Herostratos, der einst in Ephesos den edlen Tempel niederbrannte, oder dem Manne, welcher um seines Namens willen aus Erz das garstig Kalb erbaute.»

«Gefällt es Euch?» fragte der König. Seine großen, traurigen Augen waren starr auf William gerichtet, und sein Atem ging schnell und schwer. Er hatte, seit er in England war, Geschmack an Schmeicheleien gefunden, mit denen er in Schottland nicht gerade überhäuft worden war.

«Es ist erstaunlich, Eure Majestät», sagte William, halb aus Eigennutz, halb aus der ihm angeborenen Gutmütigkeit. «Ein Fürst, ein weiser und gerechter Herrscher, bewandert im Gesetz, ein großer Theologe, Englands König von Gottes Gnaden *und* ein erhabener Dichter! Das, fürwahr, ist mehr, als Eure dankbaren Untertanen sich zu erhoffen wagten.» Gott verzeih mir meine Lügen, fügte er in Gedanken hinzu.

König Jakob nickte bedächtig. «Jei. Ich kann mich über Mangel an Talenten nicht beklagen, Master Shakespeare.» Er blätterte jetzt selber in dem Buch und erfreute sich an einigen seiner Lieblingsverse. «Jei. Und Ihr schreibt auch ein wenig hin und wieder?» fragte er und sah William ermunternd an.

«Ja, Eure Majestät. Natürlich nichts, was sich mit dem hier messen könnte», sagte er bescheiden und deutete auf König Jakobs Meisterwerk. «Ich schreibe gerade ein Schauspiel. Ein unbedeutendes Ding, natürlich. Über einen Mohren.» Und dann, da man nicht täglich neben seinem König saß und es besser war, das Eisen zu schmieden, solange es heiß war, fügte er hinzu: «Doch mit Eurer Majestät gütiger Erlaubnis schriebe ich gern ein Stück über einen Vorfahren Eurer Majestät, den edlen Banquo, und über die Vernichtung seines schändlichen Mörders Macbeth.»

Die Reaktion des Königs war erstaunlich. Er starrte William mit seinen tellergroßen runden Augen an, und dann schnellte er wie eine Feder in seine Ecke der Fensternische zurück, doch nur, um William mit heißer Hand aufs Knie zu schlagen. «Mein lieber Shakespeare, oh, welch ein meisterlicher Einfall.» Er rückte wieder näher heran, so nahe, daß seine Nase fast Williams Wange berührte, und sagte mit gesenkter Stimme: «Wir werden es zusammen schreiben!» Dann rutschte er wieder zurück, um die Wirkung seines Vorschlags auf Master Shakespeare besser beobachten zu können.

Master Shakespeare war augenscheinlich tief beeindruckt. Nein, da bestand kein Zweifel. «Majestät, ich finde keine Worte», sagte er keuchend.

«Jei.» König Jakob stützte die Hände auf die Knie und lehnte sich zufrieden zurück. «Jei. Dacht ich's mir doch, daß Euch das gefallen würde. Mein poetisches Talent und Eure schauspielerische Erfahrung. Mann, es wird das schönste Schauspiel werden, das je geschrieben wurde.»

William verneigte sich stumm. Die Fülle der königlichen Huld hatte ihm die Sprache verschlagen.

Endlich konnte er entrinnen. Aber er wurde an diesem Abend vom Unglück verfolgt. «Henry», sagte eine helle Frauenstimme hinter ihm. «Hast du schon Master Shakespeare kennengelernt? Er ist einer von unseren Schauspielern.»

William drehte sich um. Es war die Königin. Aber er sah sie kaum, sondern starrte voller Entsetzen den Mann an, zu dem sie sprach. «Gnäd'ger Herr», murmelte er und machte eine tiefe Verbeugung.

«Ich *hatte* einst das Vergnügen», sagte Henry Wriothesley, der dritte Graf von Southampton, in schneidendem Ton. Es klang, als sagte er, er habe einst die Pest gehabt, sei ihr aber durch Gottes Hilfe entronnen.

William richtete sich auf und sah den Grafen, für den er einst eine herzliche, väterliche Zuneigung empfunden hatte, mit einem flehenden Blick an, als wollte er ihn an ihre Freundschaft erinnern, an die Zeiten, ehe der Graf an dem Aufstand seines Freundes, des Grafen von Essex, gegen Königin Elisabeth teilgenommen hatte. Essex war hingerichtet worden. Und Southampton war ein gebrochener Mann. Nur sein Hochmut war ungebrochen. Verächtlich starrte der Graf den Schauspieler an, der sich geweigert hatte, sie bei ihrer irrwitzigen Rebellion zu unterstützen.

Aber der Graf konnte sich in Gegenwart der Königin nicht einfach abwenden. Er murmelte einen Gruß und hob ein Fläschchen mit Riechsalz an die Nase.

Er war gealtert in den zwei Jahren, die er im Tower verbracht hatte. Das später aufgehobene Todesurteil hatte seine Spuren hinterlassen. Gewiß, er war wie in den alten Zeiten sehr elegant gekleidet – was er am Leibe trug, hatte sicherlich mehr gekostet, als ein Tagelöhner in seinem ganzen Leben verdiente –, und sein goldenes Haar fiel noch immer lockig über seine Schultern. Aber wirkte sein Äußeres nicht etwas lächerlich bei einem Mann von über dreißig? Er hatte einen harten Zug um den einst so weichen, launischen Mund, und seine Augen, einst spöttisch funkelnd, blickten starr und undurchdringlich drein.

König Jakob hatte ihn – und andere Gefangene seiner Vorgängerin, Königin Elisabeth – noch vor seinem Einzug in London auf freien Fuß setzen und ihm sein Vermögen zurückgeben lassen. Und der Graf hatte sich schnurstracks vom Tower nach Huntingdon begeben, um dem neuen König entgegenzueilen und ihm seine Ergebenheit zu bekunden. Beim Einzug des Königs in London hatte er das Reichsschwert vor ihm hergetragen. Der König bewunderte ihn, und die Königin hing an seinen Lippen. Nein, ein Mann wie er, der Graf, hatte keine Zeit für einen Schauspieler. Überdies hatte dieser Shakespeare ihn und Essex im Stich gelassen, und das würde er ihm nie verzeihen.

Zu Williams Entsetzen wandte sich die Königin jetzt lächelnd ab. Beide Männer verneigten sich. William hielt den Kopf lange gesenkt – er hoffte, der Graf würde sich ebenfalls abwenden und davongehen. Als er sich jedoch schließlich wieder aufrichtete, sah der Graf ihn zornig und verächtlich an. «Soso, der arme Schauspieler sitzt mit seinem König in der Fensternische. Ihr habt gute Fortschritte gemacht, während ich im Tower schmachtete, Shakespeare.»

William sagte mit kläglicher Stimme: «Ich habe Euch keinen Schaden zugefügt, gnäd'ger Herr.» Es war eine armselige Antwort, aber was sollte er sonst sagen?

«Aber Ihr habt mir auch nicht geholfen. Soll ich Euch etwas erzählen, Shakespeare?»

William wartete schweigend.

«Der Graf von Essex verfluchte Euch in der Nacht, bevor er starb.»

William sagte demütig: «Vielleicht wäre er, wenn er auf mich gehört hätte, nicht hingerichtet worden.»

«Der Graf von Essex war kein Mann, der auf einen Hasenfuß hörte.»

«Auch nicht auf einen besonnenen Mann?» fragte William, immer noch in demütigem Ton.

Der Graf von Southampton starrte ihn kalt an. «Bedenkt, Master Shakespeare», sagte er langsam, «soviel Ihr auch katzbuckelt und dienert, Ihr werdet immer *einen* unerbittlichen Feind an diesem Hofe haben.» Dann machte er kehrt und ging. William verbeugte sich. Die Kränkung schmerzte ihn. Und er hatte Angst. Ein Feind am Hof war eine ständige Bedrohung.

Einige der Günstlinge Königin Elisabeths, so der Seefahrer Sir Walter Raleigh, waren verhaftet und in den Tower geworfen worden. Doch die meisten Engländer waren mit ihrem neuen König recht zufrieden. Er war ein seltsamer Kauz, aber er hatte bei seiner Thronbesteigung Milde geübt, und er war kein Feuer speiender Calvinist, wie viele gefürchtet hatten. Er liebte den Frieden. Ja, es hieß, er wolle sogar Frieden und Freundschaft mit dem katholischen Spanien.

Und die lebenslustige Königin, die so klug war, sich ihre Klugheit nicht anmerken zu lassen, erfreute sich großer Beliebtheit. Alles war glücklich, so schien es. Die Schauspieler des Königs brauchten sich zum erstenmal in ihrem Leben nicht um das tägliche Brot zu sorgen. Der Graf von Southampton, zum Mitglied des königlichen Privatkabinetts aufgestiegen, konnte sich Hoffnung nicht nur auf den Hosenbandorden machen, sondern auch auf das Monopol für Süßweine, das einst der Graf von Essex innegehabt hatte, ehe es ihm von Königin Elisabeth entzogen worden war.

Philip Henslowe kniete fromm und demütig nieder und dankte seinem Gott für seinen König, der weder die Theater noch die Bordelle hatte schließen lassen. Und Annette Peyre dankte der Mutter Gottes für einen König, der bereit schien, die Katholiken zu dulden, und für eine Königin, die ihnen sogar wohlgesonnen war. Außerdem flehte sie die Mutter Gottes an, Master Shakespeare aus ihren Gedanken zu tilgen, denn Master Shakespeare war ein verheirateter Mann. Diese Bitte vermochte die Mutter Gottes jedoch anscheinend nicht zu erfüllen, wie sehr Annette Peyre ihr dabei auch zu helfen bemüht war.

Matthew, ihr Sohn, war teils glücklich, teils todunglücklich. Er war glücklich in seinem Logis bei Master Shakespeare, der für ihn immer mehr die Rolle des toten Vaters zu übernehmen schien. Er war auch glücklich, wenn er bei den Proben ein paar Zeilen sprechen durfte und gelobt wurde. Und er war überglücklich, wenn Master Shakespeare ihm mit der Hand durchs Haar fuhr und ihn zum Abendbrot zu seiner Mutter schickte. Aber jeden Morgen fürchtete er sich vor dem neuen, unbekannten Tag, vor den Proben und vor den rauhen und derben Reden der Schauspieler.

Nicholas Fox war glücklich, weil er Master Burbage und Master Shakespeare, dem alten Narren, bei der Aufführung des ‹*Hamlet*› gezeigt hatte, was ein Schauspieler, der etwas von seiner Sache verstand, noch aus der kleinsten Rolle herauszuholen vermochte.

Die Engländer waren glücklich, weil sie das Gefühl hatten, nach langer, stürmischer Fahrt endlich in einen ruhigen Hafen eingelaufen zu sein.

Aber William Shakespeare war nicht glücklich.

Southamptons Worte hatten ihn tief verletzt. Und sie hatten die alten Zweifel wieder geweckt. War er wirklich ein Hasenfuß? In besseren Stunden hielt er sich für vorsichtig und besonnen, aber nicht für feige. Doch in seiner gegenwärtigen trüben

Stimmung fand er, daß Southampton das richtige Wort gewählt hatte – er *war* ein Hasenfuß. Er war ein Mann von einfacher Herkunft, der ehrgeizig emporstrebte, ein Lumpenkomödiant, ein gescheiterter Poet. (Oh, seine Poeme ‹*Venus und Adonis*› und ‹*Die Entehrung der Lukrezia*› waren ihm recht hübsch gelungen, aber was hatte er seither schon geschrieben außer ein paar Stücken?) Und was sollte er nun mit dem Stück über Banquo und Macbeth machen? Er mußte es so schnell wie möglich schreiben und durfte es König Jakob erst zeigen, wenn es fertig war, auf die Gefahr hin, daß er so den Zorn des Königs auf sich lud. Er hatte zwar früher gelegentlich mit anderen Stückeschreibern zusammengearbeitet, doch niemals mit einem König und nie mit jemandem, der so seltsam schrieb wie König Jakob. Nein, je eher er das Stück schrieb, um so besser.

Die Flitterwochen zwischen dem König und seinem Volk waren eine schöne Zeit, dauerten aber nicht lange an. Das Volk fand bald heraus, daß der König manch wunderliche Grillen in seinem schottischen Schädel hatte. So sprach er zum Beispiel immerfort vom Königtum von Gottes Gnaden und verlangte, daß diese Vorstellung ohne Widerspruch anerkannt wurde.

So etwas gefiel den Engländern ganz und gar nicht. Sie waren sanft und gefügig wie die Lämmer, wenn man sie mit behutsamer Hand lenkte, aber sobald sie das Gefühl hatten, man dränge sie in irgendeine Richtung, konnten sie störrisch sein wie Esel. Und König Jakob belehrte sie mit der Hartnäckigkeit eines strengen Schulmeisters. Die Schüler hörten schweigend und mürrisch zu. Sie steigerten sich allmählich in eine bedrohliche Stimmung hinein. Wenn es so weiterging, würde es Unruhen geben, und Köpfe würden rollen . . .

Dann ließ König Jakob die Gesetze gegen die Katholiken mildern, und er befreite die Katholiken von Geldbußen. Die

Engländer waren empört. Nicht daß sie alle Katholiken gleich verbrennen wollten, aber nie wieder durften die Katholiken die Macht haben, ihrerseits Protestanten zu foltern und zu verbrennen. Trotz der allgemeinen Entrüstung entschlossen sich auf Grund der gemilderten Strafen jedoch auch manche, zum Katholizismus zurückzukehren, was wiederum bei den Puritanern Bestürzung und nahezu eine Panik auslöste.

Aber Gott, der bekanntlich immer auf der Seite der Puritaner stand, bekundete schon sehr bald deutlich sein Mißfallen an König Jakobs Tun. Die Pest, die schon bei des Königs Ankunft in London wie eine Gewitterwolke gedroht hatte, brach plötzlich mit einer Gewalt über die Stadt herein, wie man es seit Menschengedenken nicht mehr erlebt hatte. Sie wütete das ganze Jahre hindurch. Doch der Tod von 30000 Seelen hatte nicht die von Gott so offenkundig gewünschte Wirkung. König Jakob mißachtete den Wink. Statt die Gesetze wieder zu ändern, war er nur darauf bedacht, sich selbst in Sicherheit zu bringen. Er floh die von der Pest heimgesuchte Stadt und begab sich mit dem gesamten Hofstaat nach Woodstock, um in dem verfallenen Palast dort Zuflucht zu suchen, wo, wie Sir Robert Cecil, der erste Graf von Salisbury, erbittert feststellte, gerade genug Raum für das königliche Paar, die Hofdamen und ein paar Mitglieder des *schottischen* Rates war. Alle übrigen mußten in Zelten kampieren.

So ging es nicht lange. Und König Jakob zog weiter, und immer weiter, von einem Schloß zum anderen und immer mit dem widerwärtigen Hauch der Pest im Nacken. Sir Robert Cecil, Staatssekretär und Lord-Schatzmeister, dachte voll Sehnsucht an die strenge Ordnung zu Zeiten der alten Königin zurück. «Ich bin vom Gestade der Behaglichkeit vertrieben worden», klagte er, «und weiß nicht, wohin mich die Winde und Wellen des Hofes noch verschlagen werden.»

Doch Sir Robert Cecil sollte seine Bequemlichkeit nicht

mehr lange entbehren müssen. Dem König waren weder die Schönheit und Pracht von Wilton House, einer seiner ersten Stationen auf der Flucht vor der Pest, noch der Geist und die Gelehrtheit der Witwe des Grafen von Pembroke entgangen. Und die Grafschaft Pembroke war bisher von der Plage verschont geblieben. Er lud sich und den Hofstaat bei der Gräfin ein und gedachte den Winter bei ihr in Wilton House zu verbringen.

In London wütete die Pest unbarmherzig weiter.

Matthew Peyre saß allein in Master Shakespeares Logis und versuchte sich auf seinen Ovid zu konzentrieren. Aber es wollte ihm nicht gelingen. Er starrte mit fiebrig glänzenden Augen ins flackernde Kerzenlicht, und der Gedanke, daß seine Mutter an der Pest sterben konnte, ließ ihn nicht los.

Es war unvorstellbar, aber es konnte geschehen.

Es war unfaßbar, und sein Geist sträubte sich gegen den Gedanken daran – es überstieg seine Vorstellungskraft. Ich habe sie erst gestern gesehen, und da war sie noch ganz gesund, sagte er sich, um sich zu beruhigen. Aber wie oft raffte die Pest Menschen in der Blüte ihrer Jahre an einem einzigen Tage dahin. Er warf sich auf die Knie und betete zur Heiligen Jungfrau, der Mutter Gottes.

Dann erhob er sich wieder und blickte von neuem ins Kerzenlicht. Er hatte um ein Zeichen gefleht. Unter dem leuchtenden Schwert der Flamme glänzte in einem kleinen Krater das geschmolzene weiße Wachs. Bald mußte es überfließen. Floß es nach rechts, würde seine Mutter am Leben bleiben, floß es nach links, würde sie krank werden und sterben.

Er wagte kaum zu atmen.

Die dünnen Kraterränder schmolzen langsam herab. Rechts sank eine spitze Wachszacke, von der Hitze der Flamme aufgeweicht, nieder, aber der kleine weiße See lief nicht aus.

Und auch die niedrigen Wälle zur Linken hielten noch immer. Der Deich war noch nicht gebrochen.

Und wenn er ein wenig nachhalf? Er hätte sich mit tausend Freuden die Finger am heißen Wachs verbrannt, um dafür zu sorgen, daß es an der rechten Kerzenseite herunterströmte. Aber das wäre nicht das erbetene Zeichen gewesen.

Die Zinnen und Wälle veränderten sich, wuchsen und sanken herab, aber der schimmernde See unter der Flamme blieb unverändert.

Geblendet vom hellen Licht, wandte er sich schließlich ab und sah sich im Zimmer um. Dunkle Schatten hingen in den Ecken. Schwarze Gebilde tanzten eine düstere Pavane zwischen den Vorhängen. Angstvoll starrte der Knabe wieder ins Kerzenlicht. Plötzlich spürte er einen Luftzug, die Flamme züngelte hoch, die ausgezackten Kraterränder schmolzen, und das weiße Wachs floß auf allen Seiten an der Kerze herab, so daß man nicht sehen konnte, ob die Mutter Gottes Leben oder Tod beschlossen hatte.

Master Shakespeare war eingetreten. Er kam von einer Besprechung der Teilhaber. Er gab Matthew seinen Umhang und bat ihn, ihm die Stiefel auszuziehen und ihm ein Glas Wein einzuschenken, alles im gleichen Atemzug. Matthew tat es alles freudig und liebevoll. Und er nahm es Master Shakespeare auch nicht übel, daß er durch sein Eintreten die Botschaft der Mutter Gottes zerstört hatte.

William stützte das Kinn in die Hand. «Wir gehen auf Tournee, mein Junge. Weißt du, was das heißt?»

«Ja, Herr.»

«Die Stadtväter lassen alle Theater wegen der Pest schließen. Wir können also entweder in London bleiben und mit leerem Magen abwarten oder an der Pest sterben –» Er sah die Angst in den Augen des Knaben und verfluchte sein Ungeschick. «Oder wir können versuchen, uns in der Provinz ein wenig Geld zu verdienen. Die Teilhaber haben sich für das letztere entschieden.»

Matthew hatte sich bisher mit dem Gedanken getröstet, daß er jeden Tag schnell einmal nach seiner Mutter sehen konnte, denn Master Shakespeare war ein verständnisvoller und gütiger Brotherr. Ein kurzer Besuch täglich hätte nicht nur seine Angst um sie gelindert. Er hätte so auch, falls sie erkrankte, den Arzt und den Priester holen können. Vor allem den Priester. Der Gedanke, seine Mutter könne sterben, ohne die Sterbesakramente empfangen zu haben, war so entsetzlich für ihn, daß ihm ganz elend dabei zumute wurde.

Doch nun würden Meilen, viele Meilen schlammiger Straßen zwischen ihm und London sein. Und Hügel, Wälder, Sümpfe und Moore würden ihn von seiner Mutter trennen. Er würde nicht einmal wissen, ob sie lebendig oder tot war.

William rekelte sich müde in seinem Stuhl. Er trank einen Schluck Wein und beobachtete nachdenklich den Knaben. «Ich weiß», sagte er, «es ist schwer für dich, Matthew.»

Und auch schwer für sie, seine Mutter, dachte er. Erst war ihr der Mann genommen worden, nun mußte ihr Sohn sie verlassen. Während draußen vor der Tür die Pest lauerte. Aber vielleicht lockerte sich so das zu feste Band zwischen Sohn und Mutter. Er sagte: «Aber es ist eine gute Lehre für einen Schauspieler. Master Burbage und ich sind durch die gleiche harte Schule gegangen. Es ist nicht leicht, auf dem Hofe einer Schenke im strömenden Regen zu spielen und mit der eigenen Stimme den Lärm vom nahen Markt zu übertönen. Doch so lernt man, sich Gehör zu verschaffen, Master Peyre.»

«Ja, Herr.»

William lachte. «Du scheinst nicht sehr erfreut zu sein.»

«Ich mache mir Sorgen um Mutter, Herr. Als Witwe und als Katholikin hat sie nicht viele Freunde. Sie ist so allein. Und sie braucht meinen Schutz.»

Die Worte klangen rührend aus dem Mund des Knaben.

William schüttelte lächelnd den Kopf. «Du irrst, mein Junge. Deine Mutter ist eine sehr starke Frau. Sie braucht niemanden, der sie beschützt.» Der Knabe schwieg. William stand auf und legte die Hand auf Matthews Schulter. «Es tut mir leid, mein Junge. Aber glaube mir, deine Mutter wird froh sein, dich außerhalb der Stadt zu wissen. Und nun schlaf gut, Matthew. Oh, und zünde mir eine Kerze an, ehe du zu Bett gehst. Ich muß noch arbeiten.»

Das Kratzen der Gänsefeder auf dem Papier. Das leise Knistern der Kerzenflamme. Das ruhige Atmen des Knaben. Es sollte lange dauern, bis diese Laute in den Zimmern über dem Laden des Putzmachers in Cripplegate wieder zu hören waren.

7

Auf einmal ergriff ihn ein Gedank' an Rom ...

Es war fast wie in alten Zeiten. Die Schauspieler des Königs gingen auf Wanderschaft.

Das Durcheinander! Und was noch alles zu bedenken war! Es sah aus wie der Aufbruch eines Heeres zu einem Feldzug. Pferde, Wagen, Perücken, Kostüme, Schwerter, Rüstungen, Manuskripte, volle Bierflaschen, Programmzettel, Schminktöpfe und tausend und eine Kleinigkeit. Lohnarbeiter, Dirnen, Knabenschauspieler.

Wieder einmal waren alle Theater in London geschlossen worden.

Jeder Bezirk mußte einmal in der Woche die Anzahl der Opfer der Plage melden. Und wenn die Gesamtzahl der Toten in einer Woche höher als dreißig war, wurden die Theater geschlossen. Die Schauspieler fanden, bei fünfzig Toten wäre es verständlicher gewesen.

Doch diesmal, im Jahre 1603, ging es nicht um dreißig oder fünfzig Tote in der Woche. Diesmal starben die Menschen zu Hunderten. Sie blieben in ihren Häusern, und die Karren und Wagen, die jetzt noch über das Pflaster holperten, waren nicht mehr mit Obst und Gemüse oder mit Seide und bunten Bändern, sondern mit Toten beladen.

Die Straßen waren fast verödet. Das Geplauder und Geschrei, das Gezanke und das Gelächter waren verstummt. Nur das Geläute der Totenglocken, das unaufhörliche Gejaule eines

Hundes und das Geratter der Leichenwagen hallte durch die stickige Luft in den engen Gassen.

Die wenigen, die sich dennoch hinauswagten, waren bleich vor Entsetzen und verhärmt vor Kummer. Mit gequältem, stumpfem Blick sahen sie zu, wie die Schauspieler ihre Wagen beluden. Aber vielleicht waren sie auch viel zu erschöpft, um das, was ihre Augen sahen, wahrzunehmen.

Den Schauspielern war beklommen zumute. Sie liebten die Stadt, liebten ihr eigenes Theater, und sie schätzten ihr geordnetes Leben und ihre einträgliche Arbeit. Sie alle hatten das, was ihnen nun bevorstand, früher bereits kennengelernt, und sie wußten auch, wie man damit fertig wurde, aber sie hatten gehofft, mit dem Umherziehen sei es für immer vorbei.

William Shakespeare war noch unglücklicher als die anderen. Er hatte in der letzten Zeit weniger gespielt, dafür aber um so mehr geschrieben. Doch wie sollte man in der lauten Wirtsstube eines Gasthofs oder unterwegs in einem schwankenden dunklen Planwagen schreiben? Gewiß, er konnte es. Er würde sich ein Tintenfaß an den Gürtel binden und mit der linken Hand die Kerze und das Papier halten. Aber es war lästig. Und er würde sehr viel langsamer als sonst vorankommen.

Und er würde in diesem Sommer auch nicht nach Stratford reiten können. Er und die anderen Teilhaber hatten beschlossen, durch den Süden Englands zu ziehen: Southampton, Bath, Bristol. In den verseuchten Straßen Londons war die Erinnerung an den still dahinfließenden Avon wie ein Bild des Friedens. Aber in diesem Jahr würde er nicht an seinen Ufern entlangschlendern.

Am Abend vor ihrem Aufbruch fragte er Matthew: «Hast du deiner Mutter Lebewohl gesagt?»

Der Knabe sah von seinem Buch auf. «Ja, Herr.»

«Bist du sehr traurig?»

«Ja, Herr.» Seine Stimme blieb ganz ruhig, als er sagte: «Ich habe Angst um sie, Master Shakespeare. Die Nachbarn zur Rechten sind tot und die zur Linken sterbenskrank.»

William sah von seinem Bogen auf. «Die Pest?»

«Ja, Herr.»

Er sagte nichts und schrieb weiter. Aber er fühlte, daß die Augen des Jungen auf ihn gerichtet waren. Schließlich fragte Matthew: «Gnädiger Herr?»

«Ja, Matthew?» Die Feder kratzte weiter über das Papier.

«Herr?» Eine lange Pause. «Könnte meine Mutter mit uns fahren?»

Die Feder kratzte weiter. «Nein», sagte William schroff, ohne aufzusehen.

«Sehr wohl, Herr.»

Er blickte noch immer nicht auf. Aber er wollte nicht grob wirken und sagte darum freundlich: «Es geht nicht, Matthew. Wir haben zuwenig Platz.»

«Ja, Herr.»

Es stimmte nicht, und William wußte sehr wohl, daß es nicht stimmte. Als Teilhaber konnte er es durchaus einrichten, Annette Peyre mitzunehmen. Oh, die anderen würden mit den Augen zwinkern und Anspielungen machen, und keiner würde ihm glauben, daß er sie nur des Knaben wegen mitnahm. Aber er *konnte* es tun. Niemand würde oder konnte es ihm verwehren.

Aber nein. Es war unmöglich. Wäre sie weniger schön gewesen, hätte sie ihn weniger angezogen und hätte sie ihn gar selbst gebeten (was sie, wie er wußte, nie tun würde), dann hätte er sie womöglich mitgenommen. Aber er war zu sehr beschäftigt, er steckte zu tief in seiner Arbeit. Er wollte es nicht riskieren, sich noch einmal von zwei dunklen Augen ablenken und betören zu lassen! Verlangen, Mitleid und sogar Freundlichkeit waren gefährliche Regungen. Sie hatten ihn um seine Jugend betrogen. Nein, dachte er, nicht noch einmal. Er war jetzt fast vierzig. Er mußte nüchtern und vernünftig sein, wie es sich für einen Mann seines Alters geziemte. Er sagte: «Du bist doch Katholik, Matthew, nicht wahr?»

Der Junge blickte auf, und eine Sekunde wirkte er fast verängstigt. «Ja, Herr», sagte er.

«Dann bete zu der Mutter Gottes, daß sie deine Mutter vor allem Unheil bewahren möge», sagte William freundlich und fügte dann langsam hinzu: «Ich bin kein sehr frommer Mann, aber ich glaube fest, daß solche Gebete erhört werden, Matthew.»

«Ja, Herr.» Matthew sah ihn an. William konnte den Blick nicht deuten. Dankbarkeit? Zuneigung? Enttäuschung? Er wußte es nicht.

Der Junge vertiefte sich wieder in seinen Ovid.

Ein paar Neugierige hatten sich versammelt, als sie aufbrachen. Aber die bekannten Schauspieler sahen an einem so trüben, grauen Morgen genau wie andere Menschen aus. Sie warfen ihre Bündel auf die Wagen. Überall lagen Schwerter, Lanzen und Kronen herum. Einige der Lohnarbeiter spielten dem spärlichen Publikum unter großen Gesten eine tränenreiche Abschiedsszene vor. Master Burbage bekam bei dem Durcheinander einen seiner plötzlichen Wutanfälle. Und Master Heminge, der für alles verantwortlich war, prüfte sorgfältig und gewissenhaft lange Listen. Master Shakespeare stand abseits, als ginge ihn der ganze Trubel nichts an. An seinem Gürtel hingen zwei Tintenfässer und eine Sandbüchse, und in der Hand hielt er einen Packen Papier und einen Kasten voller Federkiele. Er schien in Gedanken weit weg zu sein. Vielleicht in Venedig, vielleicht auf Zypern oder in Forres in Schottland.

Doch dann sah er auf und kehrte jäh in die Gegenwart zurück. Mit ernstem Gesicht eilte er auf eine Dame in Witwenkleidung zu.

Er ergriff ihre Hand: «Mistress Peyre, warum seid Ihr gekommen?»

Sie sagte lächelnd: «Die Tage einer Witwe sind nicht so ausgefüllt, Master Shakespeare, daß ich nicht eine Stunde erübrigen könnte.»

Er sagte linkisch: «Ich werde mich um den Jungen kümmern, Mistress. Seid unbesorgt.»

«Ich danke Euch.»

Noch konnte er sie mitnehmen. Würde er sich je verzeihen können, wenn sie während seiner Abwesenheit der Pest zum Opfer fiel?

Nein, er durfte jetzt nicht schwach werden. «Gehabt Euch wohl, Mistress Peyre.»

«Das wünsche ich Euch auch, Herr.» Sie machte eine verstohlene Bewegung mit der rechten Hand.

Vielleicht das Zeichen des Kreuzes, dachte er. Vielleicht segnet sie mich.

Er beugte sich über ihre Hand und küßte sie, und dann ging er davon und sprang ärgerlich auf den Planwagen. Ärgerlich über wen? Über sie, über sich selbst, über das Schicksal? Er wußte es nicht.

Auf dem Wagen standen zu beiden Seiten Bänke. In dem Dämmerlicht unter der braunen Plane tastete er nach einem freien Platz. Und jetzt wollte er schreiben! Mochte der Wagen auch noch so schaukeln und schwanken. Er mußte sich vieles von der Seele schreiben – Hartherzigkeit, Niedertracht, und wieder Feigheit? Schwäche? Ja, er war ein Schwächling! Er hatte eben aller Wahrscheinlichkeit nach eine Frau zum Tode verurteilt. Er hatte sie nicht mitgenommen, weil er Angst vor ihrer Nähe hatte, im Wagen, wenn man am Wegesrand übernachtete oder wenn sie Tür an Tür in einem Gasthof schliefen. Er hatte eine Frau in einer pestverseuchten Stadt zurückgelassen, um das Bild, das er von sich hatte, nicht zu gefährden.

Aber vor allem war er ein Narr, dachte er, als der Wagen sich in Bewegung setzte. Wer anders als ein Narr weigerte sich, eine schöne und kluge Frau wie Annette Peyre mitzunehmen? Nun, jetzt war es zu spät. Er blickte sehnsüchtig durch die offene Rückseite des Wagens hinaus. Dort stand sie noch – stolz, mutig und aufrecht wie eine Statue – in der vom Tod bedrohten Straße. Wieder einmal hielt William sich den Spiegel vor, und was er sah, gefiel ihm nicht.

Wütend holte er sein Papier hervor. «Ja nun!» rief eine erfreute Stimme neben ihm. «Ich wette, das ist Mistress Mountjoys Mieter!»

Bei der ersten Rast sprang William vom Wagen. «*Wer* hat dieser Frauensperson, dieser Mistress Fox, erlaubt, mit uns zu kommen?» fragte er.

Richard Burbage sah seinen alten Freund verwundert an. Er hatte Will selten so aufgeregt gesehen. *«Ich»*, sagte er mit ruhiger Stimme.

«Warum?»

«Mein lieber Will, *du* hast mir den Jungen aufgeladen. Wäre die Mutter in London geblieben und an der Pest gestorben, dann hätte ich plötzlich die ganze Verantwortung für den Jungen gehabt.»

Die beiden Männer starrten einander an. Richard Burbage lächelte. William runzelte die Stirn und sagte wütend: «Und gleichzeitig hast du auf diese Weise jemanden, der dir in schmuddeligen Gasthöfen das Bett lüftet, nicht wahr?»

Richard nickte. «Die Dame soll mit der Wärmflasche sehr geschickt sein, wie mir ihr Sohn versichert.»

William machte auf dem Absatz kehrt. Richard Burbage sah ihm lachend nach. Und dann blieb William wie angewurzelt stehen: Mistress Fox kam, wie Juno aus den Wolken, die Stufen des Planwagens herabgeschwebt, und Matthew starrte sie ungläubig an! Dann sah der Junge mit einem verletzten und gequälten Blick Master Shakespeare an.

«Tu aus das Licht», rief Richard Burbage mit schwarz geschminktem Gesicht. «Und dann – tu aus das Licht.»

Endlich war es soweit. Er spielte den Othello. Er hatte es kaum erwarten können. Gewiß, der Mohr war keine Gestalt mit vielen Gesichtern wie Hamlet. Er war ein Soldat, ein Feldherr, der sich würdevoll und sicher in der Welt des weißen Mannes zu bewegen wußte. Doch dann nahm das Schicksal eine falsche Wendung, und der edle Mohr riß sie nieder, diese Welt, die er nun nicht mehr verstand.

Seit Stunden regnete es erbarmungslos. Das Bett, auf dem Matthew als Desdemona lag, war längst durchnäßt. Die Bürger von Guildford waren so vernünftig gewesen, daheim zu bleiben. Der Hof war fast leer. Die wenigen Zuschauer saßen auf den Balkonen und Galerien des Gasthauses, rot im Gesicht vor Kälte. Je früher die Männer auf der Bühne zum Höhepunkt des Schauspiels kamen, um so besser, dachten sie. Dabei würde einem wenigstens etwas warm werden.

Aber das Spiel schleppte sich dahin. Matthew Peyre ließ sich ergeben wie ein Lamm ermorden. «Und ich *habe* es ihm doch gesagt», flüsterte William, der unter der Bühne vor dem Regen Schutz gesucht hatte. «Ich habe ihm immer wieder gesagt, daß er seinen Text nicht so sprechen darf, als genösse er es, ermordet zu werden!»

Henry Condell hockte, das Kinn auf den Knien, frierend und unglücklich neben ihm. «Laß uns ehrlich sein, Will. Eine hübsche Rosalinde oder eine kecke Viola mag der Junge abgeben. Aber das ist auch alles. Es war sehr klug, ihn vor den Bauerntölpeln hier die Desdemona spielen zu lassen. Nun wissen wir wenigstens, woran wir sind.»

«Er ist noch sehr jung, Henry. Er wird es lernen.»

Condell schüttelte den Kopf.

Wie wir es doch hassen, dachte William, wenn jemand unsere heimlichen Befürchtungen zum erstenmal ausspricht. Während ihrer langen Fahrten durch die sommerliche Landschaft hatte er viel über Matthew nachgedacht. Über den Verrat, den er an dem Jungen begangen hatte, als er die Mutter in London zurückließ. Über Matthews Verwirrung, als er entdeckte, daß Mistress Fox mitgefahren war. Über Matthews Haltung ihm gegenüber seit jenem Tage: er war zwar höflich wie immer, hilfsbereit und gefällig, aber er reagierte so wenig wie eine gerissene Lautensaite. William hatte sich verzweifelt bemüht, seine Hartherzigkeit dem Knaben gegenüber wiedergutzumachen. Und deshalb hatte er auch darauf bestanden, daß man ihm die Rolle der Desdemona gab, obwohl er im Grunde seines Herzens wußte, daß der Junge damit überfordert war.

Aber wie sollte es weitergehen? In Holinsheds ‹*Chroniken*› war er in der Geschichte des Malcolm Duffe auf eine Frauengestalt gestoßen, die er zur Gemahlin seines Macbeth gemacht hatte: eine stählerne, kraftvolle Frau, eine Frauenrolle, wie er noch nie eine geschrieben hatte. Und er hatte sie für Matthew geschrieben! Aber wenn der Knabe schon die sanfte Desdemona nicht spielen konnte, was würde er dann aus Lady Macbeth machen?

Nein, tröstete er sich, es lag am Text. Desdemona *war* sanft, und sie wehrte sich tatsächlich nicht gegen ihre Ermordung, da es ja Othello war, der sie ermordete. Man mußte Matthew eine *richtige* Rolle geben – er würde alle in Erstaunen setzen.

Es geschah nicht oft, daß er sich Täuschungen hingab, und wenn er es versuchte, gelang es ihm fast nie.

«Horch mal!» sagte Henry Condell.

William Shakespeare horchte, und er wußte sogleich, was Condell meinte. Das Stück hatte plötzlich Leben gewonnen. Emilia entdeckte gerade, daß Othello seine Frau ermordet hatte, und sie vollführte einen Höllenspektakel. Die Leute im Gasthof, die das Gezeter hörten, kamen in den Regen herausgestürzt, um zu sehen, was da geschah. Emilia schrie und hämmerte mit beiden Fäusten auf Othello ein. Es war großartig. William lief ein Schauer den Rücken hinunter. *Das* war es ja, worum es in dem Stück ging, um Gefühle, welche die Menschen zum Himmel aufschreien ließen.

Oh, wäre es doch Matthew gewesen, der diesen Aufruhr entfachte! Aber es war natürlich der unerträgliche Nicholas. Und wenn es soweit war, daß sein ‹*Macbeth*› aufgeführt wurde, würden die Teilhaber verlangen, daß Nicholas die Lady Macbeth spielte. Wer konnte es ihnen verdenken?

Und da war noch etwas. Beim Lesen war er vor kurzem auf eine Ägypterin gestoßen, eine dunkle Schönheit, verführerisch und launenhaft und quälend, ähnlich jener Frau, die ihn vor Jahren zu den Sternen emporgehoben und dann wieder in den Schlamm der Erde hinabgestoßen hatte. Doch diese Ägypterin war unvergleichlich edler und prächtiger, und sie war schrecklich in ihrem Zorn und unberechenbar.

In seinen Gedanken nahm sie bereits Gestalt an, eine nicht mehr junge, reife, erfahrene und unendlich begehrenswerte Frau.

Und Antonius, der mächtige Feldherr, dem schon ein wenig der Atem ausging – «des Weltalls dritte Säule umgewandelt zum Narren einer Buhlerin».

Und Ägypten, ein Land, wo sich Schlangen pfeilschnell im glutheißen Sande wanden und Eidechsen über uralte Steine huschten, über die einst eine Prinzessin gewandelt war. Welch heller Glanz! Welch eine Pracht und Herrlichkeit! Er sehnte sich danach, diesen beiden Liebenden, die seit Jahrhunderten am Ufer des Nils ruhten und sich nicht mehr küssen und liebkosen durften, neues Leben zu verleihen.

Doch wer konnte die Cleopatra spielen? Der sanfte Matthew? Wohl kaum. Und der überschwengliche Nicholas? Nein, auch er nicht. Und die anderen Knaben, Ned, Mark, Abraham? Sie wurden allmählich erwachsen, hatten Stimmbruch, Bärte sprossen ihnen, und man mußte ihnen Männerrollen geben. Oh, diese Knabenschauspieler! Sie machten einem immerfort Sorgen. Entweder gingen sie zu Kindertruppen, sobald man sie ausgebildet hatte. Oder sie fingen mörderische Streitereien mit Lehrlingen an. Manche waren auch dem harten Leben nicht gewachsen – oder ihre lieben Mütter waren dieser Meinung. Aber das Schlimmste war, daß sie erwachsen wurden, unweigerlich, unaufhaltsam. Nein, es war sinnlos, eine Frauenrolle zu schreiben, die kein Knabenschauspieler je spielen konnte. Er war ein Mann des Theaters. Und Stücke mußten Geld einbringen.

Bei Plutarch stand etwas über Cleopatras Barke, über das goldene Heck, die purpurroten Segel, die silbernen Ruder – auch daran hatte seine Phantasie sich entzündet. «Getriebnes Gold der Spiegel, die Purpursegel duftend, daß der Wind entzückt nachzog, die Ruder waren Silber, die nach der Flöten Ton Takt hielten ...» Nein, er *mußte* das Stück schreiben. Und dann würde er sehen, ob er einen Knaben fand, der die Cleopatra spielen konnte. Matthew würde sie in ein, zwei Jahren spielen können, wenn er den Knaben ausbildete und anleitete. Es war erstaunlich, wie ein einziges Jahr einen Jungen verändern konnte. Und während er dort unter der tropfenden Bühne hockte, auf der sich die erste Aufführung seines ‹*Othello*› dem ersehnten Ende näherte, faßte er einen Entschluß.

Doch dieser Entschluß mußte zu Streit führen, und William haßte es, sich zu streiten. Für Richard Burbage und die meisten anderen gehörte es zum täglichen Leben wie Hautjucken oder Bauchweh – sie stritten sich sogar mit Vergnügen. Er dagegen war nach jedem Streit noch tagelang bedrückt.

Es begann ganz friedlich. Gegen Abend hörte es auf zu regnen, und die Tropfen an den Blättern und Gräsern glitzerten unter den Strahlen der untergehenden Sonne. William schlenderte einen schlammigen Weg entlang. Trauer erfüllte ihn, wie immer, wenn nach einem langen grauen Regentag die Sonne hoffnungsvoll erglühte und doch gleich untergehen mußte. «Aus! Kleines Licht!»

Er hörte Schritte hinter sich. Eine Hand legte sich auf seine Schulter. Und eine ernste Stimme sagte: «Will, ich muß mit dir sprechen.»

William drehte sich um. «Ach, du bist es, Dick», sagte er erfreut. «Was gibt's?»

Aber Richard Burbage wirkte niedergeschlagen. «Will», sagte er, «wir brauchen ein neues Stück.»

Williams Miene verdüsterte sich. «Ein neues Stück? Hör zu, Dick. Wir sind jetzt vier Monate unterwegs. Ich habe euch *‹Maß für Maß›* und *‹Ende gut, alles gut›* und den *‹Othello›* geschrieben. Und ich schreibe *‹Macbeth›*, dem König zu Gefallen. Was verlangst du noch?»

«Eine neue Komödie, Will. Ein zweites *‹Wie es euch gefällt›*. Der Geschmack des Publikums hat sich geändert. Vor ein paar Jahren noch wäre *‹Othello›* ein großer Erfolg geworden. Oh, diese Rolle ist wunderbar, wirklich. Aber die Menschen wollen keine Giganten mehr.»

Und er trug sich gerade mit dem Gedanken, zwei der größten Giganten auf die Bühne zu stellen! Er sagte: «Eine Komödie, Dick? Nein, ich bin zu alt für Komödien.» Und lächelnd fügte er hinzu: «So etwas hält so kurze Zeit.»

«Aber wir brauchen eine Komödie.»

«Ich habe euch ein Dutzend Komödien geschrieben.»

«Und nun brauchen wir eine neue», sagte Richard Burbage kühl. «Ein Stück, an dem die beiden Knaben sich die Zähne ausbeißen können. Nicht daß sie schlecht sind. Nein, aber sie sind zu einseitig. Sie brauchen die kecken, lustigen Rollen, wie nur du sie schreiben kannst. Wir brauchen eine neue Rosalinde, eine neue Viola.»

William schwieg. Dann sagte er: «Wenn du es unbedingt wissen willst, Dick, ich habe ein neues Stück im Kopf, aber es ist keine Komödie. Es handelt von einer lüsternen Zigeunerin, einer wahrhaft königlichen Königin und einer ungestümen Dirne – und das alles in einer einzigen Frau.»

Die Sonne war untergegangen. Erde und Himmel waren grau und düster. Aber nichts war so düster wie Richards Miene. «Und wer soll sie spielen?»

«Matthew Peyre.»

«Matthew Peyre! Das piepsende Kind!»

«Er wird nicht mehr lange piepsen. Er wird bald ein großer Schauspieler sein.»

«Nein, nie. Brauchbar und vielleicht sogar gut als keckes Mädchen in einer Hosenrolle. Aber das ist auch alles.» Er verstummte verärgert, konnte es sich dann aber doch nicht verkneifen, die Frage zu stellen, die ihn trotz allem bewegte: «Und wen spiele ich?»

«Mark Antonius, den Römer – ein wenig knapp bei Atem schon, ein wenig närrisch auch, und ganz im Banne der Zigeunerin, der Königin von Ägypten.»

«Das klingt nicht sehr einladend.»

«Du irrst dich, Dick. Antonius, des Weltalls dritte Säule, prahlerisch, prächtig, erhaben und verdorben. Oh, die Zuschauer würden ihren Spaß an ihm haben.»

Burbage schwieg. Prahlerisch, prächtig, erhaben und verdorben – so etwas gelang Will immer sehr gut. Und, weiß Gott, ihm, Burbage, auch! Aber als Leiter der Truppe mußte er die Tatsachen so sehen, wie sie waren. Die Stückeschreiber hatten es gut. Sie brauchten sich immer nur um die eine Seite der Sache zu kümmern. (Nein, jetzt war er ungerecht. William kümmerte sich um alles, auch um die geschäftliche Seite, und er war sogar ein sehr guter Kaufmann.) Aber es war alles richtig, was er zu Will gesagt hatte. Der Geschmack *hatte* sich geändert. England *war* anders als vor zehn Jahren, so wie der furchtsame König Jakob anders war als die ruhmreiche Königin Elisabeth.

Und sie hatten tatsächlich keinen Knaben, der eine große Frauenrolle übernehmen konnte. Und sie würden auch sicherlich nie einen haben, denn die Kindertruppen wurden immer beliebter. Richard Burbage wurde plötzlich von Mitleid mit sich selbst übermannt. Die Pest, die Vorliebe der Königin für die Maskenspiele von Ben Jonson, der Erfolg der Kindertruppen, ein König, der bei jeder Aufführung spätestens nach dem ersten Akt einschlief, ein Stückeschreiber, der nur zu seinem eigenen Vergnügen schrieb – wie sollte er da weitermachen? Nein, das Theater war zum Tode verurteilt. «Will», sagte er mit düsterer Stimme, «wir brauchen eine Komödie.» Und bitter fügte er hinzu: «Wir haben keine Knaben, die in Tragödien spielen können.»

«Kecke Mädchen in Hosenrollen!» erwiderte William mit ebenso bitterer Stimme. «Mein Gott, Dick, hast du die Entdekkungsfahrten vergessen, die wir gemeinsam unternehmen 'wollten – unternommen haben! Hast du *‹Hamlet›* und die anderen Tragödien vergessen? *Du* sagtest, wir beide wollten ferne Gestade, fremder noch als die indischen, erkunden. *Du* sagtest, es gebe ferne, unentdeckte Gebiete, die du mit mir erforschen wolltest. Und nun sagst du mir, du willst eine Komödie!»

«Ja, ich will eine Komödie. Und ich weiß, wovon ich rede. Ich bin verantwortlich für die Truppe. Und ich muß dafür sorgen, daß wir uns die Gunst des Königs erhalten. Glaubst du etwa, er möchte ernste Tragödien sehen, wenn er des Abends von der Jagd heimkommt?»

«Verdammt, was schert mich der König», rief William. «Er

bekommt seinen ‹*Macbeth*› von mir, aber dafür will ich meine ‹*Cleopatra*›.» Er sah das ärgerliche Aufblitzen in Burbages Augen. «Dick, ich habe immer geschrieben, was du verlangt hast – außer dem ‹*Hamlet*›, und auch der hat die Kassen gefüllt. Aber jetzt muß ich ‹*Cleopatra*› schreiben, sonst verliere ich den Verstand. Verstehst du das, Dick?»

«Nein», sagte Burbage mürrisch. «Ich verstehe nur, daß du uns im Stich läßt.»

William ging schweigend weiter. Kein Vorwurf hätte ihn tiefer treffen können. Er hatte nie jemanden im Stich gelassen – außer Anne, dachte er traurig. Nein, er hatte immer zu seinen Freunden gehalten. Und Richard wußte es besser als jeder andere. «Nimm das zurück, Dick.»

«Ich nehme nichts zurück.»

In den einsamen, verstreut daliegenden Katen und Hütten wurden die Kerzen angezündet. Ein warmer gelber Lichtschein drang aus den Fenstern in die abendliche Dunkelheit. Sogar diese halb verfallenen Behausungen waren Zufluchtsstätten, Inseln des Friedens und der Liebe, stille Häfen – unerreichbar für den heimatlosen Wanderer. William sagte leise: «Dann werde ich nach Stratford zurückkehren. Gott allein weiß, wie sehr meine Frau und meine Kinder mich brauchen.»

Beide blieben plötzlich stehen und sahen einander an. «Ich kann nicht mehr auf Befehl schreiben, Dick. Von nun an muß ich schreiben, was ich schreiben muß. Es gibt Dinge hier drinnen –» Er wies auf seine Brust.

Richard Burbage schwieg. Er verstand Will, er konnte es ihm sogar nachfühlen. Aber der Zorn saß ihm wie ein Teufel im Nacken und ließ nicht zu, daß er einlenkte.

William sagte: «Und der Quell des Gelächters in eines Mannes Herzen sprudelt nicht immer – leider.»

Richard Burbage blieb stumm. Schweigend setzten sie ihren Weg fort. Aber sie gingen langsam wie Menschen, die Angst haben, ans Ende des Weges zu gelangen, ehe alles zwischen ihnen gesagt worden ist.

«Ich habe keinen von euch je im Stich gelassen», rief William und setzte dann leise, als spreche er zu sich selbst, hinzu: «Nur einem Menschen bin ich untreu gewesen – der Frau, die mir ihr Leben lang die Treue hielt.»

«Vier Shilling und sechs Penny», sagte John Heminge, der Geschäftsführer der Truppe, niedergeschlagen. «Und die Kostüme vom Regen verdorben.»

«Und meine Halskrause ist ganz schwarz von der verfluchten Schminke», sagte Burbage. Seine Stimme klang noch immer bedrückt und unfreundlich. «Nie wieder spiele ich deinen Mohren im Hofe eines Wirtshauses.»

Sie saßen in einem der Wagen. Es war nicht ratsam, die Einnahmen in der Gaststube zu zählen. Außerdem starrte es in dem Wirtshaus vor Schmutz. Vor allem der empfindliche William saß lieber auf dem süß duftenden Stroh im Wagen als in der nach Bier, Schweiß und Hunden stinkenden Gaststube, selbst wenn der Regen durch die Plane tropfte und die kalte, feuchte Herbstluft von den Wiesen heraufdrang und einem in die Knochen kroch.

Die Tournee war ein Mißerfolg gewesen. Der heiße, nasse Sommer, der in London die Pest hatte gedeihen lassen wie Pflanzen in einem Gewächshaus, war den Schauspielern des Königs schlecht bekommen. Der Regen hatte die Zuschauer vertrieben und die Kostüme verdorben. Viele der Schauspieler hatten Schnupfen oder Rheuma. Die Straßen waren aufgeweicht und oft unpassierbar. Den Männern schmerzten die Schultern vom Anheben der im Schlamm steckengebliebenen Wagen. Und nun hatte Wills neues Stück, das Richard Burbage so gerühmt hatte, ihnen kaum mehr als das Geld für ein abendliches Trinkgelage eingebracht. «Es lohnt sich nicht», sagte

Heminge. «Wir fahren wohl besser nach London zurück, studieren neue Stücke ein und bessern die Kostüme aus.»

«Und sterben an der Pest», sagte Augustine Phillips trocken.

Matthew Peyre, der zu Williams Füßen saß, zuckte zusammen. Will legte die Hand auf die Schulter des Jungen. «Sei nicht verzagt, Matthew.»

Der Junge sah ihn mit flackerndem Blick an. «Die Leute sagen, die Zahl der Toten in London übertreffe die der Lebenden. Sie sagen auch –» Er verstummte und starrte angstvoll vor sich hin, ins Leere.

«Was sagen sie, Matthew?» Es war besser, der Junge sprach es aus.

«Sie sagen, die Lebenden schaffen es nicht mehr, die Toten zu begraben. Die Leichen liegen zu Hauf im Fleet. Und die Ratten sind so groß wie Hunde. Sie sehen wie ein grauer Teppich aus, wenn sie durch die Straßen laufen.»

Das rechte Zeug für Alpträume, dachte William. Und die Mutter des Jungen war in diesem grauen Totenland. «Die Leute sagen viel, mein Junge. Bestimmt ist die Pest längst abgeflaut.»

Aber er war sich da gar nicht so sicher. Und selbst wenn die Pest abgeflaut war, wer wußte, ob Annette Peyre noch lebte?

Und wenn sie tot war? Was dann? Was würde er empfinden? Eine sanfte Traurigkeit wie am Ende eines Sommerabends? Kummer über den Verlust einer lieblichen Frau, die er Freundin genannt hatte? Oder – Sehnsucht? Sehnsucht nach einer Geliebten, die nie, niemals in seinen Armen liegen würde? Vor allem aber, sagte er sich, würde er wissen, daß er schuld an ihrem Tod und an Matthews Unglück war, und er würde es sich nie verzeihen.

Und noch etwas wußte er. Wenn Annette Peyre tot war, würde er Matthew wie einen eigenen Sohn großziehen. Er würde ihn in den Ferien mit nach Stratford nehmen. Er würde ihn das Bogenschießen lehren und das Kegeln. Und vielleicht würde er ihm seinen Namen geben. Was nützten einem Manne, der zwei Töchter hatte und dessen einziger Sohn gestorben war, ein Wappen und ein stolzes Herrenhaus? Doch wenn ein Matthew Shakespeare das Herrenhaus bewohnte und Söhne zeugte, würde der Name Shakespeare in Stratford nicht in Vergessenheit geraten. Und Anne? Was würde sie sagen, wenn ein fremder Junge auf Hamnets Stuhl saß und in dem Bett schlief, das Hamnet mit dem Grab vertauscht hatte? Er wußte nie recht, was sie fühlte.

Er würde aus dem Knaben einen großen Schauspieler machen, einen würdigen Nachfolger für Richard Burbage. Einst würde Matthew es sein, der rief: «Mein Königreich für ein Pferd!» Oder: «Die Sache will's, die Sache will's, mein Herz!» Oder: «Ich sterb', Ägypten, sterbe!» Ja, selbst falls die Rolle der Cleopatra zu schwierig für den Jüngling wäre, so würde doch die Rolle des Antonius nicht zu schwer sein für den Mann.

Er legte den Arm um die Schulter des Knaben und sah ihn lächelnd und voller Mitgefühl an. «Sing uns ein Lied, Matthew.»

Der Knabe holte seine Laute. «Was soll ich singen, Ihr Herren?»

«Komm herbei, komm herbei, Tod!» sagte John Heminge düster.

«Das ist ein trauriges Lied. Ich – ich möchte heute abend nichts Trauriges singen.»

«Narr!» sagte William ärgerlich zu Heminge. «Komm, Matthew, sing uns *‹Halt's Maul, du Schelm›* und *‹Heisa, Hänschen›*.»

Der Junge schlug die Laute und begann. Das Regenwasser tropfte von der Plane herab. Draußen weideten die Kühe auf den Wiesen. Es war ein stiller, friedlicher Abend. «Heisa,

Hänschen, liebes Hänschen, sag mir, was dein Mädchen macht», sang der Knabe mit seiner hellen, traurigen Kinderstimme. Die Klänge der Laute hallten durch die Abendstille. Die Schauspieler lauschten stumm. Meist fielen sie nach kurzer Zeit mit dröhnenden Stimmen in den Gesang ein. Sie sangen gern miteinander. Doch heute waren sie alle zu niedergeschlagen.

Am traurigsten von allen aber war der Sänger.

Er war krank vor Heimweh. In der vergangenen Nacht hatte er von seiner Mutter geträumt: sie hatte vor seinem Bett gestanden, und da war jener tiefe Frieden über ihn gekommen, den leider nur die Träume schenkten. Und dann hatte sie plötzlich ihren Witwenschleier gelüftet, und er war schreiend aus dem Schlaf hochgeschreckt – ein Totenschädel hatte ihn angestarrt. Schlimmer aber noch als der Tod war der Gedanke, daß seine Mutter womöglich, ohne daß ein Priester sie von ihren Sünden losgesprochen hatte, in einem Massengrab verscharrt worden war und nun bis in alle Ewigkeit mit Ehebrechern und ungetauften Juden in der Hölle schmoren mußte.

Außerdem hatte er die Desdemona schlecht gespielt. Er wußte es. Niemand hatte ihn nach der Aufführung angesehen, niemand ihm auf die Schulter geklopft, und niemand, nicht einmal Master Shakespeare, hatte «Bravo, Matthew!» zu ihm gesagt. Nach dem nassen Bett auf der Bühne fror ihn bis in die Knochen. Sein einziger Trost in dieser Welt war Master Shakespeares Hand auf seiner Schulter. Doch auch das stimmte ihn wehmütig, denn so hatten sein Vater und er oft dagesessen. Und Master Shakespeare war nicht sein Vater. Master Shakespeare hatte seine Mutter im von der Pest heimgesuchten London zurückgelassen. Er, Matthew, hatte versucht, zu verstehen warum, aber er konnte es nicht verstehen.

Oh, und er war so müde! Was sollte er jetzt singen? Ein Schlaflied? Doch vielleicht lieber das neue Lied von Master

Shakespeare. Er begann: «Bleibt, o bleibt ihr Lippen ferne ...» Seine Stimme wurde schwächer. Er gab sich einen Ruck. «... die so lieblich falsch geschworen ...» Sein Kopf sank auf das Instrument. William Shakespeare beugte sich vor und nahm behutsam die Laute. Als er aufblickte, sah er Richard Burbages Augen auf sich gerichtet. Freundlich blickende Augen. Das Gewitter hatte sich verzogen. «Nickst du, so brichst du deine Laut' entzwei», sagte Richard Burbage. William antwortete lächelnd: «Ich nehm' sie weg, und schlaf nun, guter Knabe.» Es waren Verse aus seinem ‹*Julius Caesar*›. Richard hatte recht, ihn an dieses Stück zu erinnern, das ihre Freundschaft gefestigt hatte – er selbst hatte damals den Cassius und Richard den Brutus gespielt. Oh, es war gut, nach einem trüben englischen Tag wieder mit dem alten Dick im Zelt des Brutus zu sitzen!

8

Einige erwerben Hoheit . . .

Sie gaben sich geschlagen. Das Wetter hatte sie besiegt. Die vom Regen nassen Kostüme, die nicht mehr trocken wurden, hingen wie Blei an ihnen. Die Männer waren erschöpft und von Krankheiten geschwächt. Ein einziger englischer Sommer hatte die Schauspieler des Königs, die erfolgreichste Theatertruppe der Welt, in eine Schar zerlumpter, mutloser Vagabunden verwandelt.

Oh, sie würden sich schnell erholen. Nach der Rückkehr ein paar Tage Ruhe, trockene warme Kleider und das ‹Globe›, ihr eigenes Theater – und sie würden wieder die alten sein. Und die Pest hatte sicherlich inzwischen nachgelassen. Sie herrschte selten bis in den Winter hinein.

Also traten sie die Heimfahrt an. Matthew schwankte zwischen Freude und Furcht. Was erwartete ihn in London? Ein friedliches Elternhaus, mit rauchendem Schornstein und blanken Butzenscheiben? Und eine lachende Mutter? Oder schmutzig graue Fenster und eine verriegelte Haustür? Und kein Mensch, der wußte, wie sie gestorben war, keiner, der wußte, ob ein Priester ihr die Letzte Ölung gegeben hatte, ohne die ihre Seele bis in alle Ewigkeit ziellos umherirren mußte? Er war von quälender Unruhe erfüllt. Er konnte nicht still sitzen und lief darum zu Fuß neben den Wagen her, viele Meilen lang. In dieser Stimmung hätte er mit der gleichen Heftigkeit wie Nicholas Fox die Emilia in ‹*Othello*› spielen können. Aber sie gaben keine Vorstellungen mehr. Sie wollten so schnell wie möglich nach London zu ihrem Theater, dem ‹Globe›, zurück.

Aber bis dorthin waren es noch dreißig Meilen. Dreißig Meilen – und nachts hatte es schon den ersten Frost gegeben, und die Pferde waren matt und die Wagen in schlechtem Zustand und die Männer erschöpft und streitsüchtig. Dreißig Meilen! Das war so weit wie Babylon.

Und wie schon so oft in einer verzweifelten Lage sprach auch diesmal der ruhige, freundliche Augustine Phillips das erlösende Wort. «Laßt uns in meinem Haus in Mortlake Rast machen, Freunde. Es liegt auf unserem Weg. Wir können in der Nähe das Lager aufschlagen und mein Haus benutzen, um unsere Lebensgeister aufzufrischen.»

Ein guter Vorschlag! Wohlgemut setzten sie die Reise fort. Als sie Mortlake erreichten, kam Mistress Phillips ihnen entgegengelaufen. Inbrünstig und mit Tränen in den Augen umarmte sie ihren Mann. «Und ich dachte schon, du seist tot. Männer waren hier, fast jeden Tag, und sie drangen in mich und wollten Neuigkeiten von euch wissen. Sie hätten so lange nichts von euch gehört, sagten sie. Schließlich war ich ganz verwirrt und glaubte, ihr wäret alle an der Pest gestorben oder die Räuber hätten euch den Hals durchgeschnitten.»

Lächelnd löste er ihre Arme von seinem Hals, küßte sie auf die Lippen und auf die Stirn und fragte: «Aber *welche* Männer denn, mein Liebes?»

Die anderen Schauspieler umdrängten sie mit sorgenvollen Mienen. Gewiß, sie standen inzwischen unter dem Schutz des Königs. Aber zu lange waren sie verachtete und verfolgte Vagabunden gewesen, und so saß ihnen die Furcht vor Verfolgern noch immer im Nacken. Mistress Phillips kramte in der Tasche ihres Kittels und zog einen Umschlag mit einem großen roten Siegel hervor. «Der eine hat mir das hier gegeben. Es ist schon ein paar Tage her.» Augustine Phillips las die Adresse auf dem Brief und gab ihn Burbage.

Richard Burbage erbrach das Siegel und las. Und sein müdes Gesicht sah plötzlich noch müder und gequälter aus. «Freunde, man befiehlt uns nach Wilton House. Der Hof hält sich dort auf, und König Jakob gelüstet es, Master Shakespeares ‹*Wie es euch gefällt*› zu sehen.» Er sah William an, und sein Blick verriet, was er dachte: Hab ich es nicht gesagt, mein Freund?

Und dabei hatten sie sich nach dem ‹Globe› gesehnt wie vom Sturm gezauste Seefahrer nach dem ruhigen Hafen. Seit Tagen schon hatten sie von nichts anderem geredet und geträumt. Und nun, nur eine Tagesreise vom Ziel entfernt, wurden sie vom König an einen anderen Ort befohlen, nach Wilton. «Und wo, in Gottes Namen, liegt dieses Wilton?» fragte Henry Condell mürrisch.

«In der Nähe von Salisbury», sagte William.

Salisbury! Sie hatten einen Monat gebraucht, um von dort hierherzukommen. «Verdammt!» fluchte Henry Condell. «Ich würde lieber mit dem Hut in der Hand und einem Tanzbären an der Leine durch die Dörfer ziehen, als königlicher Schauspieler zu sein!»

Aber sie waren nun einmal die Schauspieler des Königs, und so wandten sie sich ihrer Arbeit zu. «John, haben wir das Stück bei uns?»

«Ja.»

«Gott sei Dank. Wir fangen gleich heute abend mit den Proben an. Du machst den Spielleiter, Will, nicht wahr? Und wer spielt die Celia? Abraham am besten, und gebe Gott, daß der Junge nicht wie ein Rabe krächzt. Und Nicholas als Rosalinde und Mark als Käthchen. Will, verzeih mir, alter Freund, aber ich fürchte, Matthew ist noch nicht weit genug, um vor dem König zu spielen.»

«Wie du meinst», sagte Will mürrisch. Aber er wußte, daß Richard Burbage recht hatte. Irgend etwas war mit Matthew geschehen. Vor der Reise, ehe die ständige Angst um seine Mutter ihn überkam, hätte man ihn gut vor dem gesamten Hof spielen lassen können. Doch neuerdings war er unruhig, launisch, unberechenbar. Es war kein Verlaß mehr auf ihn. Und beide Männer wußten es.

Burbage warf dem Freund einen prüfenden Blick zu. Aber er konnte jetzt nicht auf Wills Gefühle Rücksicht nehmen. Er fuhr fort: «Henry, schick einen der Lohnarbeiter mit dem lahmen Pferd zum Schmied. Und, Tom, sieh zu, ob du die Radachse richten kannst.» Dann sagte er mit einer tiefen Verbeugung: «Mistress Phillips, Ihr sollt Euren Gemahl heute abend nicht entbehren. Wie könnte ich einen so guten Freund von solchen Freuden fernhalten?»

Die hübsche Mistress Phillips lachte. «Ihr seid mir alle willkommen, Ihr Herren. Master Burbage und Master Shakespeare, bitte folgt mir, die Mädchen werden Euch ein Bad bereiten.»

Zwei dampfende Wannen standen nebeneinander in der mit Steinplatten ausgelegten Küche, und neben jeder ein Krug mit heißem und einer mit kaltem Wasser. Die Mädchen waren kichernd hinausgelaufen. Richard Burbage und William sahen sich um, und überall entdeckten sie vertraute Dinge, die sie seit ihrer Abreise nicht mehr gesehen hatten: Nudelhölzer, Gewürzkrüge, Kräuterbündel, aufgereihte Zwiebeln, Kessel, Pfannen, ein flackerndes Feuer – all das, was Soldaten, Scholaren und umherziehende Schauspieler entbehren mußten. William dachte voller Sehnsucht an Anne und ihre große Küche im Herrenhaus New Place in Stratford. Und Richard Burbage dachte an seine Frau und seine acht Kinder, die ihr an der Schürze hingen, und er hoffte zu Gott, daß die Pest nicht nach ihnen gegriffen hatte.

Aber William dachte nicht lange an Anne. Seit seiner Kindheit, seit er als Knabe am sommerlich träge dahinfließenden Avon gestanden und in das glitzernde Wasser geblickt hatte, ehe er hineinsprang und prustend und lachend und schwimmend und tauchend das kühle Naß genoß, war ihm nichts mehr so einladend vorgekommen wie dieses Bad.

Er streifte sein Wams, die Schuhe, die Strümpfe, die Hose ab – und hinein! Es war wunderbar. Neben ihm plumpste Richard in die andere Wanne. Sie planschten und sangen und gossen sich bald heißes und bald kaltes Wasser über. Es lief ihnen über die Haare, die Nase, den Bart, über die Arme und die Brust hinab. Es gab nichts Schöneres als Wasser – solange es nicht Regen war, der durch die Plane tropfte.

Zehn Minuten lang, in einer Küche in Mortlake, waren Londons großer Schauspieler und ein wohlbekannter Stückeschreiber wieder Knaben. Sorgen, Streit, Müdigkeit, Erfolge und Mißerfolge – alles wurde fortgeschwemmt von zwei Wannen warmen Wassers. Dann fragte Richard Burbage: «Wem gehört eigentlich Wilton House?»

«Dem Grafen von Pembroke und seiner Mutter, der Gräfinwitwe. Sie ist eine höchst vornehme und gelehrte Dame und eine große Förderin der Künste.» Er lachte. «Wär *sie* unsere Förderin und Gönnerin, dann wären wir sicher sehr viel hurtiger nach Wilton aufgebrochen.»

«Aha.» Aber Richards Gedanken eilten in eine andere Richtung. «Der junge Graf von Pembroke», fragte er, «war der nicht mit dem Grafen von Southampton befreundet?»

«Ja, das war er», sagte William tonlos. Und ist es noch, fügte er in Gedanken hinzu. Seine gute Laune war verflogen, und alle Ängste kehrten wieder. Er würde Southampton wiederbegegnen.

Den ganzen Spätsommer hindurch hatte ihnen jeden Morgen, wenn sie aufbrachen, die Sonne ins Gesicht geschienen, und jeden Nachmittag prasselte ein Gewitterguß auf sie nieder und durchnäßte sie bis auf die Haut.

Heute aber, stellte Matthew fest, reisten sie mit der Sonne im Rücken. Seine Fröhlichkeit schlug in Angst und Unruhe um.

Er war so fröhlich gewesen, weil sie nicht mehr weit von London entfernt waren. Nun hatte er Angst, weil sie nach Westen statt nach Osten fuhren.

Sie seien an den Hof befohlen, hatte es gestern abend geheißen. Er hatte nicht weiter hingehört. Was machte es schon? Der Hof war in London. Doch nun? Jeder Schritt der Pferde, jede Drehung der Räder entfernten ihn von dem Ort, wo er sein wollte.

Er tastete sich über Beine, Wasserbehälter und Lanzen hinweg, sprang vom Wagen hinunter, lief den schlammigen Weg entlang und zog sich auf den Wagen, in dem die Teilhaber saßen. Dieser Wagen war ein wenig bequemer als die anderen und mit Holzbänken, einem Fäßchen Kanarienwein und mit einer Laterne für Master Shakespeare ausgestattet. «Wohin fahren wir, Master Shakespeare?» rief Matthew aufgeregt.

William blickte auf. Die vielen Ärgernisse und Enttäuschungen dieses Sommers hatten auch ihm zugesetzt. Die Störungen bei der Arbeit, die Unbequemlichkeit, das ständige Geplapper von Mistress Fox . . . Wie sollte man da arbeiten? Wie sollte er ein brauchbares Stück schreiben, wenn man ihn nie auch nur zehn Minuten in Ruhe ließ? Wie sollte er sich da in die Gemahlin eines schottischen Adligen im Mittelalter hineinversetzen? «Die Eule hört' ich schrein, und Heimchen zirpen . . .» hatte er gerade geschrieben. Und nun platzte Matthew dazwischen: «Wohin fahren wir, Master Shakespeare?»

«Der eine lacht' im Schlaf – und ‹Mord!› schrie einer . . .» Verdammt, hatte denn niemand dem Jungen Bescheid gesagt? Mußte er sich denn um alles selber kümmern? Wie sollte er da ‹*Macbeth*› schreiben? Er war zu gutmütig, das war der Fehler!

Wenn er alle, die in seine Nähe kamen, wie ein bissiger Hund anknurrte, würden sie ihn vielleicht in Ruhe lassen. Und dann würden sie auch bessere Stücke bekommen, obwohl ihnen daran wohl gar nicht lag.

Matthew hatte sich ihm gegenüber auf die Bank gesetzt.

«Wohin fahren wir, Master Shakespeare?»

Die Ungeduld und der energische Ton des Jungen verstärkte seinen Unmut. «Wir sind an den Hof befohlen», antwortete er barsch.

Matthew rief mit schriller Stimme: «Das weiß ich, Herr. Aber der Hof ist in London, Herr.»

«Der Hof ist *nicht* in London. Der Hof ist da, wo der König ist. Und der König ist in Wilton House, in der Nähe von Salisbury.»

Er hatte dem Jungen noch nie so grob geantwortet, und diese Grobheit war auch gegen seine liebenswürdige Natur. Sie blickten einander ärgerlich an. Sie mochten und achteten einander, doch beide wurden jetzt gegen ihren Willen von einer Welle des Zorns davongetragen. William versuchte sich zusammenzunehmen und sagte in freundlichem Ton: «Wir sollen vor dem König spielen. Es ist eine große Ehre.»

«Ich *will* aber nicht vor dem König spielen! Ich will nach Hause!» Matthew stampfte mit dem Fuß auf und fing an zu weinen. Der ernste, würdevolle junge Schauspieler, der vernünftige junge Mann – das alles war plötzlich vergessen, untergegangen im Sturm kindlicher Gefühle. Zum erstenmal hatte William das Kind erblickt, das in dem Knaben noch steckte. Voller Mitleid sagte er: «Geduld, mein Junge. Und bedenke doch, was du deiner Mutter alles erzählen kannst. Du wirst den Grafen von Pembroke sehen. Und vielleicht sogar den König.»

«Ich *will* den König aber nicht sehen! Ich *hasse* den König!»

William sagte schroff: «Die Welt, Master Peyre, schert sich den Teufel um das, was Ihr wollt oder nicht wollt. Und je eher Ihr das lernt, um so besser.»

Die Augen des Jungen blitzten ihn durch die Tränen hindurch zornig an. Jetzt haßte er Master Shakespeare ebenso, wie er den König haßte. William sah ihn lächelnd an. «Mutter ist tot», sagte Matthew trotzig.

Nun wurde William zornig. «Du sollst so etwas nicht sagen. Du darfst so etwas nicht einmal denken.»

Matthew starrte ihn haßerfüllt an. «Meine Mutter ist tot», sagte er. «Und Ihr seid schuld daran.»

«Mein Gott!» sagte William entsetzt. «Das ist es also, was du denkst.»

Der Knabe senkte den Kopf. Eine Weile lang saß er stumm da und blickte auf seinen Finger, der an der Kante der Bank hin und her strich. Dann stieß er einen Seufzer aus. Was für ein tiefer Seufzer für einen so schmächtigen Jungen, dachte William. Matthew hob die Augen. «Es tut mir leid, Master Shakespeare. Ich hätte so nicht sprechen dürfen.»

«Es ist schon richtig, wenn du sagst, was du denkst, Matthew.»

Der Finger strich wieder an der Kante der Bank hin und her. «Es war ungezogen, Herr.»

«Nun gut. Die Sache ist vergessen. Zapf mir einen Becher Wein ab», sagte er freundlich. Matthew hatte sich gut gehalten, dachte er. Und er selbst? Hätte er dem Jungen mehr helfen, hätte er mehr Rücksicht auf seine jugendliche Empfindlichkeit nehmen können? Aber er hatte jetzt keine Zeit, darüber nachzudenken. Wo war er stehengeblieben? «Der eine lacht' im Schlaf – und ‹Mord!› schrie einer, daß sie einander weckten . . .» Verdammt! Jetzt war die Feder stumpf. Er spitzte sie mit dem Taschenmesser, und Tinte lief ihm über die Hände. Wie er das haßte! Dann beugte er sich wieder über den Bogen.

«He! Master Shakespeare», rief Mistress Fox, «wird nicht auch Euer Geist ganz stumpf, wenn Ihr soviel schreibt?»

Der König residierte nun schon mehrere Monate lang in Wilton House.

Und für die Bewohner von Wilton House waren die Monate wie Jahre.

Im Sommer war es noch ganz gutgegangen. Der König hatte von früh bis spät gejagt und war abends so müde heimgekommen, daß er nur noch essen und trinken und früh zu Bett gehen wollte.

Doch nun war Herbst. Nebel, Regen und ein scharfer Ostwind trieben den königlichen Jäger immer häufiger in die Behaglichkeit von Wilton House zurück. Und seither war es immer schlimmer geworden. In Wilton House ging es wie in einem aufgestörten Ameisenhaufen zu. Höflinge, Mitglieder des Kronrats, Kämmerer, Kammerjunker, Ritter, Kavaliere, Sekretäre, Diener, Köche, Stallknechte, Küchenjungen, Bärenwärter, Hundepfleger, Falkner, Musiker, Hofnarren – und sie alle hatten nur eine Aufgabe: den König vor Langeweile zu bewahren.

Master Inigo Jones, der große Baumeister und Maler, war da, um Szenerien für die Aufführungen der Königin zu entwerfen. Master Ben Jonson war da, um ihr neue Maskenspiele zu schreiben. Und ein ganzes Heer von Bühnenarbeitern war da, um Master Jones' Ideen auszuführen. Und nun, barmherziger Gott, erschienen auch noch die Schauspieler des Königs! Wie eine geschlagene Armee kamen sie mit ihrem Troß durch den Park gezogen.

Im Hause flossen die Aborte über, und draußen, hinter dem Haus, wurden die Abfallhaufen immer höher. Die Fliegen fielen in Schwärmen über die Speisereste her. Wespen, trunken von verfaulenden Pflaumen und halb gelähmt von der Kälte, dösten auf Stühlen, in Betten und Kleidern und wurden zornig, wenn man sie störte.

Das vornehme, stattliche Haus blieb vornehm und stattlich. Doch wer eine feine Nase hatte, nahm schon den Geruch der Verwesung wahr. Eines Tages würde auch König Jakob ihn bemerken und wütend die Flucht ergreifen. Und für Mary Herbert, die Gräfin von Pembroke, konnte dieser Tag nicht früh genug kommen.

Sie war eine überaus lebhafte und imposante Dame von beachtlichem Umfang und mit grob gemeißelten Zügen. Wenn sie lachte, war es, als breche ein Sturm los, ein Sturm, der sie in ihrer ganzen Größe und Fülle erbeben ließ. Ihre Zornausbrüche waren wie Blitz und Donner, erschreckend, verheerend, aber auch ebenso schnell vorüber wie ein Gewitter. Und ihre Gastfreundschaft war wie sie selbst, groß und üppig. Eine derbe Frau, so hätte man meinen können, die nur jagte und des Abends würfelte und Karten spielte. Aber so war es nicht. Die Gräfin von Pembroke war eine gelehrte und sehr gescheite Frau, die mehr als alles andere die Gesellschaft von geistreichen und talentierten Menschen schätzte. Sie schrieb sogar selbst.

Was sie über den König aus Schottland und sein Gefolge dachte, behielt sie lieber fur sich. Ihr Bruder, Sir Philip Sidney, ein großer Staatsmann, hatte der glorreichen Königin Elisabeth gedient. Als Schwester eines solchen Mannes dachte sie nicht daran, den Emporkömmlingen um König Jakob ihr Herz zu öffnen.

Ein geistreicher, talentierter Mann, den sie aus den Zeiten Königin Elisabeths kannte, war, wie sie gehört hatte, gerade angekommen. Er war unter den Höflingen der einzige, der sie interessierte. Sie rief eine ihrer Zofen und sagte: «Schick einen Boten zu den Schauspielern. Er soll ihnen ausrichten, daß ich Master Shakespeare zu sprechen wünsche, sobald er sich von der Reise erfrischt und gespeist hat.»

Sie hatte viele seiner Stücke am Hofe gesehen und war hin und wieder sogar in eines der öffentlichen Theater gegangen. Und sie glaubte, daß dieser schlichte Stückeschreiber mehr davon wußte, was es bedeutete, Mensch zu sein, als irgend jemand sonst und daß seine Worte Empfindungen weckten, die seit Anbeginn der Zeiten im Herzen der Menschen lagen.

Sie erinnerte sich an das, was man ihr über ihn erzählt hatte. Ein Mann vom Lande sei er, der – obwohl dies kaum zu glauben war – nicht einmal studiert hatte. Ein freundlicher und geselliger Mann, so hieß es.

Die Tür zu ihrem Privatkabinett öffnete sich, und ihr Majordomus erschien. «Der Untertan Shakespeare, gnäd'ge Frau.»

«Master Shakespeare», fauchte sie wütend. «Führt ihn herein. Und meldet ihn das nächste Mal, wie sich's gebührt, denn sonst, bei Gott –»

Der Haushofmeister verbeugte sich zitternd. Die Herzogin war eine freundliche Herrin, doch wehe, man erregte ihren Zorn.

Ja, ohne Kostüm sah Master Shakespeare tatsächlich wie ein Landmann aus, kräftig, frisch und rotwangig. Er war einfach, aber sauber gekleidet, und sein Bart war sorgfältig gestutzt. (Man sah diesem Mann nicht an, daß er seit sechs Monaten mit der Schauspielertruppe unterwegs war.) Der weiche Mund, die Lippen und die Augen wirkten so, als ob er oft und gern lachte. Doch jetzt schien sein Blick mißtrauisch zu fragen: Was will eine Gräfin von einem fahrenden Schauspieler, selbst wenn er zugleich Kammerdiener Seiner Allerchristlichsten Majestät ist?

Und wie er sich verneigte! Sie lächelte. Nein, dieser Mann war kein Tölpel. Es war nicht die tiefe, schwungvolle und gezierte Verbeugung des Höflings, die sie ihn auf der Bühne so elegant hatte vollführen sehen, sondern die aufrichtige Verbeugung eines redlichen Mannes vom Lande. Sie reichte ihm die Hand zum Kuß. «Master Shakespeare, Ihr seid sehr willkommen in meinem Haus.»

Sie hatte eine wohltönende, fröhliche, für eine Frau erstaunlich tiefe, aber herzlich klingende Stimme. William, für den die Sprache zur Musik der Welt gehörte, war entzückt. Er küßte ihre Hand. «Ich werde meinen Gefährten Eure huldvolle Botschaft übermitteln.»

«Ich sprach nicht von Euren Gefährten. Sie wurden, obwohl sie mir natürlich auch willkommen sind, vom König herbefohlen. Nein, ich meinte Euch, Master Shakespeare.» Ihr Lächeln war ebenso herzlich wie ihre Stimme.

Er verneigte sich stumm. «Oh», fuhr sie fort, und ein Ton von Trauer schwang in ihrer Stimme mit, «wie sehr hätte mein Bruder sich gefreut, wenn er den Dichter des ‹*Hamlet*› in seinem Hause hätte begrüßen können.»

Er schwieg noch immer. «‹Der Sitte Spiegel und der Bildung Muster, des Hofmanns Auge, des Gelehrten Zunge, des Kriegers Arm, des Staates Blum' und Hoffnung . . .›» sagte sie leise. Es waren Zeilen aus ‹*Hamlet*›. «Gebt zu, Herr, daß Ihr an meinen Bruder dachtet, als Ihr diese Zeilen schriebt.»

Es war schon seltsam, dachte er. Jedermann glaubte zu wissen, wen er im Sinn gehabt hatte, als er die Gestalt des Hamlet formte. Southampton oder Essex. Oder Sir Philip Sidney. Traute ihm niemand zu, daß er Hamlet aus seiner Phantasie und aus dem eigenen Seelenleid heraus geschaffen hatte? Einzige Quelle war ihm die Sage von dem Dänenprinzen Amleth gewesen, der einst, am Morgen der Welt, vorgegeben hatte, wahnsinnig zu sein.

Aber er verstand es sehr gut, den Höfling zu spielen, und er spürte auch das Band der Zuneigung und Achtung, das sich zwischen der illustren Frau und ihm bereits geknüpft hatte. So sagte er mit feierlicher Stimme: «Euer Bruder, gnäd'ge Frau, war ein Mensch aus Fleisch und Blut. Ein wahrer Mann. Mein Hamlet dagegen ist ein Geschöpf aus der Schattenwelt.»

«Er wird noch leben, Herr, wenn der Grabstein, der meines Bruders Namen trägt, zu Staub zerfallen ist.»

«Madam!» rief er entsetzt. «Wie könnt Ihr so etwas sagen. Die Stücke, die ich schreibe, sind Bagatellen, nicht mehr als Zeitvertreib für einen Nachmittag.»

Sie sah ihn nachdenklich an. «So, *sind* sie das, Master Shakespeare? *Ich* bin da anderer Meinung.» Wieder lächelte sie. Und ihr Lächeln war wie warmer herbstlicher Sonnenschein. «Aber Ihr müßt Euch jetzt ausruhen. Ich höre, daß Ihr uns mit ‹*Wie es euch gefällt*› erfreuen werdet. Wenn Ihr Euch erholt habt, werden wir noch Gelegenheit zum Plaudern haben.» Sie neigte den Kopf. Auf ein Zeichen hin, das William nicht bemerkt hatte, erschien der Majordomus wieder und führte ihn unter vielen Verbeugungen hinaus. Die Gräfin von Pembroke beobachtete ihren Diener mit einem kaum merklichen spöttischen Lächeln.

William sah weder die Abfallhaufen noch die summenden Fliegenschwärme. Er sah nur, wie schön dieses Haus war, die großen Räume, die prächtigen Gobelins und die hübsch geschwungenen Treppen. Und dann stand er in einem kleinen Turmzimmer: ein einladendes Bett, ein Schreibtisch mit Tintenfaß, Sandbüchse und Büchern, eine Fensterbank mit duftenden Blumen. Gestern noch ein umherziehender Schauspieler, heute wieder ein Edelmann. Master Shakespeare, unter dem gleichen Dach wie sein König. Master Shakespeare, von Schönheit und Ordnung umgeben. Master Shakespeare an einem dämmerigen Winternachmittag in trautem Gespräch mit der Gräfin von Pembroke.

Sie gingen im Park spazieren. Die Gräfin trug einen pelzgefütterten Umhang mit einer Kapuze, er einen pelzgefütterten Mantel aus edlem Stoff. Kerzenschein drang aus den Fenstern in die frühe winterliche Dämmerung hinaus. Klänge von Lauten und Violen wehten herüber. Das Haus wartete – warm, von gelbem Licht erfüllt, bereit für einen weiteren Abend mit Musik und Tanz.

Vor wenigen Jahren noch, dachte William, hätte es ihn mit Stolz erfüllt, an der Seite einer Gräfin durch den Park von Wilton House zu gehen. Doch inzwischen hatte er gelernt, daß Grafen ebenso töricht und gefährlich sein konnten wie jeder andere. Nein, was er an dieser Frau bewunderte, war nicht ihr Titel. Es war ihr Wesen, und es war die Schärfe ihres Geistes. Und daß sie, eine Frau, es gewagt hatte, sich über die herrschenden Regeln hinwegzusetzen und selber Dichterin zu werden.

Sie fragte: «Und wie lange seid Ihr gereist, um dem König ‹*Wie es euch gefällt*› vorzuspielen?»

«Fast sechs Tage, Madam.»

«Und er wird nach dem ersten Akt einschlafen und laut schnarchen. Sei's drum. Dem König muß man sich beugen.»

Er nickte.

Sie gingen schweigend weiter. Dann fragte sie: «Und was hieltet Ihr von Elisabeth Tudor?»

«Ich hatte eine Höllenangst vor ihr.»

Die Gräfin lachte schallend, so daß die Krähen scheltend von den Büschen aufflogen. «Wir alle hatten Angst vor ihr, Master Shakespeare. Und doch war sie eine gütige Frau. Ich war kaum vierzehn, als sie mich an den Hof holte. Sie versprach, sie würde mir besondere Sorge angedeihen lassen. Und dieses Versprechen hat sie gehalten.» Sie schwieg eine Weile. Dann sagte sie: «Freilich, den neuen König fürchtet niemand – außer vielleicht ein paar arme Hasen und zwei, drei Hexen. Aber –» Sie wandte sich ihm zu und sah ihn an. «Aber er ist ein sehr gebildeter Mann, und die Königin ist eine kluge Frau. Sie tut nur so, als hätte sie nichts anderes im Sinn, als in Master Ben

Jonsons Maskenspielen zu posieren.»

«Ist Master Jonson hier, Madam?»

«Ja. Und Master Inigo Jones auch. Mein Gott, die beiden sind wie Hund und Katze!»

«Und der Graf von Southampton?» fragte er angstvoll.

«Ja. Oh, natürlich, Euer Gönner. Ja, er und seine Frau sind beide hier. Doch ich warne Euch. Er ist übel gelaunt. Wußtet Ihr, daß er schon wieder im Tower saß?»

«Nein, ist's möglich?» Das war allerdings eine Neuigkeit.

«Ja, damit er bessere Manieren lerne, hieß es. Er hatte Streit mit Lord Grey – in den Privatgemächern der Königin. Und in Anwesenheit der Königin.» Sie sah ihn hinter ihrer Kapuze hervor an. «Es ist ein Jammer, Master Shakespeare, daß man nicht auch anderen jungen Herren eine so strenge Lektion erteilt. Vielen würde sie guttun.»

Ja, dachte er, es war verständlich, daß die Schwester Sir Philip Sidneys, dieses vorbildlichen Edelmanns, auf gute Manieren Wert legte. Doch ehe er antwortete, sagte sie: «Verzeiht meine Dreistigkeit, Herr, aber wann werdet Ihr wieder ein Stück wie ‹*Hamlet*› schreiben?»

«Ihr meint, eine Tragödie?»

«Ja. Eure Komödien sind köstlich, gewiß. Aber – Ihr werdet mir verzeihen – der Mann, der ‹*Hamlet*› schrieb, könnte uns Fenster auf unsere eigenen Seelen öffnen. Mir scheint, Herr – und verzeiht mir abermals –, Ihr vermögt *tiefer* in die Herzen der Menschen zu blicken als je ein Sterblicher zuvor.»

Er lachte ehrlich belustigt. «Madam, ich bin William Shakespeare, ein Poet aus der Grafschaft Warwick. Ich denke mir Stücke aus, die den Pöbel einen Nachmittag lang erheitern sollen. ‹Lustige Bagatellen›, wie Königin Elisabeth sie sehr richtig nannte. Ich bin kein Weiser, kein Philosoph. Obwohl . . .» Er zögerte und wurde plötzlich ernst. «Obwohl ich in der letzten Zeit das Gefühl hatte, daß ich . . .»

Er verstummte. Sie blieben stehen und sahen einander im Dämmerlicht an. «Ja, Master Shakespeare?» fragte sie freundlich.

Er sprach den Satz nicht zu Ende, sondern sagte: «Ich hatte viel Erfolg, gnäd'ge Frau, gewiß. Weil ich schrieb, was verlangt wurde. Was die Truppe verlangte und was dem Publikum gefiel. Aber ich selbst wollte ein Poet sein. Und was habe ich an Poesie geschrieben? Zwei Verserzählungen und ein paar Sonette. Alles übrige sind Stücke, die ich teils aus Habsucht, teils aus Gutmütigkeit und teils aus Liebe zum Theater schrieb. Und nun – im nächsten Jahr, Madam, werde ich vierzig. Und habe nichts erreicht.»

«Nichts erreicht? Da würde ich nicht ganz zustimmen», sagte sie trocken.

Er schien nicht zu hören, was sie sagte. Er war zu sehr in seine Gedanken vertieft. «Immer wollen sie Komödien», fuhr er fort. «Sie sagen, das sei es, was der König will, was das Volk will. Aber ich will endlich schreiben, was *ich* will. Einem Mann von vierzig bleibt nicht mehr viel Zeit.»

Sie lächelte. Wie jung er wirkte, dieser Dichter, der so tief in die Herzen der Menschen blickte. Dabei war er nur wenige Jahre jünger als sie. «Und was würdet Ihr gern schreiben, Master Shakespeare?»

«Tragödien», sagte er. «Welterschütternde Tragödien.» Er war über seine eigenen Worte erstaunt. Es war, als hätte jemand anders sie ausgesprochen.

Sie nickte. «Ja», sagte sie ernst. «Das solltet Ihr tun.»

Oh, es war wunderbar, mit dieser verständnisvollen Frau zu sprechen und von ihr bestärkt zu werden. Doch dann kamen ihm wieder Zweifel. «Aber ich bin meinen Freunden verpflichtet. Und nur Komödien sind nach dem Geschmack des Publikums.»

«Aber *Ihr* könnt den Geschmack verändern, Herr!»

«Ich?» Er sah sie verwundert an. Und zugleich wurde ihm klar, daß sie Dinge aussprach, die er in seinem tiefsten Innern schon gewußt hatte. Vielleicht war das wachsende Gefühl der Macht doch keine Täuschung, wie er in seiner Bescheidenheit geglaubt hatte. Vielleicht würde sich unter günstigeren Bedingungen erweisen, daß sein Othello doch etwas von der übermächtigen Kraft besaß, die er in dieser Gestalt gesehen hatte. Und vielleicht war es richtig, daß er sich, statt Banquos Geschichte zu erzählen, von dem verruchten Macbeth hatte fortreißen lassen. Und vielleicht hatte er auch recht, wenn er statt einer Komödie lieber die Geschichte der dunklen Zigeunerin schrieb. Selbst wenn er damit Burbage und die anderen erzürnte.

Er sah die Gräfin an, die im Dämmerlicht vor ihm stand und ihn anlächelte, und er verneigte sich und küßte ehrerbietig ihre Hand. Vielleicht, dachte er, war derjenige der wahre Gönner, der einen Dichter ermunterte, das zu schreiben, was er schreiben mußte, und der versuchte, ihm Mut und Willensstärke einzuflößen.

Die Gräfin war gerührt. Sie sagte: «Wenn Ihr schreibt, was andere von Euch verlangen, wird Euch Hoheit zugeworfen. Wenn Ihr schreibt, was Euch gefällt, werdet Ihr Hoheit erwerben.»

Er kannte diese Worte. Sie hatte aus ‹*Was ihr wollt*› zitiert. Er war geschmeichelt. Sie sagte: «Und noch künftige Generationen werden Euch ehren.»

Wie sollte das möglich sein, wenn man Vergängliches wie Stücke schrieb, die man mit Bedacht *nicht* drucken ließ, damit andere Truppen sie nicht aufführen konnten? Gleichwohl war es hübsch, solche Komplimente zu hören.

«Sagt, was werdet Ihr als nächstes schreiben?» fragte sie.

«Plutarch erzählt an einer Stelle von der Begegnung des Marcus Antonius mit Cleopatra von Ägypten und von den

Zwistigkeiten des Antonius mit Octavius. Darüber will ich ein Stück schreiben – die Geschichte eines nicht mehr jungen Liebespaares vor dem Hintergrund einer in Flammen stehenden Welt.»

«Diese Geschichte ist schon geschrieben, Master Shakespeare», sagte die Gräfin fröhlich.

«Von wem?» Er hatte nie von einem Schauspiel über Cleopatra gehört.

«Von mir.» Wieder lachte sie schallend. «Kommt, ich zeige Euch mein Stück.» Sie eilte ihm voran quer durch den Park zu einer Seitentür. Sie führte ihn einen langen Flur entlang bis zu einer von zwei Dienern bewachten hohen Flügeltür. Als die Diener die Gräfin erblickten, rissen sie die Tür weit auf. Die Gräfin rauschte hindurch. Drinnen legte sie die eine Hand auf Williams Arm, und dann schritten sie, von allen Versammelten beobachtet, durch den großen Saal und betraten, von den herbeigeeilten Damen der Gräfin geleitet, ein Privatgemach.

Die Tür schloß sich hinter ihnen.

Einen Augenblick lang herrschte in dem großen Saal tiefes Schweigen. Aber es währte nicht lange. Zu viele der Versammelten kannten den Schauspieler, dem da eben eine so hohe Ehre zuteil geworden war. Der Graf von Southampton und der junge Graf von Pembroke unterbrachen ihre Plauderei und sahen einander mit hochgezogenen Augenbrauen an. «War der Mann, der meine Mutter begleitete, nicht Shakespeare, der Schauspieler?» fragte Pembroke.

«Ja, er war's. Und du solltest sie für ihren Umgang tadeln, mein Lieber», sagte Southampton langsam.

«Vielleicht sucht der kleine Schreiberling eine neue Gönnerin», meinte Pembroke und lachte spöttisch.

«Nun, seinen ersten Gönner hat er verloren, bei Gott!» sagte Southampton mit finsterer Miene.

9

Der dunkle Vogel schrie die ganze Nacht . . .

Es war Nacht. Wilton House schlief.

Die Küchenjungen lagen zusammengerollt in ihrem schmutzigen Zeug in der warmen Küche. Die Höflinge lagen in eleganten Nachthemden zwischen nach Lavendel duftenden Laken. Die Doggen lagen vor dem Kaminfeuer und träumten von der Bärenhatz. Die Bären in ihren Käfigen schnüffelten im Schlaf und träumten von fernen kaukasischen Wäldern. Die Schauspieler des Königs (außer Master Shakespeare) lagen stöhnend und schnarchend in ihren feuchten, kalten Wagen.

Nicht alle schliefen. Der Graf von Southampton und der Graf von Grey saßen noch beim Würfelspiel. Und wenn nur einer der hohen Herren aufblieb, mußten auch ein Dutzend Diener aufbleiben. Es konnte sein, daß der Herr nach einem Glas Wein oder nach Holzscheiten für den Kamin verlangte. Nach neuen Kerzen, nach Musik oder nach einem Mädchen zum nächtlichen Zeitvertreib. Und ging der hohe Herr zu Bett, mußte man ihm eine Wärmflasche bereiten, ihn mit Kerzen in sein Zimmer geleiten, das Bett nach vergifteten Dolchen durchsuchen, ihn entkleiden, ihn betten und zudecken und zu dem Allmächtigen beten, daß er alles Ungemach und alle Gefahren von dem gnädigen Herrn abwenden möge.

Ja, in der großen Halle brannten noch die Lichter. Und oben im Turm war noch ein einzelnes Fenster erleuchtet. Dort saß, eingehüllt in seinen pelzgefütterten Schlafrock, William Shakespeare und las neugierig, was Mary Pembroke aus seiner dunkelhäutigen Zigeunerin gemacht hatte.

Nicht allzu viel, dachte er, wenn auch mit dem gebotenen Respekt. ‹*Antonius*› – so hieß das Stück – war ihre Übersetzung des Schauspiels ‹*Marc Antoine*›, das der Franzose Robert Garniers vor fünfundzwanzig Jahren geschrieben hatte. Steif, gedrechselt und leblos. Aber was konnte man auch schon von einem französischen Klassiker, der Seneca nachahmte, erwarten? Ben Jonson, der ihn, William, für einen Banausen hielt, weil er Senecas klassische Prinzipien so geringschätzig außer acht ließ, hätte wahrscheinlich Gefallen daran gefunden.

Und doch regte dieses hölzerne Stück auf eine seltsame Weise seine Phantasie an. *Seine* Cleopatra würde nicht so geziert daherreden. *Sein* Antonius, prahlerisch, betört, schwadronierend, würde eine Welt mit in den Tod reißen. *Seine* Liebenden würden unter einem erhabenen Triumphgesang nie gehörter Poesie dahinscheiden. Schon jetzt formten sich einzelne Sätze in seinem Geist: «Oh! Hingewelkt ist aller Sieges-Lorbeer.» Er konnte es nicht mehr erwarten, mit der Arbeit zu beginnen. Aber noch mußte er sich in Geduld fassen. ‹*Macbeth*› war noch nicht beendet, und ‹*Othello*› mußte umgearbeitet werden. Außerdem wollten Richard Burbage und alle anderen, daß er als nächstes eine Komödie schrieb. Und im Grunde seines Herzens wußte er auch, daß sie keinen Knaben hatten, der die Cleopatra spielen konnte. Alles sprach gegen das Stück – der gesunde Menschenverstand, die Verpflichtung den Freunden gegenüber, sein eigener Geschäftssinn. Nein, es war besser, wenn er seine unberechenbare Zigeunerin, seine Zauberin, vergaß.

Aber er konnte sie nicht vergessen. So wie er nie die dunkle Dame vergessen konnte, die ihn einst – wie einen Tanzbären an der Kette – zu einem hohen, verlassenen Raum im Hause des Grafen von Essex geführt hatte . . .

Nicht er allein sann über dichterische Pläne nach. König Jakob lag grübelnd in einem heuwagengroßen Bett und starrte mit seinen großen, runden Augen auf den Flammenschein, der über die dunkle Täfelung und die Wandbehänge aus Damast und Seide tanzte. Das Licht der Kerze neben seinem Bett fiel auf Fläschchen und Tiegel mit Tropfen und Salben. Der König hielt sehr viel von Arzneien.

Tiefe Falten furchten die königliche Stirn. Er hatte erfahren, daß Master Shakespeare im Hause weilte. Und sobald einmal das Wetter für die Jagd zu schlecht war, wollte er mit ihm zusammen das Stück über seinen edlen Vorfahren Banquo schreiben. Um sich auf diese Arbeit vorzubereiten, war er jetzt dabei, sich eine Handlung auszudenken. Er klingelte. Sogleich wurde die Tür aufgerissen, und zwei Soldaten mit Lanzen kamen ins Zimmer gestürzt. Nachdem sie festgestellt hatten, daß niemand da war, der ihren Herrn ermorden wollte, pflanzten sie sich zu beiden Seiten der Tür auf. Der Kammerherr des Königs, Graf Southampton, trat ein.

Southampton verbeugte sich tief. Mein Gott, dachte er, was will der König zu dieser späten Stunde. Schläft er denn nie? «Eure Majestät?»

«Papier, mein lieber Henry. Papier, Tinte und Federn.»

«Sehr wohl, Eure Majestät.» Wieder eine tiefe Verbeugung. Er begab sich zurück zur Tür.

«Ach ja, Henry, noch etwas!»

«Majestät?»

«Ich bin furchtbar hungrig.»

Wieder eine Verbeugung. «Ich sorge dafür, daß Ihr etwas zu essen bekommt, Majestät.»

«Nur eine Kleinigkeit. Vielleicht eine Hammelkeule.»

Southampton verbeugte sich abermals.

«Henry?»

«Majestät?»

«Und vergeßt nicht, Henry! Mit klarer Sauce!»

«Sehr wohl, Eure Majestät.» Er ging, weckte das Küchenpersonal, die Sekretäre und die Kammerdiener. Eine halbe Stunde später saß König Jakob mit Rosenwasser besprenkelt in seinem pelzgefütterten Schlafrock an einem Schreibtisch. Ein Diener legte einen Bogen Papier vor ihn hin, tauchte eine Feder ins Tintenfaß und reichte sie dem König. «Akt I, Szene 1», schrieb der König. «Ein einsamer Ort.» Dann blickte er vor sich hin und kaute an seiner Feder.

Draußen im Gang hörte man Schritte. Wieder kamen die Soldaten herein und stellten sich zu beiden Seiten der Tür auf. Eine Schar Bediensteter erschien. Ein Tisch wurde gedeckt. Lakaien trugen die Hammelkeule herein. Kammerdiener stellten sich vor den König, damit niemand vom gemeinen Volk Seine Majestät im Nachtgewand erblickte. Der königliche Tranchierer tranchierte die Hammelkeule. Ein Diener nahm die Feder aus der Hand des Königs entgegen, zwei andere halfen ihm beim Aufstehen, geleiteten ihn zum Tisch, rückten ihm den Stuhl zurecht. Ein schnell herbeigerufener Kaplan murmelte verschlafen ein Tischgebet. Akt I, Szene 1, dachte König Jakob und beobachtete entzückt, wie man ihm die klare Sauce über das Fleisch goß. Oh, Master Shakespeare würde Augen machen, wenn er ihm sein Meisterwerk zeigte. Gewiß, als Schauspieler verstand dieser Shakespeare mehr vom Theater als er. Trotzdem würde er an dem Stück nicht mehr viel zu tun haben, wenn er, König Jakob, es beendet hatte.

Es war kalt in dem Wagen der Schauspieler. Die tief hängenden Wolken hatten sich bei Einbruch der Nacht gelichtet. Hier und da leuchteten Sterne auf wie Lichter von Booten auf einem nebligen Meer. Als der Morgen graute, verzog sich der Dunst. Jetzt funkelten die Sterne böse wie Raubtieraugen, und die Grashalme glänzten wie kleine Lanzen. Die Tautropfen an den

Ästen und Zweigen würden in den ersten Sonnenstrahlen glitzern wie die Juwelen der Königin.

Aber die Sonne war noch nicht aufgegangen. Noch herrschte Kälte, die Begleiterin der Furcht. Noch herrschte Dunkelheit, die Bettgenossin der Verzweiflung. Und Matthew Peyre konnte vor Furcht und Verzweiflung kaum atmen.

Seine Mutter war ihm wieder im Traum erschienen und hatte ihm einen Frieden gebracht, wie er ihn seit dem Tode seines Vaters nicht mehr empfunden hatte. Doch dann hatte sie wieder ihren Schleier gelüftet, und diesmal hatte er keinen bleichen Totenschädel erblickt, sondern das halb verweste Gesicht einer Leiche, und in beiden leeren Augenhöhlen hatte sich ein Wurm gekrümmt. Matthew schrie und schrie, und er rang nach Luft und preßte sie mit aller Kraft aus sich heraus, als könnte er sich dadurch von seinem Grauen befreien.

Die anderen Knaben und die Lohnarbeiter fluchten, und Nicholas Fox stieß ihm den Ellbogen in die Rippen. «Halt's Maul, um Gottes willen!»

Er lag still da und wagte kaum zu atmen. Die anderen im Wagen atmeten und schnarchten bald wieder gleichmäßig. Aber Matthew lag da und starrte, zitternd vor Kälte und vor Angst, in die Dunkelheit. Er fühlte sich einsam. Sein Vater war tot, und er hatte Angst, daß seine Mutter es inzwischen auch war – tot und ohne den Segen der Mutter Kirche begraben. Und er hatte Angst vor dem großen Haus hier, wo er Männer, stolz wie die Pfauen, in Samt und Seide hatte daherschreiten sehen, Männer, die einen Knabenschauspieler sicherlich ebenso achtlos mit ihren juwelenbesetzten Stöcken aus ihrem Weg schlagen würden wie eine Brennessel.

Auch hatte er Angst, da er glaubte, er werde vor diesen hohen, hochmütigen, spöttischen Herren spielen müssen. Dabei hatte er nicht einmal vor den schlichten Bauern die Desdemona gut spielen können. Vor allem aber hatte er Angst, weil

Master Shakespeare ihn allein gelassen hatte und weit weg von ihm in dem großen, fremden Haus sein Zimmer hatte. Ja, er war ganz allein – viele Meilen von London entfernt, allein mit den derben Schauspielern, allein in einer Welt, die sich, wie Master Shakespeare so grausam gesagt hatte, den Teufel um ihn scherte.

Und er war verzweifelt, weil er nie ein guter Schauspieler werden würde. Verzweifelt auch, weil er, wenn er nach London zurückkehrte, ein leeres Elternhaus mit zerbrochenen Fensterscheiben und verriegelter Tür vorfinden würde.

Dicke Tränen liefen ihm über die Wangen herab. Aber nein, er wollte nicht weinen. Heilige Mutter Gottes, hilf mir, daß ich nicht weinen muß, betete er. Er tastete unter seiner Decke nach dem einzigen Gegenstand, den er außer seinen Kleidern auf die Reise mitgenommen hatte – nach dem Stab mit dem verschmitzt lachenden Narrenkopf am oberen Ende, der eine Schellenkappe trug.

Vorsichtig zog er das Narrenkleid vom Stab herunter, entfernte den Kopf. Jetzt glitzerte etwas am oberen Ende des Stabes im grauen Morgenlicht. Er hielt es dicht vor sein Gesicht und starrte auf den gemarterten Leib an dem silbernen Kreuz. Er führte das Kruzifix an seine Lippen. Gottes eigener Sohn hatte gelitten. Er hatte im Tode die Sünde der Welt auf seine Schultern genommen. Was bedeuteten daneben die Schmerzen eines gewöhnlichen Menschen?

Neben ihm regte sich Nicholas Fox. Hastig versuchte Matthew das Kruzifix zu verbergen. Zu spät. Nicholas war sogleich hellwach. Er riß das Kruzifix an sich und betrachtete es voller Schadenfreude. «Guter Gott, du bist also ein Papist», flüsterte er. Und rief mit lauter Stimme: «He, Männer, Matthew Peyre ist ein Papist.» Er hielt das Kruzifix hoch und schlug damit das Zeichen des Kreuzes. *«In nomine Patris»*, sagte er näselnd, *«et Filii et –»*

«Gib das her!» sagte Matthew mit Tränen in den Augen.

Die Männer waren aufgewacht und reckten im fahlen Morgenlicht ihre Glieder. Der junge Peyre ein Katholik? Und keiner hatte ihnen das gesagt! Sie waren empört. Wie konnte man ihnen zumuten, mit einem Papisten im gleichen Wagen zu schlafen? Man konnte nie wissen . . . Es wurde so mancherlei erzählt von Zauberei und Giftmorden und rätselhaften Todesfällen.

Matthews sanftes Knabengesicht war plötzlich wie verändert. Seine Züge hatten sich verhärtet und seine Augen glänzten, als hätte er Fieber. «Gib das her!» sagte er wieder.

Nicholas warf das Kruzifix lachend aus dem Wagen. Und dann schrie er plötzlich angstvoll auf.

Matthew hatte sich auf ihn geworfen.

Alles, was sich durch die Demütigungen, die Ängste und die Mißerfolge des Sommers in Matthew angestaut hatte, brach sich plötzlich Bahn. Er wollte das Gesicht unter ihm zerschlagen, die Nase, den Mund, das Kinn, und es so zerstören, daß es ihn nie wieder quälen konnte. Er schlug, er trommelte, er hämmerte mit beiden Fäusten darauf ein.

Ohne viel Erfolg. Nicholas Fox verstand sich seiner Haut zu wehren. Geschickt parierte er die meisten der Schläge. Und dann packte er Matthew am Hosenbund, zerrte ihn zum Ende des Wagens und versuchte ihn hinauszustoßen.

Aber Matthew hatte plötzlich die Kräfte von zehn. Einige der Männer sahen einander erschreckt an. War der Teufel, von dem jeder wußte, daß er es mit den Papisten hielt, in den Knaben gefahren?

Die beiden Knaben rangen am äußersten Ende des Wagens. Einer versuchte dem anderen ein Bein zu stellen, das Kinn zurückzudrücken, ihn an den Haaren zu ziehen. Die Männer sahen schläfrig und gelassen zu. Geschieht dem kleinen Papisten ganz recht, dachten sie. Aber auch mit Nicholas Fox hatten sie kein Mitleid. Falls der kleine Angeber sich eine Verletzung zuzog, würde keiner von ihnen eine Träne vergießen. Und was Peyre betraf – er hatte sich schändlich benommen. Er hatte in ihrem Wagen geschlafen, ohne zu bekennen, daß er Katholik war!

Dann war der Kampf plötzlich vorbei. Nicholas, mit dem Rücken zum Wageninnern, hatte Matthew hintenüber gedrängt, über den Wagenrand. Er hielt Matthews rechtes Bein fest eingeklemmt zwischen seinen Knien, und mit den Fingern, die er in Matthews Haare verkrallt hatte, zog er langsam den Kopf des Jungen zurück. Er brauchte nur abzuwarten, bis Matthew das Gleichgewicht verlor, und mußte ihn dann schnell loslassen. Matthew würde rückwärts in den Schlamm hinunterfallen.

Jetzt! Der Augenblick war gekommen. Er ließ Matthews Haare los, um die Hände des Jungen von seinem Gürtel zu lösen und ihm einen kräftigen Stoß zu versetzen.

Matthew fiel. Doch wieder verlieh der Teufel ihm übermenschliche Kräfte. Er krallte sich an Master Fox fest, so daß beide hinabstürzten. Verschmutzt und zerzaust richtete Matthew sich japsend auf. Nicholas Fox aber blieb am Boden liegen und wand sich vor Schmerzen. Er hatte sich bei dem Sturz die Kniescheibe zerschmettert, als er mit dem Bein auf einem Stein aufprallte, der, wie jeder zu beschwören bereit war, am Abend vorher noch nicht dagelegen hatte. Kein Zweifel, sagten die Männer jedesmal, wenn sie später in einer Taverne beim Bier diese Geschichte erzählten, der Teufel läßt die Seinen nicht im Stich.

Das Kruzifix lag im nassen Gras. Matthew hob es auf, säuberte es sorgfältig und steckte es in sein Wams. Dann drehte er sich um und warf einen kalten Blick auf den stöhnenden und vor Schmerzen zuckenden Nicholas.

Und plötzlich fiel er abermals über ihn her und trommelte

und hämmerte mit den Fäusten drauflos. Seiner Kehle entrangen sich schrille Schreie. Aber auch Nicholas brüllte jetzt auf vor Schmerzen und vor Angst. Es war ein entsetzliches Getöse. Einige der Lohnarbeiter trennten die beiden, da sie fürchteten, der Lärm werde die hohen Herrschaften im Hause stören – und dann war niemand von ihnen allen vor einer Prügelstrafe sicher.

Beherzt zerrten sie den vom Teufel besessenen Matthew fort und – bekreuzigten sich danach. Man konnte gar nicht vorsichtig genug sein, wenn man mit dem Teufel zu tun hatte. Und wer wußte, ob an dem Irrglauben der Katholiken nicht doch etwas dran war?

Der Lärm hatte zwar nicht die hohen Herrschaften im Haus, wohl aber die Teilhaber im anderen Wagen geweckt. Richard Burbage kam halb angekleidet herbeigerannt. «Was ist denn hier los?» rief er mit dröhnender Stimme.

Er war ein Mann, der seine Gedanken immer sogleich auf das Wichtige richtete. Und das Wichtige hier war, daß er, so wie die Dinge lagen, morgen abend eine an Krücken gehende Rosalinde auf der Bühne haben würde.

Er beugte sich hinunter und strich vorsichtig mit den Fingerspitzen an dem Bein des Jungen entlang. Dann betastete er das Knie. Und auch ohne die Schmerzensschreie des Knaben hätte er gemerkt, was hier geschehen war. Gebrochene und gesplitterte Knochen knirschten unter seinen Fingern. Adieu, Rosalinde. Er richtete sich auf und sah Matthew an, der noch immer von vier Lohnarbeitern festgehalten wurde. «Hast du das getan?» fragte er mit finsterer Miene.

«Er hat Gott gelästert.»

Burbage sah ihn verwundert an. Das war nicht mehr der Matthew Peyre, den er in London kennengelernt hatte, der vornehme Lehrling seines vornehmen Freundes Will. Und es bewies nur, was er ja schon immer gesagt hatte, daß es nichts gab, dessen ein Mensch nicht fähig war, wie sehr es auch seiner Natur zu widerstreben schien. Und wie recht hatte er gehabt, als er sagte, daß Matthew noch nicht weit genug sei, um vor dem Hof spielen zu können. Himmel, dieser wild gewordene Kerl war zu allem fähig!

Und doch – nur Matthew konnte jetzt die Rosalinde spielen. Diese verdammten Knabenschauspieler! Der Fluch des Theaters waren sie! Barsch sagte er: «Tragt Nicholas Fox ins Haus und sorgt dafür, daß er verbunden und gepflegt wird. Und ihr anderen hört mir zu.»

Sie standen um ihn herum im grauen Morgenlicht, die meisten in Hemdsärmeln und mit hängender Hose, unrasiert und ungekämmt, ein Häuflein sich kratzender und herumzappelnder Männer. Er blickte in die Runde. Schauspieler des Königs? Eher eine Horde Kesselflicker. Und doch wußte er, daß diese verlotterten und zerlumpten Burschen morgen wie vornehme Herren über die Bühne schreiten würden, würdevoll und erhaben, elegant gekleidet, gepflegt von Kopf bis Fuß. Eine Truppe, auf die er stolz sein konnte. Ja, es ging nichts über Disziplin.

Er erhob seine Stimme. «Wir sind die Schauspieler des Königs», sagte er, «die beste, die beliebteste und die fähigste Truppe im ganzen Land.»

Halbherziger Beifall. Die Stunde des Morgengrauens war nicht der rechte Zeitpunkt für zündende Reden, selbst wenn Richard Burbage sie hielt.

«Wir sind die Schauspieler des Königs, *weil* wir die beste Truppe im Lande sind. Und wir sind die beste Truppe, weil wir, wie Will einmal gesagt hat, eine Schar von Brüdern sind. Wir hatten Pech, weiß Gott, in diesem Sommer. Das Wetter, die Pest, die Krankheiten. Aber wir haben allen Unbilden getrotzt, und wir haben ihnen gemeinsam getrotzt.»

«Ja.» Sie nickten. Das stimmte. Richard Burbage konnte

zwar ein wahrer Hundsfott sein, aber irgendwie unterstützte man ihn immer wieder.

«Nur der junge Herr hier hat das noch nicht erkannt», fuhr er fort, und er sah Matthew mit blitzenden Augen an. «Nur der junge Herr hier glaubt, er sei tugendhaft und könne die ganze Truppe spalten an dem Tag, bevor wir vor dem König spielen sollen.» Er trat auf Matthew zu und bohrte ihm seinen Zeigefinger in die Brust. «Du hast die Wahl, Master Peyre. Entweder du wirst einer von unserer Schar von Brüdern, oder du gehst – und zwar mit einem kräftigen Tritt in den Hintern. Nun? Hast du dich entschlossen?»

Zu seinem Erstaunen sah Matthew ihn nur hochmütig und verächtlich an. Schließlich sagte der Junge mit ruhiger Stimme: «Ihr seid abscheulich ungerecht, Master Burbage.»

«Schweig!» brüllte Richard Burbage. Natürlich war er ungerecht gewesen. Doch jetzt war nicht der Augenblick, sorgsam abzuwägen, was ungerecht und was gerecht war.

Er duldete keine Prügeleien in seiner Truppe. Es mußte ein Exempel statuiert werden. Er rief Henry Condell herbei. Und kalte Wut schwang in seiner Stimme mit, als er sagte: «Hier, diese Kreatur muß wohl oder übel Rosalinde spielen. Sorge dafür, daß er seine Rolle lernt – und wenn er die ganze Nacht dazu braucht. Und sieh zu, daß er bei jeder Probe mitmacht.» Gott, wenn das nur gutging! Der Junge war der Rolle nicht gewachsen. Aber das war noch nicht alles. Er wußte aus Erfahrung, daß Jungen an der Grenze zwischen Kindheit und Erwachsensein oft launisch wie die Weiber waren, und das galt ganz besonders für diesen hier. Er war so empfindlich wie eine straff gespannte Saite. Er konnte die ganze Aufführung verderben. Und das in Gegenwart des Königs und des ganzen Hofes! Er konnte die Truppe zur Zielscheibe des Spottes machen. Ganz London würde über sie lachen. Aber es war niemand anders da, der die Rosalinde spielen konnte. «Behandle ihn wie ein wildes, ungezähmtes Pferd, Henry», sagte er wütend. Er wandte sich zum Gehen, drehte sich aber plötzlich wieder um. «Ihr Tölpel!» rief er verächtlich. «Hätte denn nicht einer von euch es verhindern können? Ihr steht dabei und seht in aller Ruhe zu! Und laßt mich die Suppe auslöffeln!» Scheltend stampfte er davon, gedrungen und voller Kraft und Würde wie ein alter Stier. Nicht ohne Grund war Master Richard Burbage der Leiter der berühmtesten Schauspielertruppe der Welt.

Langsam, träge und wohlig ließ William Shakespeare sich dem neuen Tag entgegentreiben.

Er lag zwischen Kissen und Decken, von Vorhängen aus rotem Brokat umgeben, unter einem Zeltdach aus weißer Seide.

Er war es gewohnt, in einem Zimmer wie diesem zu erwachen, wenn er nicht gerade mit der Truppe unterwegs war. Der einzige Unterschied bestand darin, daß hier plötzlich gedämpfte Geräusche an sein Ohr drangen: das Knistern von brennenden Zweigen, das Zischen einer Flamme, das Klirren von Kannen, das Plätschern von Wasser, das in eine Schüssel gegossen wurde, das Rauschen von Frauenröcken. Und dann eine helle Mädchenstimme, die in sanftem Ton sagte: «Master Shakespeare, Master Shakespeare, die Uhr hat sieben geschlagen, und alles ist bereit.»

Er zog einen der Bettvorhänge zur Seite und spähte hinaus.

Welch ein erfreulicher Anblick! Ein prasselndes Feuer, brennende Kerzen, Kannen voll dampfenden Wassers mit warmen Handtüchern darüber, der Duft von Lavendelseife – und zwei niedliche Geschöpfe, die scheu lächelnd einen tiefen Knicks machten.

«Vielen Dank.» Er lächelte ihnen zu. Sie machten wieder einen Knicks und entschwanden. Er konnte sie draußen im Gang leise kichern hören.

Er legte sich zurück, die Hände hinter dem Kopf verschränkt, und nahm langsam die Fäden wieder auf, die ihm beim Einschlafen entglitten waren. Er war in Wilton House. Heute vormittag mußte er als Spielleiter eine Probe abhalten. Die alte Gräfin war sehr huldvoll gewesen. Aber wichtiger noch als das alles war das beruhigende Gefühl, daß sich ein neues Stück in ihm entfaltete wie eine Blume im Sonnenlicht. Selbst im Schlaf hatten die beiden königlichen Liebenden in seinem Geist ihren traurig schönen Wechselgesang fortgesetzt.

Er stand auf. Und er, der sonst nie einen Augenblick vergeudete, ging im Zimmer umher und betrachtete erfreut all den Luxus: das behagliche Feuer, das an diesem kühlen grauen Morgen besonders willkommen war, die warmen Handtücher, die duftenden Seifenkugeln, die Pomaden für Haupthaar und Bart, die Zahnseife mit dem Läppchen, die Salzlösung zum Entfernen von Zahnflecken, die Kämme und Bürsten, die Mandelkleie für die Hände. Er dachte an sein Londoner Logis, an die geschäftige Marie Mountjoy, die ihm morgens mit einem lauten Knall einen Krug voll warmen Wassers auf die Kommode stellte. Und er dachte an New Place, sein Herrenhaus, das ihm plötzlich gar nicht mehr so vornehm erschien. Wie gern hätte er jetzt eine gemächliche Stunde verbracht und die verschiedenen Seifen und Pomaden ausprobiert und sich in aller Ruhe vor dem Feuer angekleidet! Aber nein. Für andere nahm er sich, wenn sie ihn brauchten, immer Zeit, nicht aber für sich selbst. Wenn er sich schnell wusch und anzog und ein wenig frühstückte, konnte er, ehe er zu der Probe mußte, noch eine gute Stunde lang schreiben.

Es klopfte an der Tür. Ein Diener trat mit fassungsloser Miene ein. «Herr, da ist eine Person, die Euch unbedingt zu sprechen wünscht.»

William zog sich seinen Schlafrock über und setzte sich in lässiger Haltung in einen Scherenstuhl. Aber ihm war etwas unbehaglich zumute. Wer wollte ihn zu dieser frühen Morgenstunde sprechen? «Bittet ihn einzutreten.» Er spielte seine neue Rolle schon so gut, als hätte er von Kindesbeinen an in Wilton House Besucher empfangen.

Ein Mann mit ungekämmtem Haar und offenem Wams kam mit lauten Schritten ins Zimmer marschiert. In der Mitte blieb er stehen, sah sich um und pfiff bewundernd durch die Zähne. «Meiner Treu, Will, du bist hier ja ganz gut untergebracht!»

«Und du, Dick?» fragte William etwas beklommen.

«Oh, ein sehr behaglicher Wagen. Schön kühl in der Nacht und mit Löchern in der Plane, durch die der Regen tropft, aber gut genug für einen schlichten Schauspieler.»

William mußte sich das Lachen verbeißen. «O Dick, ich habe um das alles hier nicht gebeten. Aber komm, probier die Seife aus, solange du hier bist. Und dort steht heißes Wasser.»

«Danke. Die Pumpe im Hof ist gut genug für mich. Ich bin daran gewöhnt.» Er musterte brummend die Pomaden und Wässerchen und Seifen. Dann riß er sich von dem Anblick los und ließ sich in einen Sessel fallen. «Will, eine Katastrophe!»

Wenn Richard Burbage Katastrophe sagte, dann meinte er es auch. Was, um Himmels willen, war passiert? Es gab zwei Dinge, die sie unter keinen Umständen verlieren durften, wie jeder Teilhaber wußte: die Kostüme und die Knabenschauspieler. Die Kostüme machten den Hauptteil des Besitzes der Truppe aus. Und gute Knabenschauspieler waren immer rar, denn kaum hatte man den kleinen Teufeln etwas beigebracht, bekamen sie Stimmbruch und Bartstoppeln – «Jugend hält so kurze Zeit», hatte er selbst einmal geschrieben. Also was? War ein Wagen voller Kostüme in Flammen aufgegangen? Oder war in dem Wagen der Knaben die Pest ausgebrochen? Etwas anderes, das das Wort Katastrophe verdiente, fiel ihm nicht ein. «Erzähl, was ist?» Es klang gelassen, aber er hatte ein seltsames Gefühl im Magen. Seit er Teilhaber war, waren die Katastrophen der Truppe auch seine Katastrophen.

«Der junge Fox, der morgen abend die Rosalinde spielen sollte, hat sich die Kniescheibe gebrochen. Du kannst dir denken, in welcher Verfassung der Junge ist.»

William war blaß geworden. «Mein Gott, er wird hinken sein Leben lang», sagte er.

«Das nehme ich auch an. Morgen jedenfalls bestimmt.»

Der geschmeidige, behende Knabe! Und nun war er dazu verdammt, sein Leben lang das eine Bein nachzuziehen! «Wie ist es passiert?»

«Eine Prügelei. Er und der junge Peyre.»

«Matthew Peyre?»

Richard Burbage nickte und konnte ein schadenfrohes Lächeln nicht ganz unterdrücken. «Er ist plötzlich wie ein wildes Tier. Ich weiß, Knaben sind schwierig in diesem Alter. Aber ich habe noch nie eine solche Veränderung bei einem Jungen erlebt wie bei diesem kleinen Lord.»

«Er hat Angst um seine Mutter, Dick. Die Pest in London ...»

«Zum Teufel, Will! Was soll *ich* da sagen? Meinst du, ich sei nicht besorgt um meine Frau und meine Kinder? Aber deswegen versuche ich doch nicht, Henry Condell umzubringen.»

«Hat er denn versucht, Nicholas Fox umzubringen?»

«Ja.»

«Ich werde mit ihm sprechen.» Mit der ruhigen Stunde vor der Probe war es aus. So leb denn wohl, meine schöne Zigeunerin! dachte er. Und nächstes Jahr werde ich vierzig! Oh, wie der Alltag am Geweb' des Lebens fraß! Das Leben eines Mannes, allein vom täglichen Leben verbraucht und zerschlissen. Heirat und Amen. Ein Poet sollte sich sein Leben besser einteilen können.

«Ich schicke ihn dir», sagte Richard Burbage grimmig. Er stand auf und stellte sich breitbeinig vor seinen Freund hin.

«Hör zu, Will, die Lage ist sehr ernst. Es ist dies unser erstes Spiel vor dem neuen König und vor einem neuen Hofstaat. Die Truppe ist erschöpft und niedergeschlagen. Die Kostüme taugen nichts mehr. Und nun müssen wir auch noch diesen Grünschnabel die Rosalinde spielen lassen. Mein Gott, ich traue dem Jungen zu, daß er, wenn der König sich nur räuspert, von der Bühne springt und ihm ins Gesicht spuckt!»

«Ich spreche mit ihm, Dick.»

«Gut. Mach dem kleinen Teufel ein bißchen Angst.» Er seufzte und sah sich mit düsterer Miene in Williams Turmzimmer um. «Weckt dich kein Lautenspieler in der Früh? Kämmt dir kein holdes Mägdelein den Bart?» Er ging kopfschüttelnd davon und lachte trotz aller Sorgen leise vor sich hin.

William blieb auf dem Scherenstuhl sitzen. Er war unglücklich, so wie er immer unglücklich war, wenn ihm nicht die Zeit gelassen wurde, sich von dem Tumult in seinem Kopf zu befreien.

Es klopfte an der Tür. Nein, das war nicht Matthews höfliches, bescheidenes Klopfen, sondern ein trotziges, herausforderndes Pochen.

«Herein.»

Die Tür wurde aufgerissen. Matthew trat ein.

War dies wirklich der stille, fügsame Junge, den er im Frühjahr in London kennengelernt hatte? Konnten ein paar Monate der Angst und des mühseligen Alltags ein Kind wirklich so verändern? Er war hoch aufgeschossen, bleich und dürr, wie eine im Schatten gewachsene Pflanze. Seine Augen und seine Wangen waren fiebrig gerötet. Am meisten jedoch hatte sein Benehmen sich geändert. Er war jetzt ungeduldig, hochmütig und kurz angebunden. Der Junge glaubt wirklich, dachte er, ich hätte seine Mutter dem Tod überantwortet. Er haßt uns alle. Und mich am meisten von allen. Er sagte: «Nicholas ist ein

Knabe wie du, und nun kann er vielleicht nie wieder laufen und springen und tanzen und schwimmen.» Er seufzte. «Du hast ihm etwas von seiner Jugend geraubt, Matthew.»

«Das tut mir leid, Master Shakespeare.»

«Leid? Ist das alles, was du zu sagen hast? Du solltest weinend auf den Knien liegen und Gott um Vergebung anflehen. Warum hast du so etwas Böses getan?»

«Er hat gestohlen.»

«Was?»

«Mein Kruzifix.»

«Dein *Kruzifix*?» Oh, sanfter Galiläer, dachte er, du hast mehr Streit entfacht als der mächtigste aller Feldherrn. Aber was nützte es, wenn er Matthew tadelte oder bestrafte? Es würde Nicholas' Bein nicht wieder gesund machen. «Master Burbage sagt mir, daß du die Rosalinde vor dem König spielen sollst.»

«Ja.»

«Hast du Angst?»

«Jetzt nicht mehr.»

«Und warum nicht?»

Der Knabe zuckte hochmütig mit den Schultern. «Ich habe alle Angst abgelegt.»

William betrachtete ihn nachdenklich. Mit dem Jungen stimmte irgend etwas nicht. Da verbarg sich irgend etwas Gefährliches. Nur wenige Sterbliche überwanden die Furcht, und zu diesen gehörte Matthew sicherlich nicht. Aber er sagte nur: «Wir haben sechsunddreißig Stunden Zeit. Es ist der schiere Wahnsinn. Aber du kannst und mußt es schaffen, und ich werde dir helfen. Hast du deine Rolle? Fein. Dann wollen wir an die Arbeit gehen, Master Peyre.» *Adieu, meine dunkle Zauberin! Bis zu einem andern Tag.*

10

Wer hier sein Mittagsschläfchen hält vielleicht zwei Akte durch ...

Sie mußten die Kostüme säubern und plätten, Haare und Bärte stutzen, die Schwerter und die Herzogskronen putzen. Sie mußten die große Halle in Augenschein nehmen und die angrenzenden Räume aussuchen, die als Garderoben in Frage kamen. Und es gab zu erwägen, ob die Schauspieler sich auch vor der Aufführung vor dem König verneigen sollten oder nur nach dem Spiel. Gab es in dem Stück irgend etwas, das des Königs Mißfallen erregen oder die Königin kränken konnte? Schon manch einem waren für solche Vergehen die Ohren oder die Zunge abgeschnitten worden. Die schwierigste Aufgabe aber bestand darin, Master Peyre innerhalb von sechsunddreißig Stunden eine umfangreiche Rolle einzupauken.

Und nun erschien auch noch die alte Gräfin, um bei Master Shakespeare, als hätte er nicht schon Sorgen genug, Klage zu führen. «Herr», sagte sie, weit weniger huldvoll als am Tag zuvor, «ein Knabe von Eurer Truppe ist schwer verletzt, und ich hätte doch geglaubt, Ihr selbst oder einer Eurer Männer würde die Zeit finden, sich nach seinem Befinden zu erkundigen oder ihn gar zu besuchen.»

Oh, nun wurde er auch noch der Herzlosigkeit beschuldigt! Und das von einer Dame, die er so sehr verehrte. Und sie hatte recht. Aber was sollte er tun? Morgen abend mußten sie vor dem König spielen. Jede Minute war kostbar. Aber das konnte nur jemand verstehen, der selber Schauspieler war. Demütig und bekümmert fragte er: «Wie geht es dem Knaben?»

«Besser, dank meiner und seiner törichten Mutter Pflege. Und obwohl seine Freunde sich nicht um ihn gekümmert haben.»

Stockend sagte er: «Madam, Ihr werdet es womöglich nicht verstehen, doch für uns zählt jetzt nur das Spiel. Wenn wir nicht alle unsere Gedanken darauf richteten, dann – dann würde unser Spiel Euch nicht gefallen. Und auch dem König nicht.» Dann fragte er, aufrichtig besorgt: «Wird der Junge je wieder richtig gehen können?»

«Ich glaube schon. Ich kenne mich ein wenig in der Heilkunst aus und habe eine gute Hand. Ich habe sein Bein verbunden und ihn in das Bett meiner Magd gepackt. Ohne die Magd!» fügte sie hinzu und lachte laut auf. Das Gewitter hatte sich offenbar verzogen. «Nun, ich will Euch nicht länger bei Euren Vorbereitungen aufhalten, Master Shakespeare.»

Pest, Unruhen, Kriege und Kriegsgerüchte – das waren Dinge, die kamen und vorübergingen und wiederkamen. Doch am Hofe König Jakobs gab es einen Feind, der weder schlief noch schlummerte. Tag für Tag, Abend für Abend, Jahr um Jahr mußte man zu Felde ziehen gegen diesen Feind, der auch mit List und Findigkeit nicht zu besiegen war: die Langeweile. Oh, man gebot über viele starke Waffen – Klatsch, Jagd, Liebe. Karten und Würfel, Musik, Tanz, Intrigen, Maskenspiele. Aber alle diese Waffen wurden irgendwann einmal stumpf. Und dann rekelten sich die hohen Herren mürrisch in ihren Sesseln und klopften gelangweilt mit den Schuhspitzen auf den Boden und sannen auf irgendeine Niedertracht. Die Tage auszufüllen verlangte mehr Phantasie und Eifer, als den meisten von ihnen gegeben war.

In London gab es wenigstens Bordelle und Theater und Spielhäuser – die Hinrichtungen nicht zu vergessen. Aber auf dem Lande, in Wilton House, und dann noch im Dezember!

Die Suche nach Neuem, das Verlangen nach Aufregung wurde immer größer.

So kam es, daß die Höflinge in gereizter Stimmung waren. Sie hungerten nach Zerstreuung. Und jetzt waren diese Schauspieler gekommen, um sie mit Master Shakespeares witzigen Einfällen zu unterhalten. Aber wehe, wenn diese Einfälle nicht witzig waren! Wehe, wenn die Schauspieler sie nicht amüsierten, sie nicht zum Lachen brachten.

Ein Glück, daß sie wenigstens eine Komödie spielen wollten. Freilich wäre es Master Burbage auch schlecht bekommen, hätte er gewagt, ihnen eine dieser endlosen Tragödien vorzusetzen. Aber warum gerade *‹Wie es euch gefällt›*? Viele von ihnen hatten dieses Schauspiel schon mehrmals in London gesehen. War das nicht das Stück, in dem einer der Edelleute sagte: *«Die ganze Welt ist Bühne.»*? Nein, das war nicht lustig, dachten die Jüngeren unter ihnen. Das war langweiliges Zeug.

Die große Halle war bereit. Man hatte ein Podium als Bühne errichtet, und die angrenzenden Gemächer dienten als Garderobe. Vorn vor der Bühne standen die beiden kleineren Thronsessel, die immer mitgeführt wurden, wenn der König und seine Gemahlin reisten. Zur Rechten des Königs würde die alte Gräfin von Pembroke sitzen und zur Linken der Königin der junge Graf von Pembroke. Zu beiden Seiten ihrer Sessel und dahinter standen Stühle für die Edelleute, Hocker für die Bediensteten des Königs und Bänke für das gemeine Volk.

Die Halle füllte sich allmählich. Der Graf von Southampton saß in der ersten Reihe und machte, seiner Miene nach zu urteilen, bissige Bemerkungen. Ein Stück weiter hinten, aber noch in einer der vorderen Reihen, vom Zeremonienmeister taktvoll zwischen den Edelleuten und den Bediensteten placiert, saßen Master Ben Jonson, der Dichter, und Master Inigo Jones, der Baumeister und Bühnenmaler. Ben Jonson war verstimmt darüber, daß nicht eines seiner Maskenspiele aufgeführt wurde, und Inigo Jones blickte traurig auf die kahle, schmucklose Bühne. Wie schade, dachte er, daß die Schauspieler des Königs sich nicht von ihm ein paar hübsche Szenenbilder hatten entwerfen lassen.

William Shakespeare saß auf dem Stuhl des Spielleiters und Einsagers zwischen der Bühne und der Hauptgarderobe und nahm deutlich die zwei verschiedenen Stimmungen wahr, die Aufregung und Gereiztheit der Schauspieler und die halb spöttische, halb mürrische Ungeduld der Zuschauer im Saal.

Ihm war unbehaglich zumute. Die ungute Stimmung zu beiden Seiten der Bühne versprach nichts Gutes – das war wie Zunder und Funke. Er spähte in die Halle. Es waren jetzt alle Plätze besetzt. Nur der König und die Königin und ihre Begleiter fehlten noch. Und dort, in der ersten Reihe, saß schmallippig und mit einem bitteren Ausdruck im Gesicht sein einstiger Freund und jetziger Feind, der Graf von Southampton. Und dort, ein Stück weiter hinten, saß sein Rivale und Kritiker Ben Jonson. Nein, von diesem Publikum konnten sie keine Gnade erwarten, wenn bei der Aufführung irgend etwas schiefging.

Er drehte sich um und warf einen Blick in die Garderobe. Da standen sie: Richard Burbage, mit seinen fünfunddreißig Jahren ein rundlicher und schon leicht alternder Orlando. John Heminge, mit seinen Sorgen ein müde und erschöpft aussehender Oliver. Robert Armin, schniefend und heiser in seinem Narrenkostüm, ein niedergeschlagener Probstein. Und Matthew Peyre? Er stand noch immer über die große, lange Rolle gebeugt, die seinen Text und seine Stichwörter enthielt, eine Rosalinde mit fiebrig glänzenden Augen, brennenden Wangen und zitternden Gliedern.

Die Zuschauer wurden unruhig, und sie wurden lauter. Gelächter klang auf. Aber es war nicht das fröhliche Lachen eines erwartungsvollen Publikums, sondern ein hartes, hämisches

Gelächter. Die Schauspieler in der Garderobe waren wie Jagdhunde an der Leine. Sie gingen auf und ab, murmelnd, gestikulierend, und immer wieder warfen sie William flehende Blicke zu, er möge endlich das Zeichen zum Anfang geben.

Aber William konnte das Zeichen noch nicht geben. Die großen Flügel der Doppeltür, durch die der König und die Königin in den Saal kommen würden, waren noch geschlossen, die Thronsessel noch leer. Und auch die für die Gräfin von Pembroke und ihren Sohn bestimmten Sessel waren noch leer.

Richard Burbage kam zu ihm und sagte flüsternd: «Will, ich habe Matthew Peyre beobachtet. Der Junge gefällt mir nicht.»

«Ich mache mir auch große Sorgen. Hoffentlich geht das gut!»

«Ich fürchte, er schnappt über, wenn es nicht gleich losgeht. Beim Spielen fängt er sich vielleicht. Wo bleibt denn nur der König?»

Doch in diesem Augenblick öffneten sich die hohen Türflügel. Die Zuschauer erhoben sich. Der Lord-Kämmerer betrat als erster den Saal, drehte sich um und blieb, der Tür zugewandt, stehen. Die Hofdamen schwebten wie Schwäne herein und nahmen zu beiden Seiten des Eingangs Aufstellung. Die Königin betrat am Arm des Grafen von Pembroke den Saal. Sie war schlecht gelaunt. Sie, eine bewunderte Schauspielerin – *jeder* sagte, daß Ben Jonsons Maskenspiele ohne sie *nichts* seien –, sie sollte zwei Stunden lang mit ansehen, wie irgendein langweiliger Knabenschauspieler auf der Bühne herumstolzierte und am Schluß den ganzen Applaus einheimste? Sie ließ sich verstimmt auf den Thronsessel fallen.

Jetzt betrat der König mit seinen Kammerherren den Saal. Aber an seiner Seite war nicht die alte Gräfin, sondern, Gott behüte, der hochbetagte Bischof von Bath und Wells, der einzige Bischof im ganzen Lande, der des Königs kleines Traktat über die Dämonen nicht gelesen und so bei Tisch zu behaupten gewagt hatte, der Teufel könne einen großen, festen Körper auf die Größe eines Atoms zusammenschrumpfen lassen. Der König, der diese These in seiner Abhandlung nachdrücklich verworfen hatte, war jetzt eifrig bemüht, den alten Herrn aufzuklären. Und da der Bischof fast taub war, hallten die Worte des Königs durch den ganzen Saal bis in die Garderobe.

Der König gelangte zu seinem Thronsessel. Die Königin erhob sich und machte einen Knicks. König Jakob forderte den Bischof von Bath und Wells mit einer huldvollen Handbewegung auf, im Sessel der Gräfin von Pembroke Platz zu nehmen. Dann setzte er sich. Seufzend und raschelnd nahm das Publikum wieder Platz. Gleichzeitig entstand eine kurze Unruhe, da nun mehrere Höflinge unter vielen Verbeugungen ihre Stühle der Gräfin anboten, die ohne Sitzplatz dastand. Endlich war alles geregelt.

Es wurde still im Saal.

William hob die Hand. Richard Burbarge und Henry Condell schritten auf die Bühne zu. Burbage fuhr sich mit der Zunge über die Lippen. William hielt sie im letzten Augenblick zurück, denn plötzlich zerschnitt die Stimme des Königs die Stille: «Aber, mein Lieber, das ist doch unmöglich – es widerspräche den Gesetzen der Natur.»

Der greise Bischof versank in tiefes Nachdenken. William nutzte die Gelegenheit und gab das Zeichen zum Anfang. «Soviel ich mich erinnre, Adam, war es folgendergestalt...» begann Burbarge, während er, den Arm um Henry Condells Schulter gelegt, die Bühne betrat.

Das Spiel hatte begonnen. Der König blickte gereizt auf die Bühne. Die Leute sollten gefälligst schweigen, wenn er ein Streitgespräch führte. Und wozu saß er eigentlich hier? Er versuchte sich zu erinnern. Ach ja, um ein Schauspiel von diesem Shakespeare zu sehen. Er mußte unbedingt mit dem

Burschen sprechen und ihm das Stück zeigen, das er über Banquo, seinen Vorfahren, geschrieben hatte. Es war schwieriger gewesen, als er gedacht hatte. Es gab da offenbar irgendeinen Trick, und den wollte er sich von Master Shakespeare erklären lassen.

Der Bischof verstand kein Wort von dem, was auf der Bühne gesprochen wurde, aber er war ein freundlicher alter Herr und wartete höflich das Ende der ersten Szene ab, ehe er sich dem König zuwandte und erwiderte: «Verzeiht, Majestät, aber es gibt doch so viele verbürgte Beweise. In Taunton beschwor ein Mann den Teufel und überschritt den magischen Kreis, der Narr, aber nur, stellt Euch vor, nur mit dem großen Zeh! Und wurde augenblicklich in eine Brotkrume verwandelt! Und in Frome hat ein gewisser ...»

«Nun geh, mein Junge. Und viel Glück!» flüsterte Richard Burbage.

Matthew Peyre schluckte und schritt auf die Bühne zu, als sei sie ein Schafott. William lächelte ihm zu und klopfte ihm auf die Schulter, als der Junge mit Abraham, der die Celia spielte, an ihm vorbeiging. Beide waren reizend anzusehen in ihren Reifröcken, wie zwei Mädchen, auch wenn der arme Abraham, der schon im Stimmbruch war, nie genau wußte, wie seine Stimme klingen würde, wenn er den Mund auftat.

«Ich bitte dich, Rosalinde –» begann Abraham und schluckte aufgeregt. Das war zu tief gewesen. Noch einmal: «Ich bitte dich, Rosalinde, liebes Mühmchen, sei lustig.» Diesmal geriet es etwas zu hoch und schrill. Es klang wie das Piepsen eines Rotkehlchens im Frühling.

Ein kurzes Kichern irgendwo im Publikum. Aber es genügte. Andere kicherten, lachten, brüllten vor Gelächter. Die Königin lachte verächtlich. Da sah man, wie Knaben in Frauenrollen mit ihrem Gekrächze und Gepiepse ein Stück verderben konnten – wenn auch an diesem nicht viel zu verderben war, soweit sie bisher gesehen hatte. William, der zwischen diesen beiden Welten saß, sah Richard Burbage an, der in der Garderobe stand, und verzog verzweifelt das Gesicht.

Matthew Peyre sagte müde und tonlos: «Liebe Celia, ich zeige mehr Fröhlichkeit, als ich in meiner Gewalt habe –»

Weiter kam er nicht. Denn die zornige Stimme des Königs hallte durch den Saal. «Gebt acht, Herr Bischof! Was Ihr da sagt, klingt mir gefährlich nach der Transsubstantiation, dem verwandelten winzigen Gott in der Messe der Papisten.» Er sah den unseligen Bischof finster an.

William beobachtete besorgt die beiden Jungen auf der Bühne. Auch ihm selbst wäre es nicht leichtgefallen, nach einer solchen Unterbrechung von seiten des Königs weiterzuspielen, als ob nichts gewesen wäre. Wieviel schwerer mußte es für den unerfahrenen und ohnehin schon hocherregten Matthew sein! Er wartete nicht erst ab, ob Matthew seine Zeilen vergessen hatte, sondern flüsterte leise, aber klar und deutlich «‹Und du wolltest dennoch, daß ich noch lustiger wäre?›»

Aber Matthew hörte ihn nicht. Matthew hatte das Gefühl, über dem Boden zu schweben, und er wußte nicht mehr, welche der Könige und Herzöge und Höflinge und Waldbewohner in der fremden Welt, in der er sich befand, echt und welche Schauspieler waren. Er wußte die Worte, aber sie schwirrten alle durcheinander in seinem Kopf. Doch all das zählte nicht. Er war höchst ungebührlich unterbrochen worden – mit einer höhnischen Bemerkung über seinen Glauben. Er trat an die Rampe und starrte den König an.

«‹Und du wolltest dennoch, daß ich noch lustiger wäre?›» flüsterte William wieder, aber diesmal lauter.

In der Garderobe waren einige der Schauspieler bereits in weiser Voraussicht bemüht, Peter Graves in einen Reifrock zu zwängen. Er hatte als junger Bursche die Rosalinde oft gespielt, und eine Rosalinde mit tiefer Stimme war besser als überhaupt keine Rosalinde.

Die anderen drängten sich an der Tür zur Bühne. Wohl noch niemals waren sie sich so hilflos vorgekommen. Außer Abraham war keiner von ihnen in Matthews Nähe. Und Matthew war, wenn sie nicht alles täuschte, drauf und dran, den König zu beleidigen.

Und das würde das Ende der Schauspielertruppe des Königs sein. Darüber bestand kein Zweifel. Sie konnten noch von Glück reden, wenn sie nicht alle eingekerkert wurden. Wie gelähmt vor Angst starrten sie auf die Bühne.

Sie sahen, wie Matthew den Mund öffnete. Sie sahen, wie der König den Kopf hob. Offensichtlich nahm er Matthew erst jetzt wahr. Sie sahen, wie sich in den Zügen des Königs Furcht, Verdruß und Zorn spiegelten.

«‹Und du wolltest dennoch, daß ich noch lustiger wäre?›» flüsterte William verzweifelt.

Matthew hörte ihn nicht. Matthew wußte nicht mehr, wo er war. Er sah nur noch einen Strudel verhaßter und haßerfüllter Gesichter und hörte Worte wie Bienen in seinem Kopf summen. Aber er wußte, daß er jetzt einige von den Worten, mit denen sein Kopf vollgestopft war – Worte aus Stücken, aus Liedern und aus dem täglichen Leben –, sagen mußte.

Welche? Er zermarterte sich den Kopf. Seine Gedanken schweiften immer wieder ab. Meine Mutter ist tot. Ich habe die Desdemona schlecht gespielt. Master Shakespeare ist ärgerlich. Der arme Nicholas, ich habe ihm sehr weh getan. Einer von den Zuschauern hat die heilige Messe verhöhnt. Ich bin so allein. Ich bin so allein. So allein.

Die Zuschauer hatten kein Mitleid mit einem Knaben, der seinen Text vergessen hatte. Sie musterten ihn mit kalten Blikken, bereit, ihn auszulachen und zu verhöhnen.

Matthews umherirrender Blick blieb an einem roten, mürrischen Gesicht haften, dem Gesicht des Mannes, der so verächtlich über die heilige Messe gesprochen hatte. Er starrte das Gesicht böse an. Und da wußte er plötzlich, was er sagen mußte. Es waren Worte aus einem bekannten Lied, aber sie paßten. Und so sagte er laut und vernehmlich: «Halt's Maul, du Schelm!»

Lange geschah gar nichts. Man hörte nur, wie an die hundert Zuschauer nach Luft schnappten. Es klang wie eine über den Strandkies zurückflutende Meereswoge.

Doch dann hörte man ein schärferes Zischen, als ein Degen aus seiner Scheide fuhr. Henry Wriothesley, der Graf von Southampton, hatte sich einen Satz aus Williams Stück ‹*Julius Caesar*› zu Herzen genommen: «Es gibt Gezeiten auch für unser Tun.» Gab es eine bessere Gelegenheit, dem König seine Treue, seine Ergebenheit und seinen Mut zu beweisen? «Verrat!» brüllte er und sprang mit einem Satz auf die Bühne, wo er sich anschickte, den zwölfjährigen Knaben zu durchbohren, ehe dessen dreiste Zunge noch eine weitere Frechheit hervorbringen konnte. Ja, er wollte ihn auf der Stelle töten – zum Verdruß des Königs, der nicht nur ein sehr friedfertiger Mann war, sondern auch den Anblick von Blut nicht ertragen konnte.

Matthew blickte ohne Furcht auf die Degenspitze, die sich seiner Brust näherte, und auf das zornige Gesicht des Grafen. Gehörte das alles zum Stück? Er konnte sich an diese Szene erinnern. Aber plötzlich schob sich eine kräftige Gestalt zwischen ihn und die Degenspitze. Und eine Stimme, Master Shakespeares Stimme, sagte energisch: «Schnell in die Garderobe, Matthew.»

Matthew blieb wie betäubt stehen.

Henry Wriothesley starrte den Mann an, der ihm vor langer Zeit – in einem anderen Leben, schien es – zwei Poeme gewidmet hatte. Und William Shakespeare starrte den Mann an, der ihn aus einer Laune heraus gefördert hatte und der jetzt, in seinem Zorn, so aussah, als wollte er ihn umbringen.

Die blitzende Degenspitze bohrte sich höchst ungemütlich in Williams Wams. »Aus dem Wege, Shakespeare!» rief Southampton, und in seiner schneidenden Stimme schwang Verachtung mit.

William rührte sich nicht.

Niemand rührte sich. Alle im Saal fanden, daß dies weit aufregender war als jeder Hahnenkampf und sehr viel kurzweiliger auch als *‹Wie es euch gefällt›*. Zwar wußte jeder, was Henry Wriothesley mit diesem Auftritt bezweckte, doch unter den Jüngeren waren viele, die sich grün und blau ärgerten, daß sie nicht auf diese glänzende Idee gekommen waren.

Der Graf sagte laut und höhnisch: «Kommt, Shakespeare, gebt auf. Ihr werdet niemanden beeindrucken. Ein jeder weiß, daß Ihr ein Hasenfuß seid.»

William rührte sich nicht. Er schwitzte, aber er rührte sich nicht. Man würde nicht zulassen, daß der Graf ihn in Gegenwart des Königs und der Königin kaltblütig ermordete, so glaubte er. Aber es war ein magerer Trost, und etwas mehr Gewißheit wäre ihm lieber gewesen.

Und dennoch rührte er sich nicht. Er hatte den Degen von Matthew abgewendet, und er war entschlossen, ihn von dem Knaben fernzuhalten. Auch wenn er dafür mit seinem Leben bezahlen mußte. Und warum? Aus Liebe zu einem Sohn, der nicht sein leiblicher Sohn war? Aus Mitleid mit einer Seele, die sich auf den dunklen Pfaden zwischen Kindheit und Erwachsensein verirrt hatte? Er wußte es nicht. Er wußte nur, daß er die Angst besiegt hatte. Und er frohlockte – trotz der Degenspitze auf seiner Brust.

Er hörte Schritte hinter sich. Burbage und Heminge zerrten Matthew hastig in die Garderobe.

Wie gebannt betrachtete William das Gesicht des Grafen, die verächtlich verzogenen Lippen, die kalten, hochmütigen Augen. Vergebens suchte er nach Spuren der Heiterkeit, der Milde. Nach Spuren der Freundschaft, die sie einst verbunden hatte. Er wußte, eine kurze Bewegung der festen Hand, die den Griff des Degens umschloß, genügte, um ihn zu töten. Und jeder Versuch, der Klinge auszuweichen, würde sein schnelles Ende bedeuten.

Und so rührte er sich nicht und wartete.

Tiefe Stille. Das Publikum war gespannt, ob der Schauspieler am Leben bleiben oder sterben würde.

Das ganze Drama dauerte nur Sekunden. Aber für William waren die Sekunden wie Stunden. Dann ertönte plötzlich inmitten der allgemeinen Stille eine tiefe, volle Frauenstimme, die es gewohnt war, Befehle zu erteilen: «Henry, du Narr, komm und setz dich auf deinen Platz!»

Mary Herbert, die Gräfin von Pembroke, hatte den Bann gebrochen. Henry Wriothesley drehte sich wütend nach ihr um, wandte sich aber sogleich wieder William zu.

«Graf Southampton!» fauchte die Gräfin. Es klang, als sauste eine Degenklinge durch die Luft. «Ich verlange Gehorsam in meinem Haus. Nehmt Euren Platz wieder ein!»

Henry Wriothesley rammte seinen Degen in die Scheide, sprang von der Bühne und ging zu seinem Stuhl zurück. William stand plötzlich allein auf der Bühne und begab sich unsicher zu seinem Stuhl – ein kläglicher Abgang! In der Garderobe untersuchte er den Schnitt in seinem Wams und überlegte, wie lange es wohl dauern würde, bis er es Anne zum Stopfen geben konnte. Der ehrwürdige Bischof, der das Geschehen auf der Bühne nicht verstanden hatte, klatschte höflich Beifall. Richard Burbage überlegte, was zu tun war. Es gab zwei Möglichkeiten: die gesamte Truppe konnte sich erniedrigen und den König um Verzeihung bitten, oder sie konnte das Spiel fortsetzen, als sei nichts geschehen. Er wählte die letztere. Celia und Rosalinde schlenderten gemeinsam auf die Bühne.

«Ich bitte dich, Rosalinde, liebes Mühmchen, sei lustig», piepste Celia. «Liebe Celia, ich zeige mehr Fröhlichkeit, als ich in meiner Gewalt habe», erwiderte Rosalinde mit tiefer Stimme. «Und du wolltest dennoch, daß ich noch lustiger wäre? Kannst du mich nicht lehren, einen verbannten Vater zu vergessen, so mußt du nicht verlangen, daß mir eine ungewöhnliche Lust in den Sinn kommen soll.»

Für den Augenblick war die Gefahr abgewendet.

11

Man sagt, die Erde bebte fieberkrank

In Wilton House, wo es sonst an nichts fehlte, gab es keine Verliese! Aber es fand sich ein dumpfes Kellerloch. Dort sperrte man Matthew ein, verschloß die Tür mit einem großen Vorhängeschloß und stellte zwei mit Hellebarden bewaffnete Wachtposten davor. Oben in der Mauer befand sich ein Luftloch, das sich mit einer Steinplatte schließen ließ. Alle stimmten darin überein, daß es für jemanden, der den König einen Schelm genannt hatte und überdies Katholik war, ein geradezu fürstliches Gefängnis war.

William kleidete sich gerade an, als Richard Burbage ins Zimmer gestürzt kam: «Will, der König war gestern abend so voll des süßen Weines und so mit seinen theologischen Argumenten beschäftigt, daß er sich an den Zwischenfall vielleicht gar nicht mehr erinnert.»

«Meinst du?»

«Wir müssen uns davonmachen, ehe er erwacht. Ich habe gestern abend noch alles auf die Wagen laden lassen. Wir können sofort aufbrechen.»

William sah ihn verdutzt an. «Aber das ist doch unmöglich. Er hat eine Geisel – den Knaben.»

«Was kümmert uns der Knabe?»

War er von Sinnen? «Aber Dick, er ist . . . er ist einer von uns. Wir können ihn doch nicht . . .»

Richard Burbage war müde und gereizt. Und plötzlich packte ihn die Wut. Mit eisiger Stimme sagte er: «Also, du willst mir doch wohl nicht etwa im Ernst vorschlagen, daß ich die ganze Truppe hier zurückhalte und daß wir die Aufmerksamkeit des Königs auf uns ziehen, nur um abzuwarten, ob sie den Knaben aufknüpfen oder nicht?»

«Doch, Dick, genau das meine ich.»

«Dann muß ich dir sagen, daß ich nicht bereit bin, um eines lausigen kleinen Papisten willen die ganze Truppe zu gefährden. Er allein hat –»

«Dick, wir haben ihn überfordert!»

«Verdammt! Er hat Nicholas Fox zum Krüppel geschlagen und uns alle um ein Haar ins Gefängnis gebracht! Und ein guter Schauspieler wird sowieso nicht aus ihm, auch wenn sie ihn nicht aufhängen.»

«Er *wird* ein guter Schauspieler, verlaß dich drauf. Und ich werde mich beim König für ihn verwenden.»

Richard Burbage sah ihn verblüfft an. «Aber Will, ich habe dich immer für einen vernünftigen Menschen gehalten.»

William musterte ihn kühl. «Und ich habe *dich* immer für einen Ehrenmann gehalten», sagte er.

Richard Burbage griff unwillkürlich zum Degen. Doch dann ließ er die Hand sinken und zuckte müde mit den Schultern. «Und nun bin ich das nicht mehr? Nur weil ich nicht bereit bin, für einen störrischen Knaben die ganze Truppe zu opfern? Für einen Knaben, dem ohnehin nicht mehr zu helfen ist?»

«Ich werde beim König für ihn sprechen. Matthew Peyre ist mein Lehrling. Ich bin für ihn verantwortlich.»

«Tu, was du nicht lassen kannst. Sie werden dich gleich mit aufknüpfen.»

«Wenn es sein muß . . .»

Richard Burbage sah seinen alten Freund besorgt an. Der Zorn war verraucht, und er sagte fast flehend: «Aber Will, du warst doch sonst immer so besonnen und vorsichtig . . .»

«Ich habe den Jungen *einmal* enttäuscht und möchte nicht, daß es ein zweites Mal dazu kommt.» Er lächelte sogar, als er hinzufügte: «Und vielleicht bin ich ja etwas mutiger geworden, Dick.»

«Tu, was du willst.» Der Zorn gewann wieder die Oberhand. «Wir fahren jedenfalls innerhalb der nächsten Stunde ab.»

«Ich komme euch nach, sobald ich getan habe, was getan werden muß.»

Richard Burbage erhob sich und ging mit großen Schritten im Zimmer auf und ab. «Ich spreche es ungern aus, Will», sagte er in scharfem Ton, «aber alles, was du bist, verdankst du uns, der Truppe. Damals, als ich dich aufnahm, warst du ein grüner Junge, weiter nichts. Und jetzt? Jetzt willst du plötzlich nicht mehr die Stücke schreiben, die wir brauchen, und willst nicht mehr mit uns reisen.» Er sah sich verächtlich in dem hübschen Turmzimmer um. «Ich nehme an, du möchtest noch ein paar Tage die Bequemlichkeit hier genießen und dann mit schnellen Pferden nach London zurück! Und hochtrabende Gespräche mit der Gräfin sind sicher mehr nach deinem Gusto als die Gesellschaft ungewaschener Schauspieler!» Er ging immer schneller auf und ab, wütend wie ein gereiztes Raubtier im Käfig.

William beobachtete ihn. Wie oft hatte er seinen alten Freund so erlebt! Und nie hatten diese jähen Zornausbrüche ihre Freundschaft gestört. Heute jedoch war es anders. Heute verletzte und schmerzte ihn Richards Ungerechtigkeit, auch wenn er es sich nicht anmerken ließ. Er stand vor dem Spiegel und fuhr fort, eine duftende Pomade in seinen Bart zu reiben. In gleichmütigem Ton sagte er: «Erscheint es dir vielleicht geraten, Richard, auf mich ebenso wie auf den Jungen zu verzichten?»

«Nein, bei Gott, bestimmt nicht.»

William kämmte sich den Bart und lächelte seinem Spiegelbild zu. «Also gut, Dick. Wenn du willst, daß ich bleibe, dann will ich dir meine Bedingungen nennen. Ich möchte keine Rollen mehr übernehmen. Der lästige Sejanus war mein Schwanengesang. Außerdem will von nun an *ich* entscheiden, was ich schreibe – und wenn meine Stücke der Truppe mißfallen, dann mag sie zu Ben Jonson gehen oder meinethalben zum Teufel.»

«Und du kannst meinethalben auch zum Teufel gehen!»

William, noch immer eifrig mit seinem Bart beschäftigt, fuhr unbeirrt fort: «Davon abgesehen aber will ich der Truppe gern wie bisher mit Treue und Hingabe – und mit meinen Talenten dienen.»

Richard Burbage blieb stehen und starrte ihn an. Was war aus dem bescheidenen, fügsamen Will geworden? Aber William sprach schon wieder, langsam jetzt, da er gerade vorsichtig mit der Schere seinen Bart stutzte. «Das heißt, noch ein oder zwei Jahre lang. Denn dann kehre ich nach Stratford zurück, zu meiner langmütigen Frau und meinen vernachlässigten Töchtern.» Er wandte sich dem Freund zu und lachte. «Sieh mich nicht so verwirrt an, Dick. Gestern abend, als dieser Narr seine Degenspitze auf meine Brust setzte, habe ich zum erstenmal begriffen, wirklich begriffen, daß ich eines Tages sterben werde.» Er lächelte versonnen. «Und ich begriff, daß ich Gott Dank schulde – für Anne, für meine Töchter, für mein eigenes Leben.»

Immer noch lächelnd, zog er sein Wams an. Es war schlicht wie alles, was William trug, aber plötzlich fiel Richard auf, aus welch kostbarem Brokat es gemacht war. Er bemerkte auch die gepflegten Hände, das selbstsicher erhobene Kinn und die amüsiert blickenden Augen. Und da wußte er plötzlich, daß Will, der grüne Junge, den er damals halb aus Mitleid aufgenommen hatte, ihnen allen über den Kopf gewachsen war. Er hatte sie überflügelt. Jeder von ihnen konnte den Höfling *spielen* – und nicht nur auf der Bühne –, aber William *war* der Höfling. Und auch der rechtschaffene Landmann. Und auch der Besitzer von New Place, der in Stratford ein so ganz anderes Leben führte. Und der Dichter, der einsam und allein aufbrach und fremde Länder des Geistes durchwanderte, in die niemand ihm folgen konnte. Die zwei Jahre in Stratford hatten ihn verändert. Sie hatten ihm ein Selbstvertrauen gegeben, das er vorher nicht besessen hatte. Und jetzt, hier in Wilton House, hatte er sich wieder verändert. Er hatte irgendwie an Ansehen und Würde gewonnen. Will, dachte Richard Burbage, hatte nicht nur Hamlet und Falstaff und Richard III. geschaffen und geformt. Ganz unbewußt hatte er seine Wahrnehmungsgabe, sein Empfindungsvermögen, seine Klugheit und seine Liebenswürdigkeit genutzt, um den überaus anziehenden Mann zu formen, der für seine Freunde der reizende Will und für andere der freundliche Master Shakespeare oder der Edelmann William Shakespeare aus Stratford am Avon war.

Und jetzt wandte dieser Edelmann und Poet sich vom Spiegel ab, kam auf ihn zu, legte ihm beide Hände auf die Schulter und sagte lächelnd: «Einverstanden, Dick, alter Freund?»

Richard Burbage brummte mürrisch: «Was bleibt mir anderes übrig? Aber ich bleibe dabei, daß wir dringend eine Komödie brauchen – eine Komödie, wie nur du sie schreiben kannst.»

William ließ die Arme sinken. Er sah Richard Burbage mit einem ernsten Lächeln an und sagte beschwörend: «Dick, mein guter Freund, laß dich nicht vom Erfolg verderben.»

Richard Burbage brauste auf: *«Ich?»* rief er. «*Ich* habe kein Zimmer, wo es stinkt wie bei einer Dirne. *Ich* plaudere nicht den ganzen Abend lang mit der Gräfin. *Ich* –»

«Erinnerst du dich an die Entdeckungsreisen, die wir machen wollten, du und ich? Und weißt du noch, wie begeistert du warst, als du Richard II. und den Hamlet spieltest? Damals sagtest du, meine Stücke hätten dir gezeigt, wie viele Seiten ein Mensch haben könne. Du batest mich, dich immer noch tiefer in die Labyrinthe des menschlichen Geistes zu führen.» Er hielt inne und sah seinen Freund traurig an. «Und jetzt? Jetzt jammerst du nach einer Komödie, um einen törichten König zu belustigen!»

«Wenn ich die Stücke nicht immer so sorgfältig ausgesucht hätte, glaubst du, wir wären dann jetzt hier in Wilton House? Nein, mein Freund. Wir säßen ohne Geld in irgendeiner trostlosen kleinen Stadt und würden wahrscheinlich beschließen, die Truppe aufzulösen.»

William lachte. «Oh, dann geh nur und begib dich an die Spitze deiner siegreichen Truppe, du hochmögender Tamerlan. Ich werde zum König gehen und ihn um Gnade für den Knaben bitten. Und in London, im ‹Globe›, sehen wir uns wieder.»

«Oder bei Philippi», murmelte Richard Burbage düster. «Ich fürchte, du steckst deinen Kopf in eine Schlinge, du allzu ehrenwerter Brutus.» Im Hinausgehen lächelte er Will verschmitzt zu. Sie waren zu gute Freunde, um lange zu streiten.

Der Graf von Southampton betrat mit einer tiefen Verbeugung das Schlafgemach des Königs. Mein Gott, wie geisterhaft er am Morgen aussieht! dachte er. Dann sagte er mit lauter Stimme: «Majestät, Euer Untertan Shakespeare hat um eine Audienz ersucht. Doch wenn ich Eurer Majestät untertänigst raten darf –»

«Oh, führt ihn nur herein!» rief König Jakob. «Der Mann kommt mir wie gerufen.»

König Jakob hockte auf der Bettkante. Er bot in der Tat einen erschreckenden Anblick. Riesige Pantoffeln, dürre weiße

Beine, ein schief sitzender Schlafrock, den er sich schlecht und recht über die wattierte Weste gezogen hatte, die ihn vor Dolchstichen schützen sollte und die er auch bei Nacht nicht ablegte, verquollene Augen, eine verrutschte Schlafmütze. Doch als er Shakespeare erblickte, erhellte sich sein Gesicht – sehr zu Southamptons Verdruß. «Kommt, Shakespeare, setzt Euch zu mir», sagte er. «Einen Stuhl für Master Shakespeare, Henry.»

Das ging zu weit. Ein einfacher Bürger hatte nicht das Recht, in Gegenwart des Königs zu sitzen, und ein königlicher Kammerherr war nicht dazu da, Stühle herbeizuholen. Dieser Schotte war manchmal schwer zu ertragen! Southampton knallte einen Stuhl vor William hin, verbeugte sich mit einem dünnlippigen Lächeln und blieb wartend stehen.

König Jakob hob seine beringte Hand und bedeutete ihm zu gehen.

Kochend vor Wut verließ der Graf den Raum. Dieser aus dem finsteren Schottland kommende König hatte keine Ahnung von den Regeln des höfischen Lebens! Bei einer Audienz war *immer* ein königlicher Kammerherr zugegen. Ihn, Henry Wriothesley, den Grafen von Southampton, wie einen Lakaien hinauszuschicken! Und das ausgerechnet vor William Shakespeare! Wäre das Süßweinmonopol nicht so einträglich gewesen, bei Gott, er hätte auf der Stelle seinen Hut genommen und wäre nach Irland gegangen, um die Aufständischen niederzuwerfen. Dieser ... dieser Barbar konnte einem wirklich das Leben am Hofe vergällen!

William verneigte sich. Er wußte nicht, was bei König Jakob mehr Ärgernis erregen würde, seine Fürsprache für Matthew Peyre oder das Geständnis, daß er *‹Macbeth›* fast zu Ende geschrieben hatte, ohne auch nur den Rat des Königs zu erbitten. Womit sollte er anfangen? Ehe er noch einen Entschluß fassen konnte, überraschte ihn der König mit den Worten:

«Mein Lieber, ich brauche Euren Rat.»

William faßte sich und erwiderte: «Majestät, wenn ein ergebener Untertan Eurer Majestät mit einem Rat zu helfen vermag –»

«Jei! Spart Euren Atem und kühlt damit lieber Eure Suppe.» Der König war offenkundig nicht sehr erfreut darüber, daß er einen Untertanen um Rat fragen mußte. «Es geht um das Stück über meinen edlen Vorfahren Banquo ... Ich habe da ein paar Fragen – Kleinigkeiten, versteht sich.»

«Wenn Eure Majestät gestatten ...» William zog das fast vollendete Stück aus seinem Wams. «Ich habe ein paar Vorarbeiten dazu geleistet. Wenn Eure Majestät geruhen, einen Blick darauf zu werfen ...»

William wartete. Er wartete lange Zeit. Der König blätterte das Stück durch, anfangs neugierig und aufmerksam, dann gereizt und schließlich mit ungläubiger Miene. Endlich hob er den Kopf, und seine großen, runden Augen starrten William zornig und verständnislos an. «Aber Master Shakespeare, Ihr habt meinen edlen Ahnen im dritten Akt schon umgebracht!»

«Er – er tritt später noch einmal auf. Als Geist, Eure Majestät.»

«Euch mangelt es an Geist, Master Shakespeare!» rief der König. Dann machte er eine wegwerfende Handbewegung. «Aber seid unbesorgt. Ich werde mein eigenes Stück schreiben.» Er klopfte mit dem Zeigefinger auf *‹Macbeth›*. «Das hier ist eine herbe Enttäuschung, Master Shakespeare!»

«Es tut mir leid, Eure Majestät. Doch das Stück schildert ausführlich den Niedergang des Mörders Eures edlen Ahnen.»

«Jei.» Und nun gewann der Schulmeister in König Jakob die Oberhand. «Aber glaubt mir, Master Shakespeare, wenn Ihr gute Stücke schreiben wollt, müßt Ihr vor allen Dingen auf die Ausgewogenheit der Handlung achten.»

«Ja, Eure Majestät.»

«Die Ausgewogenheit, Master Shakespeare, ist sehr, sehr wichtig. Wenn Ihr ein wenig mehr Erfahrung habt, werdet Ihr nicht mehr den Helden in der Mitte des Stückes umbringen und die letzten beiden Akte dem Manne widmen, der ihn getötet hat. Versteht Ihr, was ich meine?»

«Ja, Eure Majestät.»

«Da.» Er gab William die Bogen zurück. Und dann sagte er ermunternd, als spräche er zu einem Schüler, der es sicherlich einmal zu etwas bringen würde, wenn er schön fleißig lernte: «Vielleicht könnt Ihr noch etwas daraus machen. Und wenn Ihr Schwierigkeiten habt, kommt ohne Scheu zu mir.» Er lächelte verschmitzt. «Ich bin nicht nur König, ich bin auch ein Mann, der in der edlen Dichtkunst bewandert ist. Und ich gehöre nicht zu denen, die einem anderen Dichter Hilfe verweigern.»

«Eure Güte, Majestät, ist nicht minder groß als Eure Gelehrtheit.»

«Jei.» Der König lächelte befriedigt. Er griff nach einer Glocke. William sagte hastig: «Majestät, ich bitte untertänigst um Vergebung. Doch da ist noch etwas, das ich Euch gern vortragen würde.»

«Und was ist es, Master Shakespeare?» fragte der König, immer noch im Ton des gütigen Schulmeisters.

«Majestät, gestern abend sprach ein Knabe von unserer Truppe, dessen Geist verwirrt und fast umnachtet ist, einige ungehörige und kaum verzeihliche Worte.»

Die Augen des Königs, eben noch wie zwei sanfte Monde hinter einem dünnen Wolkenschleier, wirkten plötzlich listig und verschlagen und sahen ihn lauernd an. Und auch die Stimme hatte sich verändert. In einem strengen, schneidenden Ton fragte König Jakob: «Und was wollt Ihr von mir, Master Shakespeare?»

«Der Knabe ist mein Lehrling, Majestät. Er hat mir immer gut gedient. Er ist ein ernster, arbeitsamer Junge. Vor Tagen schon befiel ihn ein Fieber, und gestern abend sprach er im Fieberwahn ... Ich bitte Euch, Majestät, laßt Gnade vor Recht ergehen.»

Der König schwieg und sah William unverwandt an. Nach einer langen Pause sagte er: «Ihr seid ein sehr mutiger Mann, Master Shakespeare ...»

William fuhr sich mit der Zunge über seine trocken gewordenen Lippen. «Ich, Eure Majestät?»

«Daß Ihr Euch offen mit einem Papisten und Verräter verbündet», fuhr der König in hämischem Ton fort.

«Der Junge ist kein Verräter, Majestät. Er ist ein ergebener Untertan Eurer Majestät.»

«Er hat den König von Gottes Gnaden einen Schelm genannt! Und er hat mit Hilfe des Teufels, dieses Verbündeten aller Papisten, einen Schauspielerknaben namens Nicholas Fox ernstlich verletzt!»

«Das geschah in einem ehrlichen Kampf, Eure Majestät. Fox hatte ihn gepeinigt.»

«Auf welche Weise?»

«Er stahl ihm etwas, das ihm teuer war.»

«Nämlich?»

William schwieg. Dann sagte er mit ruhiger Stimme: «Ein Kruzifix.»

Diesmal schwieg der König. Schließlich sagte er: «Noch einmal, Master Shakespeare, Ihr seid ein sehr mutiger Mann. Aber hütet Euch. Auch meine königliche Langmut hat Grenzen. Geht nun, und überlaßt den Verräter dem Kronrat – und dem Henker.»

Er läutete. Der Graf von Southampton trat ein. «Henry, Master Shakespeares Audienz ist beendet.»

Der Graf wartete ungeduldig. William verneigte sich tief und ging rückwärts zur Tür hinaus. Er, der am frühen Morgen so gelassen und so zuversichtlich gewesen war, zitterte jetzt vor Angst. Der Versuch, Matthew zu retten, war gescheitert. Und eine Sekunde lang hatte er den Wolf im königlichen Schafspelz gesehen.

Es bestätigte, was er immer gewußt hatte. Wer auf Englands Thron saß, mußte die Klauen und die Zähne eines Tigers haben – und den Willen, notfalls beides auch zu gebrauchen wie ein Tiger.

Es hatte Zeiten gegeben, dachte er beschämt, da er nach einer solchen Audienz angstvoll und gedemütigt das Weite gesucht hätte. Gewiß, auch jetzt hatte er Angst – und das bei Gott nicht ohne Grund. Könige gingen nicht freundlich um mit denen, die ihren Feinden zu helfen versuchten. Aber diesmal würde er nicht mit eingekniffenem Schwanz fortlaufen. Er war verantwortlich für seinen Lehrling. Und außerdem – wie konnte er je Annette Peyre wieder gegenübertreten, wenn er ihren Sohn im Stich ließ? Annette Peyre, das wußte er, würde nie jemanden im Stich lassen, den sie unter ihre Fittiche genommen hatte.

Aber was sollte er tun? Ein weiterer Bittgang zum König war sinnlos. Nein, es gab nur eine Möglichkeit, Matthew zu retten. Er mußte die Großen und Mächtigen für seine Sache gewinnen.

König Jakob war angekleidet, als seine zweite Audienz an diesem Morgen stattfand, und saß beim Frühstück. Er hatte sich Zichoriensuppe, Kapaunflügel und Granatäpfel auftragen lassen.

Er begrüßte seine Besucherin überaus huldvoll. Ihm war immer etwas unbehaglich zumute in Gegenwart dieser vornehmen englischen Dame. Er hatte sie zu Recht im Verdacht, daß sie seine Talente nicht ganz so bewunderte, wie er es von seiner Umgebung erwartete. Außerdem waren er und sein Gefolge

Gäste in ihrem Haus. Es war ein sehr bequemes Haus, und in London wütete noch immer die Pest. Er wollte gern noch eine Zeitlang in Wilton House bleiben. Letzthin waren ihm jedoch einige Unerfreulichkeiten zu Ohren gekommen, die den Aufenthalt des Hofstaats hier gefährdeten. Einige seiner Höflinge hatten Kammerjungfern geschändet, sein geliebter Freund Robert hatte einen alten Diener mit dem Degen durchbohrt, und einige der Herren hatten sich offenbar in den Fluren entleert – alles sehr zum Mißfallen seiner vornehmen Gastgeberin.

König Jakob wollte sich daher von seiner liebenswürdigsten Seite zeigen. Er erhob sich sogar und reichte der Gräfin seine fettigen Finger zum Kuß. «Meine liebe Gastgeberin! Möchtet Ihr nicht einen von diesen Kapaunflügeln kosten? Sie sind deliziös.»

«Nein, danke, Majestät.» Sie setzte sich. «Ich habe schon sehr zeitig gefrühstückt.»

«Ei jei.» Das sah ihr ähnlich, dachte er. Sicher stand sie mit den Dienstboten auf, um sie bei der Arbeit zu überwachen und auf alles ein Auge zu haben.

Sie strich gelassen ihren Rock glatt. «Ich hoffe, Majestät, es fehlt Euch nichts zu Eurer Bequemlichkeit.»

«Ei jei.» Er beobachtete sie mißtrauisch, während er sich angestrengt bemühte, einen Granatapfelkern aus einem hohlen Zahn herauszuklauben. Weshalb war sie gekommen? Wegen der letzten Kammerjungfer? Das dreiste Ding war selbst schuld. Und wenn die Gräfin von Pembroke glaubte, er, König Jakob, würde einer kleinen Dirne wegen einen der Herren des Kronrats zur Rechenschaft ziehen, dann mußte sie recht seltsame Vorstellungen von der Monarchie haben.

Doch die Gräfin schien anderes als geschändete Jungfern im Sinn zu haben. Sie schenkte ihm ein herzliches, gütiges Lächeln und sagte: «Ihr seid mir ein willkommener Gast, Majestät. Und ich hoffe aufrichtig, daß Ihr uns die Ehre antut, bei uns zu bleiben, bis die Pest nachläßt.» Wieder bedachte sie ihn mit diesem wunderbaren Lächeln und fuhr dann fort: «Ein Umzug nach Woodstock zum Beispiel schiene mir auch höchst witzlos, nachdem wir die Freuden und Annehmlichkeiten von Wilton House Eurer Majestät so freudigen Herzens zu Füßen gelegt haben.»

König Jakob war sehr mit sich zufrieden. Oh, er wußte genau, wie die Gräfin dachte. Was, so fragte sie sich höchstwahrscheinlich, waren ein paar deflorierte Jungfern und der ein wenig vorzeitige Tod eines alten Mannes verglichen mit der Ehre, den König zu Gast zu haben! Ein geringer Preis, fürwahr! Und das wollte sie ihm auf diese versteckte Art zu verstehen geben. Sie war gekommen, um ihm zu sagen, er möge sich seinen königlichen Kopf nicht über solche Belanglosigkeiten zerbrechen.

«Da ist jedoch *eine* Sache», fuhr sie fort, «auf die ich gern die Aufmerksamkeit Eurer Majestät lenken möchte.»

Der Wind hatte gedreht. Die Stimme der Gräfin hatte eine eisige Schärfe angenommen.

Er beobachtete sie verstohlen über den Kapaunflügel hinweg, an dem er gerade nagte. Seine Waffe war nun nicht mehr Huld, sondern Trotz. «Und was ist das für eine Sache, Gräfin Pembroke?»

Sie sagte: «Wilton House ist mein Zuhause, Majestät. Und das Eure, solange es Euch beliebt, uns die Ehre zu erweisen.»

Er nickte und wartete.

«Aber ich dulde nicht, daß mein Haus als Gefängnis mißbraucht wird, Herr!» Es war wie ein Trompetenstoß.

Die großen, runden Augen wurden plötzlich schmal. «Sagtet Ihr, Ihr *duldet* es nicht, Gräfin?»

«Jawohl, ich *dulde* es nicht.»

Seine Augen, zu Schlitzen verengt, musterten sie zornig: «Und wenn Euer König es *verlangt*, Madam?»

«Die Schlüssel von Wilton House gehören mir, und niemand außer mir hat das Recht, sie zu benutzen, nicht einmal der König von England.»

«Ihr geht zu weit, Madam.»

«Nein, Herr. Bei allem gebotenen Respekt, Ihr seid es, der zu weit geht. Der Hauptmann Eurer Wache hat sich eines meiner Schlüssel bemächtigt und ihn ohne meine Zustimmung benutzt.» Sie lachte, und es klang nicht unfreundlich. «Stellt Euch vor, Herr, er hat ein armes, verstörtes Kind, einen zwölfjährigen Jungen, hinter Schloß und Riegel gebracht und zwei Soldaten mit Hellebarden vor der Tür postiert!»

«Ihr sprecht von einem Verräter.»

«Verräter! Ein Knabe! Und was er rief, ist der Anfang eines Liedes, das ihm durch seinen wirren Kopf ging.»

König Jakob war wütend. Er sprang auf. «Er nannte mich – einen Schelm! *Mich* – den König von Gottes Gnaden!»

Die Gräfin blieb ruhig und gelassen. «Darf ich Euch untertänigst einen Vorschlag machen, Majestät? Laßt das arme, verstörte Kind laufen und sperrt statt seiner in dem Kellerloch den Kammerjunker ein, der meinen armen alten Diener Piers erstach.»

Der König schwieg verlegen. Sie fuhr fort: «Dann würde *ich* den Schlüssel in Verwahrung nehmen. Und ich versichere Euch, daß der Gefangene Euch nicht entkommen würde.»

Sie wußte also Bescheid. Sie kannte die ganze unselige Geschichte. Mein Gott, dachte er entsetzt, sie konnte Scherereien machen. Und nicht nur seinem teuren, hitzköpfigen Robert, den er so zärtlich liebte, sondern auch ihm! Es gab viele Leute, die nur darauf warteten, daß man ihrer Kritik Nahrung bot . . .

Der König setzte sich wieder. Er nahm mißmutig eine Handvoll abgenagter Knochen von seinem Teller und schleuderte sie zu Boden. Doch als er zu der Gräfin hinüberblickte, saß sie seelenruhig da und studierte einen beschriebenen Bogen, den sie in der Hand hielt. Sie blickte auf. «Ja, und dann ist da die Sache mit Judith Mears. Sie ist schwanger von einem Herrn Eures Kronrats, Majestät. Und Simon, ein Küchenjunge, ist erblindet, weil einer Eurer Herren ihm eine Schüssel kochend heißer Suppe ins Gesicht schüttete.»

Der König fuhr sich mit der Zunge über die Lippen. «Ein kleiner Scherz», sagte er.

Die Gräfin sah ihn schweigend an. Dann blickte sie wieder auf ihren Bogen. «Und Rebecca Woods, vergewaltigt von vier Höflingen Eurer Majestät. Auch das sicherlich ein kleiner Scherz.»

Der König sagte nichts.

«Es ist eine lange, unerfreuliche Liste, Majestät.» Die Gräfin stieß einen tiefen Seufzer aus. «Und sicherlich wird sie in den nächsten Wochen noch länger und noch unerfreulicher werden. Aber ich bin eine treue Untertanin Eurer Majestät, und es ist mir eine Ehre, Euch unter meinem Dach beherbergen zu dürfen.»

Sie wartete darauf, daß er antwortete. Er schwieg. «Aber ich will nicht, daß mein Haus als Gefängnis mißbraucht wird», fügte sie ruhig hinzu.

Der König hatte den Blick gesenkt und starrte auf seinen Teller. Plötzlich schlug er wütend mit der Faust auf den Tisch und brüllte: «Talbot!»

Die Tür wurde aufgerissen. Der Hauptmann der Wache und zwei Soldaten kamen ins Zimmer gestürzt.

Der König richtete seinen zornigen Blick auf den Hauptmann. «Geleitet die Gräfin von Pembroke zum Verlies des Knabenschauspielers. Übergebt ihr den Knaben. Und rührt ihn mir nicht an!»

Talbot sah den König ungläubig an. «Einen erklärten Verräter freilassen, Eure Majestät?»

«Tut, wie ich Euch befohlen habe», sagte der König gereizt.

«Aber gewiß soll er für seine Unverschämtheit doch jedenfalls ausgepeitscht werden?»

«Nein», sagte der König müde.

Talbot verneigte sich steif vor der Gräfin. Alles an ihm drückte tiefstes Mißfallen aus. Die Gräfin quittierte seine Verbeugung mit einem freundlichen Lächeln. Dann machte sie einen tiefen, ehrerbietigen Knicks vor dem König. «Ich danke Euch, Majestät.»

Er saß zurückgelehnt und mit ausgestreckten Beinen da und starrte auf den Tisch. Er wartete, bis sie die Tür erreicht hatte. Dann hob er sein von Zornesröte geflecktes Gesicht und sagte mit zusammengekniffenen Augen: «Ich werde diese Audienz nicht vergessen, Gräfin.»

Sie machte abermals einen Knicks, anmutig, ungeachtet ihrer Fülle, wie ein junges Mädchen, und entschwand.

Es war dunkel. Es war kalt und dumpf wie in einem Grabgewölbe. Irgendwo, ganz in der Nähe, tropfte Wasser, langsam, stetig, ohne Ende. Für Matthew war es der einzige Laut in der Welt.

War es Tag oder Nacht? Tag, denn ein wenig graues Dezemberlicht sickerte durch das vergitterte Luftloch oben in der Mauer.

War er tot oder lebendig? Lebendig, denn sein Kopf und seine Schultern schmerzten von dem rohen Griff der Hände, die ihn in dieses finstere Kellerloch gestoßen hatten.

War er bei gesundem Verstande oder von Sinnen? Nun, jedenfalls wußte er, wer er war:

Matthew Peyre heiße ich,
Demütig verneig' ich mich,
Auf den Himmel hoffe ich,
Jesus Christus rettet mich.

Aber warum war er hier? Die ganze Nacht hindurch hatte er geträumt, von daheim, von seinem Vater und seiner Mutter, von der Messe in der Küche eines fremden großen Hauses, von dem grauhaarigen Priester, von den Menschen, die sich dort unter Gefahr versammelt hatten, von den Wächtern an Türen und Fenstern, von dem Glück und Frieden eines lange zurückliegenden Sonntagmorgens.

Eine Bühne. Und er stand vor der Rampe, allein, und beleidigte einen König!

Master Shakespeares Logis. Er selber saß da und las seinen Ovid, und Master Shakespeare schrieb an seinem Stück. Kein Wort wurde gesprochen, und doch erfüllten Freundschaft, Achtung und Liebe den Raum.

Ein Bett. Und er lag im Regen in dem Bett. Und Master Burbage preßte ein Kissen auf sein Gesicht, bis er tot war. Er lag im Regen und mußte zittern vor Kälte, aber er durfte nicht zittern, weil er tot war. «Und fügt hinzu, daß in Aleppo . . .»

Was war Traum, was Wirklichkeit? Er wußte es nicht. Das einzige, was er wirklich wußte, war, daß sein Kopf und seine Schultern schmerzten, daß draußen an der Tür ein schweres Schloß hing, daß ihn fror und daß er Angst hatte.

Angst. Er war ein Gefangener. Er war auf Gnade und Ungnade Menschen ausgeliefert, die vielleicht keine Gnade kannten. Er war einsam und verlassen wie gestern abend auf der Bühne, wie ein Mann auf dem Schafott.

Seine Stirn brannte. Ihm klapperten die Zähne. War es die Angst? Die Kälte? War es Fieber? Alles, aber vor allem die Angst, dachte er. Irgendwann, früher oder später, würde er Schritte draußen im Gang hören, der Schlüssel würde sich im Schloß umdrehen, und eine rauhe Stimme würde seinen Namen rufen.

Und dann, er wußte es, würde sein Herz vor Angst zu schlagen aufhören.

Im großen Haus fiel eine Tür ins Schloß.

Er horchte. Er biß sich in die Fingerknöchel. Da waren sie schon. Schritte, die näher kamen. Die stampfenden Schritte Bewaffneter. Jetzt hörte er Harnische rasseln und das dumpfe Geräusch auf dem Boden aufstoßender Hellebarden.

Jetzt waren sie da. Vor der Tür. Gelbes Licht drang wie Wasser durch den Spalt unter der Tür herein. Ein Befehl wurde gebrüllt. Dann Stille. Der Schlüssel drehte sich quietschend im Schloß. Die Tür knarrte. Das Licht flutete in die Zelle, blendete ihn, beleuchtete ihn, so daß er sich nackt und bloß vor seinen Peinigern vorkam. Er lag auf der Steinplatte und versuchte vergeblich, sein Gesicht in dem kalten Stein zu vergraben.

Eine Frauenstimme sagte: «Du bist frei, mein Junge. Ich bin gekommen, um dich zu deinem Herren zu bringen.»

Er zitterte am ganzen Leib, als hätte er Schüttelfrost.

«Komm», sagte die freundliche Stimme. «Niemand wird dir etwas zuleide tun.» Dann, ein wenig ungeduldig: «Sieh mich doch an, mein Junge.»

Sein Fieberwahn gaukelte ihm ein seltsames Bild vor – er grub sein Gesicht noch tiefer in seinen Arm. «Heilige Maria, Mutter Gottes, ich bin unwürdig», rief er.

«Du schmeichelst mir», sagte die Gräfin gelassen. «*Mein* Rang ist nur von dieser Welt.» Sie zog ihn herum, so daß er sie ansehen mußte.

Sie blickte in ein blasses, fiebriges und verängstigtes Kindergesicht. Dieser Junge bedurfte ihrer Fürsorge und Pflege sicher ebensosehr wie der Knabe mit dem kaputten Knie. Aber dieser hier erregte noch mehr Mitleid in ihrem warmen, mütterlichen Herzen. Nun, dann müßte sie jetzt wohl zwei Knaben pflegen. Als machten der König und sein Gefolge ihr nicht schon genug Arbeit! Es sah so aus, als stünde ihr eine arbeitsreiche Weihnachtszeit bevor.

«Pferde! Schnelle Pferde für Master Shakespeares Kutsche!»

«Ein Zimmer! Das beste Zimmer für Master Shakespeare! Und eine bequeme Schlafstelle für den jungen Herrn, der ihn begleitet.»

Kein Zweifel, die Rückreise nach London verlief sehr viel bequemer als die Fahrt mit den Schauspielern im Planwagen. Sein Aufenthalt in Wilton House, wo er als persönlicher Gast der Gräfin auch die Weihnachtstage verbracht hatte, schien weit und breit seinen Namen bekannt gemacht zu haben. «William Shakespeare? Ja doch, ein guter Freund der alten Gräfin. Es heißt, sie hülfe ihm beim Verfassen seiner Schauspiele.»

Und in einem gewissen Sinne stimmte das sogar. Lange Gespräche mit ihr über ihren *‹Antonius›*, über ihre Auffassungen und Gedanken hatten ihm zu einem klareren Bild von *seinem* Antonius und von *seiner* Cleopatra verholfen. Er hatte auch schon die ganze alte Welt rings um die beiden herum errichtet – Rom, Alexandria, Athen, Aktium. Nun mußte er in London versuchen, den beiden Liebenden Leben und Leidenschaft einzuhauchen und sie einen edlen Tod sterben zu lassen.

Er hatte von der Gräfin Abschied genommen. «Wie soll ich Euch danken, Madam, für Eure herzliche Gastfreundschaft – und für Matthews Errettung?»

Ihr Lachen war traurig-süß wie ein Herbsttag. «Herr, die Größten des Landes wohnen unter meinem Dach, doch Eure Gegenwart war mir die größte Ehre.»

Er senkte den Kopf. Nach einer Pause sagte er besorgt: «Ich fürchte freilich, Madam, daß Ihr Euch um meinetwillen den Unmut des Königs zugezogen habt.»

«Das wäre früher oder später ohnedies geschehen», sagte sie gelassen. «Wir, er und ich, sind zu verschieden, Master Shakespeare.»

Sie hatten einander zugelächelt, er immer noch besorgt, sie beruhigend. Er hatte ihre duftende, mit kostbaren Ringen geschmückte Hand geküßt, und dann hatte er sich zum Gehen gewandt.

Und nun:

«Ralph soll nach Stockbridge reiten und im Greyhound bitten, daß man dort alles für Master Shakespeares Ankunft vorbereite.»

Oh, wie oft war er auf einem müden Klepper von Stratford nach London und von London nach Stratford geritten, ohne daß es je geheißen hatte: «Das beste Zimmer für Master Shakespeare.» Ein Eckchen in einer Scheune und ein Bündel Heu – dafür war er schon dankbar gewesen. Doch da er die Härten des Lebens kennengelernt hatte, genoß er die bequeme, prunkvolle Kutsche und die Gasthöfe mit den Einzelzimmern für Edelleute um so mehr.

Er hatte sich auch äußerlich verändert. Seine Wangen waren voller, sein Bart ein wenig wilder geworden, und sein Dickbauch, der sich nun nicht mehr verleugnen ließ, verlieh ihm eine gewisse Würde. Der umgängliche, freundliche junge Bursche aus der Grafschaft Warwick hatte sich nach und nach unmerklich in einen der einflußreichsten Bürger Englands verwandelt. Er besaß ein stolzes Haus, war Teilhaber bei der führenden Schauspielertruppe Londons, war königlicher Kammerdiener, Mitglied der Hofgesellschaft, Verfasser beliebter Schauspiele und Freund einer großen und bekannten Förderin der Künste. Der bedauerliche Umstand, daß er nicht wie ein Edelmann zum Vergnügen, sondern *für Geld* schrieb, war fast in Vergessenheit geraten. Ja, er war ein angesehener Mann, wie er immer wieder zu seinem eigenen Erstaunen feststellte.

Dennoch war er der gleiche geblieben, der reizende Will, wie ihn seine Freunde nannten, gütig, hilfsbereit, freundlich. Doch mit *einem* Unterschied: er wußte jetzt, was er wollte und was er tun mußte.

Auch der junge Herr, der Master Shakespeare begleitete, Matthew Peyre, genoß das vornehme Reisen. Die Gräfin hatte an ihren beiden Pfleglingen wahre Wunder vollbracht.

Nicholas' Knie schmerzte zwar noch, aber er konnte es wieder benutzen. Gleichwohl hatte William nachdrücklich geraten, der Junge solle noch ein wenig bleiben und sich schonen. Er hatte nämlich nicht die geringste Lust, in Begleitung von Mistress Fox durch halb England zu reisen. Und Mistress Fox, vor die Wahl gestellt, in Wilton House und damit in der Gesellschaft so vieler angenehmer Herren zu bleiben oder mit Master Shakespeare zu reisen, der *nichts* als seine Stücke im Sinn hatte, war bereitwillig Williams Rat gefolgt.

Matthew Peyre war dank der Fürsorge der Gräfin wieder in die Wirklichkeit zurückgekehrt. Die Gräfin hatte dafür gesorgt, daß das Fieber schwand, und William hatte das erregte Gemüt des Jungen besänftigt, der jetzt fast wieder so ruhig und höflich und bescheiden wirkte wie an dem Tag, als William ihn als Lehrling aufgenommen hatte.

Aber er wußte noch immer nicht, ob seine Mutter lebte oder tot war. Und es war eine Qual für ihn, wie langsam sie durch Schnee und Eis und Regen und Schlamm vorankamen. Nur an wenigen Tagen lag der goldene Glanz der Januarsonne über der Winterlandschaft. Endlich jedoch erreichten sie die Außenbezirke Londons, und die Straßen waren nicht nur belebt, sondern voller Menschen, wie Matthew erleichtert feststellte. So waren also doch viele davongekommen und am Leben geblieben.

William sagte freundlich: «Es war schön, daß du mir Gesellschaft geleistet hast, Matthew. So war es eine angenehme Reise.»

Ja, es war in der Tat angenehm gewesen, hin und wieder von seinem Geschreibsel aufzublicken und zu sehen, wie der Junge mit staunenden Kinderaugen die vorübergleitenden Ortschaften betrachtete oder verträumt dasaß oder schüchtern seinen Herrn anlächelte.

Matthew erwiderte: «Ich bin Euch ein schlechter Gesellschafter gewesen, Herr. Sagt, Master Shakespeare, darf ich wohl meine Mutter besuchen, sobald wir bei Euch angelangt sind? Ich habe mir Sorgen um sie gemacht.»

«Natürlich, mein Junge.»

Doch als es dann schließlich soweit war und Matthew sich auf den Weg machen wollte, dachte William, daß der Junge, falls seine Mutter tot war, nicht allein sein sollte, wenn er es erfuhr. Und so sagte er: «Ich gehe mit dir, Matthew.»

Der Knabe sah ihn verlegen an. Schließlich faßte er sich ein Herz und sagte: «Verzeiht mir, Herr, aber ich würde lieber allein gehen.»

Er hat mir also doch nicht verziehen, daß ich seine Mutter nicht mitgenommen habe, dachte William. «Ich verstehe, Matthew», sagte er. Und lächelnd fügte er hinzu: «Ich bin gewiß, es wird alles wieder gut werden.»

Matthew antwortete nicht. Er ging davon. Die Lippen zusammengepreßt, den Blick starr geradeaus gerichtet, schritt er dahin, als ginge er in den Tod.

Mistress Mountjoy machte Feuer im Kamin und legte Wärmflaschen in die Betten. Sie fragte sich – und nicht zum erstenmal –, ob es weise war, Schauspieler als Logiergäste zu nehmen.

Man wußte nie, woran man war. Da reisten sie von einem Tag zum anderen ab, blieben Monate fort und kamen Mitte Januar, ohne vorher Bescheid zu geben, zurück und erwarteten ein warmes Zimmer, ein warmes Bett und einen eingelegten Hering zum Abendbrot, als wären sie nie fort gewesen.

Allerdings konnte sie sich sonst über Master Shakespeare nicht beklagen. Er war ein vornehmer Herr. Er machte nie Ungelegenheiten. Und er behandelte sie immer wie eine Dame.

Und der Junge war auch nicht übel. Ein bißchen unordentlich, gewiß, aber er nahm ihr manche Arbeit ab, da er unermüdlich für seinen Herrn sorgte.

Und da war er nun wieder, der freundliche Master Shakespeare. Er sah sich lächelnd in dem armseligen Zimmer um und rieb sich die Hände, als freute er sich, wieder zurück zu sein. «Nun, Mistress Mountjoy? Es heißt, die Pest sei fast vorüber.» Aber wie immer hörte er ihr nicht richtig zu, als sie antwortete. Er ging zu seinen Büchern, zog hier eines heraus, nahm dort eines von einem Stapel, schlug es auf, fing an zu lesen und klappte es heftig wieder zu, so daß eine Staubwolke aufstieg. Aber zum Glück bemerkte Master Shakespeare Staub nicht. Wenn man ihm seine Ruhe ließ und ihm hin und wieder etwas zu essen vorsetzte, war Master Shakespeare ein so angenehmer Mieter, wie man ihn sich nur wünschen konnte.

12

All die süßen Kleinen?

Er rannte jetzt, immer schneller, keuchend vor Erschöpfung und vor Angst. Noch hundert Schritte bis zur Ecke, und dann würde er zur Linken das Haus erblicken.

Ein bewohntes Haus? Oder ein Totenhaus?

Er bog um die Ecke. Da war es.

Kein Licht leuchtete in den Fenstern. Ein graues Haus im grauen Dämmerlicht des Januarnachmittags. Es wirkte kalt und unbewohnt. Abweisend wie eine Gruft.

In der Dämmerung war Nebel aufgekommen, der in weißen Schwaden durch die leeren Straßen kroch. Die Pflastersteine schimmerten feucht wie Kröten. Und die geduckten Häuser sahen aus, als lauerte in ihnen noch der Tod.

Er blieb regungslos stehen. Er hatte nicht den Mut, an die Tür dort zu klopfen. Er hatte Angst, das Klopfen würde drinnen ungehört verhallen. Er hatte nicht den Mut, an der Tür zu rütteln. Er hatte Angst, sie würde aufgehen und ihm den Weg freigeben in die dunkle Stille des leeren Hauses.

Er benahm sich töricht, er wußte es. Sicherlich konnte es ein Dutzend Gründe haben, warum im Hause seiner Mutter an diesem Winternachmittag kein Licht brannte. Doch fiel ihm nur ein einziger ein.

Er biß sich auf die Lippen und ging angstvoll weiter, bis er vor der Tür stand. Der schwarze, eiserne Türklopfer hatte, so schien es ihm heute, die Form eines nackten Knochens.

Er klopfte.

Stille. Kein Laut drang aus dem finsteren Haus heraus.

Er klopfte ein zweites Mal. Laut und nachdrücklich, als gelte es, wenn die Lebenden sich nicht regten, die Toten zu erwecken.

Und diesmal glaubte er leise Geräusche zu vernehmen. Waren es flüsternde, gedämpfte Stimmen? Oder war es das Rascheln von Ratten? Das Trippeln von Mäusen? Oder das Gemurmel der Toten in ihrem ewigen Schlaf?

Rasend vor Angst hämmerte er mit den Fäusten gegen die Tür. Und wartete.

Diesmal gab es keinen Zweifel. Er hörte Schritte, die sich der Tür näherten. Die Schritte einer Frau.

Er wartete. Ein Schrei formte sich in seiner Kehle. Er hielt ihn zurück. Riegel wurden zurückgeschoben. Ein Schlüssel drehte sich im Schloß. Die Tür öffnete sich einen Spalt. Das Gesicht seiner Mutter, bleich, furchtsam ...

«Matthew!» sagte sie. Sie nahm ihn nicht in die Arme. Sie lachte nicht, sie weinte nicht vor Freude, sie bedeckte ihn nicht mit Küssen, wie er es sich in seinen langen, einsamen Nächten so oft ausgemalt hatte. «Matthew!» sagte sie.

«Mutter! Du bist es! Du lebst! Aber bist du krank? Ist irgend etwas –»

«Komm herein, schnell!» sagte sie hastig, packte ihn heftig am Arm, zog ihn ins Haus und verschloß und verriegelte die Tür. Dann lehnte sie sich erschöpft an die Wand. «O Matthew», sagte sie und atmete erleichtert auf. «Wie hast du uns erschreckt!»

Sie lebte. Und das war das einzige, was zählte. Aber was hatte das alles zu bedeuten? Seine ruhige, beherrschte Mutter zitterte vor Angst. «Uns?» fragte er.

Sie lehnte immer noch erschöpft an der Wand. Schließlich schien sie sich wieder gefaßt zu haben. «Pater Grainger hat die heilige Messe zelebriert», sagte sie. «Für ein paar Freunde.

Im Wohnzimmer. Wir dachten schon –» Sie lachte plötzlich, aber es war ein unnatürliches Lachen. «Wir dachten, es seien die Häscher des Bischofs, als du klopftest.»

Er legte seinen Kopf an ihre Brust. «O Mutter, verzeih! Aber ich fürchtete, du seist tot, Mutter!»

Nun würde sie ihn umarmen, ihm sagen, wie sehr er ihr gefehlt hatte und wie dankbar sie war ...

Aber sie tat es nicht. Sie stieß ihn fast von sich. «Schnell, geh in die Küche», sagte sie. «Ich muß die anderen beruhigen.»

«Aber Mutter, warum zelebriert ihr die Messe im Dunkeln?»

«Das verstehst du nicht», sagte sie fast grob. «Tu, was ich dir sage, Matthew.»

Traurig tastete er sich durch den dunklen Flur zur Küche. Er hörte, wie seine Mutter ins Wohnzimmer ging. Und er hörte, wie sie halb schluchzend, halb lachend sagt: «Es – es war nur mein Sohn.»

Nur mein Sohn! dachte er bitter. *Denn dieser mein Sohn war tot und ist wieder lebendig geworden.* Bedeutete es ihr nichts, daß er, ihr verlorener Sohn, wiedergefunden war?

Doch nun vernahm er das Flüstern männlicher Stimmen, das Geräusch von Stühlen, die gerückt wurden, und Schritte von Männern, die leise in die Halle hinausgingen. Dann wieder die Stimme seiner Mutter: «Lebt wohl, Pater. Lebt wohl, gnäd'ger Herr. Lebt wohl, Master Catesby, und auch Ihr, Master Winter.»

Dann erkannte er die rauhe Stimme von Pater Grainger: «Gott sei mit Euch, meine Tochter.»

«Und mit Euch, Pater.»

Eine Stimme, die er nicht kannte, deren warmer Tonfall ihn aber an Master Shakespeares Stimme erinnerte, sagte: «Habt Dank, Mistress Peyre, daß wir in Eurem Haus zusammenkommen durftén. Ihr seid sehr mutig.»

«O nein, nicht mutig, Master Catesby. Seht, ich zittre noch immer wie Espenlaub vor lauter Schreck über das Klopfen vorhin. Aber Ihr seid mir dennoch willkommen, Ihr Herren, trotz meiner Ängste. Ich weiß, auch Robert hätte es so gewollt.»

«Ja, Mistress Peyre, welch starkes Schwert des Glaubens haben wir in Eurem Ehemann verloren!»

Und nun wurden wieder Riegel zurückgeschoben. Matthew, der von der Küche her in die dunkle Halle starrte, sah, wie die Haustür sich öffnete und ein Mann verstohlen hinausschlüpfte, worauf die Tür sich wieder schloß. Dann öffnete sie sich wieder, und ein zweiter Mann verließ das Haus und dann wieder einer und wieder einer. Es dauerte lange. Doch endlich wurde die Tür wieder verriegelt und verschlossen, und nun hörte er nur noch die Schritte seiner Mutter in der Halle. »Matthew, wo bist du? Komm ins Wohnzimmer!»

Er lief zu ihr hin. Sie hielt gerade einen Fidibus ans Feuer und zündete damit die Kerzen im Wohnzimmer an. Bei seiner Mutter kam immer eines nach dem anderen, und alles mußte seine Ordnung haben.

Als die Kerzen brannten, drehte sie sich strahlend um und breitete die Arme aus. Der warme Kerzenschein liebkoste ihr weiches, liebliches Gesicht. «Oh, mein Schatz, mein Liebling! Endlich bist du wieder daheim! Aber was für ein Empfang! Verzeih, mein armes Herz.»

Er lief in ihre Arme, er hielt sie fest umklammert und bedeckte sie mit Küssen. *Denn diese meine Mutter war tot und ist wieder lebendig geworden.* «Mutter! So bist du also von der Pest verschont geblieben.»

«Ja, mein Junge. Aber Mistress Paget ist tot und der alte Johnson vom Laden an der Ecke auch.»

Er erschrak. Aber er konnte jetzt nicht trauern. Seine Mutter war am Leben! Alles war wieder gut. Er trat einen Schritt zurück und betrachtete sie. «Du bist noch schöner geworden, ich schwör's!»

Sie lachte entzückt. «Ei, du sprichst ja wie ein Höfling, du kleiner Schmeichler. So, aber jetzt mache ich dir erst einmal etwas zu essen. Und inzwischen erzählst du mir von deinen Reisen. Wie geht es denn Master Shakespeare?» fragte sie.

«Gut. Er ist sehr freundlich. Ich liebe ihn fast ein wenig so, wie ich Vater liebte. Mutter, was hat der Herr vorhin gemeint, als er sagte, sie hätten ein starkes Schwert in Vater verloren?»

«Er meinte . . . Komm erst einmal mit in die Küche, Matthew. Es ist Brot und Käse im Haus. Und Milch. Genügt dir das? Der Herr meinte, daß dein Vater immer treu zu unserer Kirche gehalten hat.»

«Aber . . .» Er hatte das Gefühl, daß der Mann es anders gemeint hatte. Er erinnerte sich plötzlich, daß sein Vater sich von Zeit zu Zeit ähnlich wie Master Shakespeare in eine andere Welt zurückgezogen hatte. Für Master Shakespeare war es die Welt seiner Stücke, das war klar. Aber für seinen Vater? Was war es für seinen Vater gewesen?

Es war zu verwickelt, er konnte das Rätsel nicht lösen. Doch irgendwie beunruhigte es ihn, als hätte er entdeckt, daß sein Vater ein Geheimnis gehabt hatte. «Wer waren die Herren?» fragte er, während er an seinem Käse kaute. Dann trank er einen großen Schluck Milch. Er hatte schon einen weißen Bart um die Lippen.

«Freunde deines Vaters», erwiderte sie. Es machte ihr Spaß, ihm dabei zuzusehen, wie er sich das Essen schmecken ließ, das sie ihm hingestellt hatte. Aber auch sie war beunruhigt. Beunruhigt und voller Angst.

«Und sie kamen, um die Messe zu hören?»

«Ja. Und danach sprachen sie miteinander.»

«Im Dunkeln?»

«Ja.» Sie schwieg und rang mit einem Entschluß. Dann sagte

sie: «Es sieht nicht gut aus für uns, Matthew. Der neue König hat ein Edikt erlassen und alle katholischen Priester verbannt. Wir sind in großer Sorge, was die Zukunft uns noch bringen wird.»

Er fragte noch einmal: «Aber warum haben sie im Dunkeln gesprochen?» Er wußte nicht, warum gerade das ihn so beunruhigte.

Sie warf einen Holzscheit aufs Feuer. «Wegen des königlichen Edikts, das die Priester verbannt. Wenn Pater Grainger gefaßt würde ...» Sie stockte und ein Schauer lief ihr den Rücken hinunter. «Es wäre sein Tod. Und allen, die man in seiner Gesellschaft fände, würde es schlecht ergehen.»

Solche Worte war er von seiner ruhigen, beherrschten Mutter nicht gewohnt. Irgend etwas war da nicht in Ordnung. Und sein Abendbrot? Er hatte nicht erwartet, daß sie ein gemästetes Kalb für ihn schlachtete, aber Käse und Milch? Nein, seine Mutter schien seine Heimkehr gar nicht richtig bemerkt zu haben. Sie war offenbar ganz verwirrt von ihren Ängsten. Er stand vom Tisch auf und legte die Arme um sie: «Mutter, warum fürchtest du dich so?»

Sie sagte mit einer für sie ungewöhnlichen Schärfe: «Ich sage dir doch, man hat den neuen König gegen uns aufgebracht.»

«Aber da muß noch etwas sein.»

«Nein.» Sie küßte ihn und lächelte, aber er sah ihr an, wieviel Mühe es sie kostete. «Komm! Du hast mir noch gar nicht von deinen Reisen erzählt!» Und zum erstenmal, so schien es ihm, sah sie ihn richtig an. «Wie groß du geworden bist! Aber du bist ja so blaß und dünn, Matthew. Sorgt Master Shakespeare denn nicht für dich?»

Er war daheim. Und er war froh. *Denn diese meine Mutter war tot und ist wieder lebendig geworden.* Was verlangte er also mehr? Seine Gebete waren erhört worden. Alles war wieder gut! Aber – ein heimlicher Priester in ihrem Haus, mit einer

Kapuze über dem Kopf. Und flüsternde, vermummte Männer ... Wie lauteten doch die Namen, die er gehört hatte? Er hatte sie schon wieder vergessen, denn sie bedeuteten ihm nichts.

Aber er hatte Angst um seine Mutter.

Nach langer Zeit brannte in den Kammern über dem Putzmacherladen in Cripplegate wieder einmal eine Kerze. Sie brannte bis spät in die Nacht.

Williams Gedanken wanderten zu dem Haus des Silberschmieds. Was würde Matthew dort vorgefunden haben?

Aber der Knabe war nicht Trost suchend zurückgekommen. Also lebte Annette Peyre wohl noch. Er war froh und dankbar – um des Jungen willen, wie er sich sagte. Doch er empfand eine seltsame Erregung bei dem Gedanken, daß er sie wiedersehen würde und die süße, verbotene Beziehung fortsetzen konnte, nach der sie beide sich sehnten und vor der sie beide zurückschraken.

Er setzte sich an seinen Schreibtisch und war sogleich im alten Schottland. Er hörte den Sturmwind an den Bäumen und Zinnen rütteln und sah tieftreibende Wolkenfetzen über das wilde Hochmoor jagen. Er begann zu schreiben.

Doch auch während er schrieb, kehrten seine Gedanken mehrmals voller Mitleid zu dem armen Knaben zurück, von dem man erwartete, daß er so klug und so verständig und so kräftig wie die Männer sein sollte, unter denen er lebte. Von früh bis spät mußte er lernen, proben, tanzen und Purzelbäume schlagen, auch wenn die Schmerzen der Einsamkeit, des Heimwehs und der Angst ihn quälten. Für ihn, dachte William, der sich an seine eigene Kindheit erinnerte, gab es keine Sommernachmittage, da er schwimmen und herumspringen oder zwischen schwankenden Gräsern auf einer Wiese liegen und träumen durfte.

Doch dann vergaß er den Knaben. Er war jetzt bei zwei von Macbeths Feinden. Und er sah sie so lebendig vor sich, daß ihm schien, als sprächen sie, als brauche er nur hinzuschreiben, was sie sagten.

Dann wurde ihm bewußt, daß dem König all dies mißfallen würde. König Jakob hatte nur Banquo, seinen Ahnen, im Sinn.

Aber Banquo war tot. Er konnte ihn noch einmal als Geist auftreten lassen, gewiß, aber der König war schon von der ersten Erscheinung des Toten nicht sehr beeindruckt gewesen. Doch halt! Die Szene spielte in England, vor dem königlichen Schloß. Wie wäre es, wenn er einen Arzt aus dem Schloß kommen ließ, der den beiden verzweifelten Schotten einen kurzen Vortrag hielt über des englischen Königs Wundergabe, Kranke von ihrem Übel zu heilen? Danach konnte Malcolm über den vielfachen Segen sprechen, den der König dem englischen Thron gebracht hatte – der König würde es hoffentlich als persönliches Kompliment auffassen, und das Publikum würde gegen diese kleine, nicht zur Sache gehörende Abschweifung nichts einzuwenden haben. Und dann konnte er Ross mit seiner schrecklichen Nachricht von dem Gemetzel an Macduffs Weib und Kindern auftreten lassen.

William hatte König Jakob bald wieder vergessen. Ross erzählte seine Geschichte mit quälender Langsamkeit. Doch schließlich sprach er klar und unverblümt die Worte aus, auf die er Macduff vorbereitet hatte, die Worte, die Macduff schon erwartete: «Weib und Kinder grausam erwürgt.»

Wie würde Macduff sich verhalten? Würde er entsetzt aufschreien? Und nach Rache brüllen?

Doch Macduff schwieg. Am Ende war es Malcolm, der als erster sprach: «Gib Worte deinem Schmerz: Gram, der nicht spricht, preßt das beladne Herz, bis daß es bricht.»

Und schließlich sprach Macduff. Aber es war kein Schrei, nein, es war mehr ein Flüstern: «Auch meine Kinder?» Und dann: «Mein Weib gemordet auch?» Und dann: «All die süßen Kleinen?» Und erst dann brach langsam ein Schrei aus ihm hervor, der anschwoll wie der Sturmwind vor dem Gewitter, der Schrei nach Rache.

William lehnte sich zurück und las, was er geschrieben hatte. «Auch meine Kinder?» Ja, das war gut. Man erwartete einen jähen Ausbruch des Zorns und des Schreckens. Und statt dessen drei kurze Fragen – wie die leisen, dumpfen Schläge auf die Kesselpauke, ehe das Dröhnen der Trommeln und das Schmettern der Trompeten losbricht.

Die Tür öffnete sich. Matthew trat ein.

Es war spät. Das hieß wohl, daß alles in Ordnung war. Er sah den Jungen erwartungsvoll an: seine Augen würden leuchten vor Freude. Aber nein. Er sah unzufrieden aus. Nicht unglücklich, nein, aber irgendwie unzufrieden. Er legte seinen Federkiel auf den Tisch und fragte lächelnd: «Nun, Matthew? Was bringst du Neues?»

«Es ist alles gut, Master Shakespeare. Dank der Barmherzigkeit Gottes ist meine Mutter von der Pest verschont geblieben.»

William war erleichtert. Er hätte sich, wäre sie nicht mehr am Leben gewesen, die größten Vorwürfe gemacht. Doch irgend etwas war da nicht in Ordnung. «Wie schön, Matthew! Gott sei Dank!» sagte er. «Und geht es ihr gut?»

«Ja, Herr, sehr gut.»

«Das freut mich zu hören.»

Er wartete und hoffte, der Junge würde sich aussprechen. Aber Matthew sagte nur: «Vielen Dank, Master Shakespeare.» Und schickte sich an, in seine Schlafkammer zu gehen. «Ich wünsche Euch eine gute Nacht, Herr.»

«Gute Nacht, Matthew.» Obwohl er sich dagegen wehrte, fühlte er sich ein wenig verletzt. «Freust du dich, daß du wieder in London bist? Daß deine Mutter heil und gesund und daß alles wieder so ist, wie es vorher war?»

«Ja, Herr», sagte Matthew und ging in sein Zimmer.

William hätte ihn am liebsten geschüttelt. Er hatte erwartet, daß der Junge entweder freudestrahlend oder todtraurig zurückkommen würde. Aber diese Unzufriedenheit, diese abweisende Haltung einem Manne gegenüber, den er einst geachtet und verehrt hatte – das war unverständlich und schmerzlich. Er griff wieder zu seiner Feder. «Dunsinan. Zimmer im Schloß.»

13

Ich bitte Euch, liebes Herz, gedenkt meiner!

«Noch immer riecht es hier nach Blut; alle Wohlgerüche Arabiens würden diese kleine Hand nicht wohlriechend machen. Oh! oh! oh!» sagte Matthew zum sechstenmal.

«Nein, nein, *nein!*» rief Will. «Verzweiflung, Junge! Lady Macbeth stöhnt und ächzt hier verzweifelt. Versuche es noch einmal, und bedenke, du sprichst von Mord, nicht von Schönheitsmittelchen!»

Matthew sah ihn mürrisch an. Nun, das war besser, dachte William, als die tapfer zurückgehaltenen Tränen, die ihm immer so zu Herzen gingen.

Plötzlich sagte eine Stimme hinter William in spöttisch höflichem Ton: «Master Shakespeare?»

Er drehte sich gereizt um: «Was ist, Nicholas?»

«Darf ich diese Szene vielleicht einmal versuchen?»

«Gut», sagte William barsch. Eine hinkende Lady Macbeth war nicht gerade das, was er sich vorgestellt hatte. Aber eine hinkende Lady Macbeth war immerhin besser als eine hinkende Viola in ‹*Was ihr wollt*›. «Komm, Matthew», rief er. Der Knabe sprang von der Bühne herunter.

Williams Gereiztheit war plötzlich verflogen. Er wußte, er streute jetzt Salz in eine offene Wunde. Aber er mußte es tun, um der Sache willen. Er sagte zu Matthew: «Jetzt soll Nicholas uns einmal zeigen, was er daraus macht.»

«Ja, Herr», sagte Matthew und gab Nicholas lächelnd die lange Papierrolle. Auch in Nicholas' Augen blitzte so etwas wie ein Lächeln auf. Der verheerende Kampf schien seltsamerweise ihrer Feindschaft ein Ende gemacht zu haben, ohne daß jedoch Freundschaft an ihre Stelle getreten wäre.

Nicholas warf einen Blick auf die Rolle. Dann kletterte er mit zusammengebissenen Zähnen, alle helfenden Hände abwehrend, auf die Bühne und stellte sich schwitzend, aber selbstbewußt in Positur.

«Fang bei ‹Schaut, wie sie sich die Hände reibt› an», sagte William.

Nicholas tat ein paar Schritte und starrte grausig vor sich hin – ins Leere. Und dann sprach er, und seine Stimme klang markerschütternd, als er rief: «Die Hölle ist finster! Pfui, mein Gemahl, pfui! Ein Soldat und furchtsam!» William merkte, wie ihm ein Schauer den Rücken hinunterlief.

Richard Burbage kam zu ihm herüber und flüsterte ihm ins Ohr: «Wenn sein Knie wieder richtig gut wird, dann wird er der beste Knabenschauspieler sein, den wir je gehabt haben.»

William nickte verdrossen. «Ich nehme an, du willst damit sagen, daß er der richtige Schauspieler für meine königliche Zigeunerin wäre, nicht wahr?»

Burbage warf einen raschen Blick auf ihn. «Denkst du immer noch daran?»

«Ja», sagte William kurz. «Und ich glaube auch immer noch, daß Matthew eines Tages die Rolle spielen kann.»

Aber wo war Matthew? Er sah sich um. Der Knabe stand nur ein paar Schritte hinter ihm. William hoffte, daß er das kurze Gespräch nicht gehört hatte.

Aber Matthew hatte es gehört. Und als Burbage, ohne ihn anzusehen, sagte: «Hol mir einen Becher Bier, mein Junge», tat er so, als hätte er es nicht gehört, und verkroch sich leise in einen dunklen Verschlag unter der Bühne, wo er manchmal Zuflucht suchte und über sein Unglück nachdachte, wenn er meinte, das Leben nicht mehr ertragen zu können.

Und in dem finsteren Loch dachte er an seine Kammer zu Hause, an sein Bett unter der schrägen Wand und an die Abendgebete, die seine Mutter mit ihm gesprochen und wie im Sommer dabei die Abendsonne durchs Fenster geschienen hatte. Er dachte an seine sanfte, gütige Mutter. Die Schauspieler waren so derb und grob. Nein, er mochte Männer nicht. Und er haßte dieses Schauspielerleben. Auch die Gesellschaft Master Shakespeares konnte ihn über seine Kümmernisse nicht hinwegtrösten.

Denn diese meine Mutter war tot und ist wieder lebendig geworden. Ich will mich aufmachen und zu meiner Mutter gehen . . .

Er würde nie ein guter Schauspieler werden. Das hatten sie ihm alle deutlich zu verstehen gegeben. Auch Master Shakespeare. Er schlüpfte aus dem Verschlag hinaus und schlich unter der knarrenden, polternden Bühne nach draußen, fort von dem Geschrei und dem rohen Gelächter der Männer, zurück in eine Welt des Friedens und der Liebe. Er wußte, es war feige von ihm davonzulaufen. Und weder seine Mutter noch Master Shakespeare würden es gutheißen. Doch er hatte das Gefühl, daß Master Shakespeare es von allen am besten verstehen würde. Er verstand alles.

Er blickte zurück auf das ‹Globe›. Dort ragte es empor wie eine Burg, wie eine mächtige Galeone. Sein Gefängnis, der Ort seiner Qualen! Und er war ihm entflohen, war einfach in den hellen, sonnigen Nachmittag hinausspaziert – so einfach war es gewesen! Triumphierend und mit Gewissensbissen rannte er los.

Er klopfte fröhlich und ein klein wenig trotzig an die Tür.

Aber seine Mutter öffnete nicht. Kein Licht, keine flinken Schritte näherten sich der Tür.

Er klopfte noch einmal. Tiefe Stille.

Vielleicht war sie auf dem Markt. Vielleicht besuchte sie eine Freundin.

Aber hatte sich dort nicht der Vorhang bewegt? Er lief zu dem Fenster hin und spähte durch die Scheibe. Er sah einen fremden Mann, halb von dem Vorhang verborgen. Es war ein hochgewachsener Mann mit einem vollen, lockigen Bart und einem langen, schmalen Schnurrbart. Ein ernst und furchtlos dreinblickender Mann.

Matthew lief zur Tür zurück und ließ wütend den schmiedeeisernen Klopfer heruntersausen.

Der Fremde öffnete ihm. «Was tut Ihr in meiner Mutter Haus?» fragte Matthew, und seine Stimme klang heiser vor Zorn und Furcht.

«So, du bist also Matthew», sagte der Fremde.

«Was tut Ihr in meiner Mutter Haus?»

«Ich hatte die Ehre, ein Freund deines Vaters zu sein. Und deine Mutter hat mir erlaubt, daß ich ihr Haus für meine ... für meine geschäftlichen Arbeiten benutze, solange ich in London bin.» Erst jetzt bemerkte Matthew, daß der Fremde eine Feder in der Hand hielt. «Ich – ich war gerade dabei, einige Briefe zu schreiben, Master Peyre.»

Das klang nicht sehr glaubwürdig. «Wo ist Mutter?»

«Sie ist ausgegangen. Ich arbeite hier nie, wenn sie zu Hause ist. Das wäre nicht schicklich.»

Der Mann lächelte nicht. Und er sah so aus, als käme es nur selten vor, daß er lächelte. Aber er war ein stattlicher, vornehmer Mann, und er hatte etwas von einem Soldaten.

Doch für Matthew, der sich nach der Liebe und Wärme seiner Mutter sehnte, war der Fremde ein Feind. Er reckte sich und sagte: «Herr, ich muß Euch bitten, daß Ihr dieses Haus verlaßt. Solange meine Mutter mir Eure unglaubhafte Geschichte nicht bestätigt hat –»

«Ich war sowieso im Aufbruch», sagte der Fremde. «Wenn

du erlaubst, hole ich mir meine Sachen . . .»

Matthew folgte ihm ins Wohnzimmer. Auf dem Schreibtisch seiner Mutter lagen Papiere herum. Der Fremde sammelte sie hastig ein, blickte prüfend umher, um zu sehen, ob er auch nichts vergessen hatte, und ging zur Tür.

Matthew wollte ihn hinauslassen. Aber der Fremde schien noch nicht bereit. Er setzte sich seinen hohen Hut auf, zog ihn sich tief ins Gesicht, stopfte seine Papiere sorgfältig in ein ledernes Mäppchen, trat ans Fenster, blickte nach links und nach rechts und begab sich dann zur Haustür und öffnete sie. Wieder hastige Blicke nach links und nach rechts, und dann ging er hinaus. Ehe er davoneilte, murmelte er: «Empfiehl mich deiner Mutter, mein Junge.»

Matthew wanderte verwirrt und zornig in dem leeren Haus umher. Er war davongelaufen, um sich in ein friedliches, warmes Nest zu flüchten. Und was hatte er vorgefunden? Ein Liebesnest? Nein. Das konnte er nicht glauben. Aber irgendwie kam ihm sein Elternhaus auf einmal fremd vor. Neulich die Männer, die verstohlen in die Dunkelheit hinausgeschlichen waren, und heute dieser stattliche, soldatische Fremde, der es sich im Wohnzimmer bequem gemacht hatte . . . Er war zutiefst beunruhigt.

Plötzlich hörte er hastige Schritte und gleich darauf die aufgeregte Stimme seiner Mutter: «Wer ist da? Wer ist da?»

Er ging in die Halle. «Matthew! Mein Liebling! Die Tür stand sperrangelweit offen. Und ich . . . Ich hatte schon Angst, es könnte . . .» Warum war sie so aufgeregt? Nur wegen der offenen Haustür? Sie sah ihn verstört an. «Aber wieso bist du überhaupt hier – am Nachmittag? Ist . . .?»

Er sagte: «Du hast mich nicht erwartet, nicht wahr, Mutter?»

«Nein, natürlich nicht. Du bist noch nie . . .»

Er sah sie prüfend an. «Wer war der Mann?» fragte er.

Sie waren sich also begegnet! Sie hob unwillkürlich die Hand an die Brust. «Ein alter Freund deines Vaters. Und ein Freund von mir.» Sie zögerte. Dann fügte sie entschlossen hinzu: «Er heißt Catesby. Aber ... aber wieso bist du zu Hause, mein Liebling?»

Catesby! Das war einer der Namen, die er an dem Abend neulich gehört und wieder vergessen hatte.

Zorn und Eifersucht schlugen wie Wogen über ihm zusammen. Mit bebender Stimme fragte er: «Ist er dein Liebhaber?»

Einen Augenblick lang sah sie ihn sprachlos an. Dann brach sie in ein helles Gelächter aus, und ihr Lachen hallte so fröhlich durch das stille Haus, wie er es seit dem Tode seines Vaters nicht mehr erlebt hatte. «Oh, du törichter kleiner Bub!» rief sie. «*Natürlich* ist er das nicht. Wie kommst du denn darauf?»

«Ich dachte nur so ...» sagte er mürrisch und verlegen.

«Du sollst dich schämen!» sagte sie und wurde ernst. «Robert Catesby ehrt deines Vaters Andenken. Und er ist ein Mann unseres Glaubens. Und ich», fuhr sie in scharfem Ton fort, «*ich* bin eine ehrbare Frau. Denke immer daran, Master Matthew.»

«Es tut mir leid, Mutter.»

Oh, dachte sie, dieses junge Gesicht mit den hochroten Wangen, so zerknirscht und zugleich so verzweifelt bemüht, Stolz zu bewahren!

«Und ich hoffe, daß du immer ein anständiger Junge bist», sagte sie streng. «So, und nun erzähl mir, wieso du um diese Zeit zu Hause bist.» Sie setzte sich und breitete lächelnd die Arme aus.

Er schlang die Arme um ihren Hals. Aber dann fragte er hartnäckig: «Warum war er hier?»

Sie seufzte mit gespielter Ungeduld. «Wenn er in London ist», sagte sie, «wohnt er in einem Gasthof am Hafen. Wie könnte er dort seine Geschäfte erledigen?»

«Was für Geschäfte?»

«Wie soll ich das wissen? Dein Vater schätzte ihn. Das genügt mir.»

Er war dennoch voller böser Vorahnungen. Und plötzlich überfiel ihn eine Erinnerung. Er kam aus der Schule und erblickte eine johlende Menschenmenge und, als er näher hinlief, einen Mann auf einem Schaffot, allein, einsam, von Gott und den Menschen verlassen. Und danach hatte er die blutigen Hände des Henkers gesehen. Die Menge schrie: «Tod allen Papisten!» Und er hatte sich in einer Ecke erbrochen, tief beschämt über dieses unmännliche Verhalten bei einem der Schauspiele, auf die man in London so stolz war.

Den Kopf noch immer an die Brust seiner Mutter geschmiegt, sagte er: «Ich bitte dich, Mutter, sei vorsichtig! Vielleicht kämpft er – für unseren Glauben, gegen den Staat.»

«Unsinn, Matthew.» Ein Glück, dachte sie, daß er ihr Gesicht nicht sehen konnte.

«War er nicht auch bei der Messe neulich?»

Sie erwiderte in scharfem Ton: «Ich habe gesagt, er ist unseres Glaubens. Ich meinte, katholisch wie ich. Wie Pater Grainger. Ich will nicht hoffen, daß du *uns* einer Verschwörung gegen den Staat verdächtigst.»

«Natürlich nicht, Mutter.» Er sah jetzt zu ihr empor und lächelte bekümmert. «Nur ... ich sah einmal – es war so schrecklich, ich habe es dir nie erzählt – einen gehängten Jesuitenpater. Möge Gottes ewiges Licht über ihm leuchten.»

«So», sagte sie hastig, «und nun erzähl mir, wie es kommt, daß du hier bist.»

«Ich möchte nicht mehr Schauspieler werden. Es ist ein abscheuliches Leben.»

Sie verbarg ihre Bestürzung. «Aber – Master Shakespeare hielt doch große Stücke auf dich.»

«Das tut er nicht mehr. Alles dreht sich nur noch um Master Fox.»

«Matthew! Du bist doch nicht etwa eifersüchtig?»

«Nein. Aber ich spiele nicht gut, Mutter. Meine Desdemona, meine Lady Macbeth –»

«Du bist ja auch noch jung. Natürlich mußt du noch viel lernen.»

«Ich sage dir, Mutter, ich gehe nicht zu den Schauspielern zurück.»

Welch eine bittere Enttäuschung! Kein Geringerer als Master Shakespeare hatte den Jungen als Lehrling angenommen! Und jetzt ... Außerdem führte es ihrer Überzeugung nach zu nichts Gutem, wenn man davonlief. Wer etwas taugte, lief nicht davon. Sie sagte energisch: «Matthew, du bist bei Master Shakespeare in der Lehre, und einen Vertrag bricht man nicht einfach.»

«Ich habe keinen Vertrag.»

Er hatte recht. Master Shakespeare hatte auf einen Vertrag verzichtet – aus gutem Grund. Er war nämlich nicht berechtigt, einen Lehrling aufzunehmen. Die Knaben mußten laut Gesetz bei der Familie ihres Lehrherren wohnen, und Master Shakespeares Familie lebte nicht in London.

Sie sagte: «Morgen früh gehst du zurück und entschuldigst dich bei Master Shakespeare.»

«Nein.»

Sie sah ihren Sohn prüfend an. Er war anscheinend auf der langen Reise im Sommer selbständiger geworden. Das war nur natürlich. Aber es machte das Leben nicht gerade einfacher. «Ich dulde keinen Widerspruch, Matthew. Das weißt du doch.»

«Bitte, Mutter.»

«Nach dem Abendessen gehst du wieder zu Master Shakespeare. Und ich begleite dich, damit ich sehe, ob du dich auch ordentlich entschuldigst.»

«Mutter!» Er war den Tränen nahe. «Ich *kann* nicht zurück. Ich ertrage es nicht. Ich hasse sie alle. Ich werde nie ein guter Schauspieler.»

Sie betrachtete ihn nachdenklich. Es war ernster, als sie angenommen hatte. Sie wollte ihn nicht für sein Leben unglücklich machen, indem sie ihn zu einer Arbeit zwang, die er verabscheute. Doch Master Shakespeare hatte sich so lobend über ihn geäußert! Es war eine Schande, eine so einzigartige Gelegenheit wegzuwerfen, wenn vielleicht alles gut werden konnte, sofern man noch ein paar Wochen lang die Zähne zusammenbiß. Außerdem gefiel es ihr nicht, wenn jemand so einfach davonlief. Es war gegen ihre Prinzipien. «Wann kehrt Master Shakespeare abends gewöhnlich in sein Logis zurück?»

«Zwischen sechs und sieben.»

«Dann werde ich zu ihm gehen, ehe es zu spät wird für einen Besuch.» Sie legte ihre Hand auf die seine. «Ich möchte nicht zu streng mit dir sein, Matthew. Aber ich möchte auch nicht, daß du dir mit zwölf Jahren dein Leben verpatzt.»

«Wo, zum Teufel, ist der Junge?» fragte Burbage. «Ich habe ihn vor einer halben Stunde fortgeschickt, mir ein Bier zu holen.»

William sah sich besorgt um. Wo mochte der Junge sein? Wahrscheinlich hatte er sich gekränkt in irgendeine Ecke verkrochen. Er kannte allmählich die Angewohnheit seines Lehrlings, sich immer, wenn er unglücklich war, zu verstecken.

Aber er hatte keine Zeit, über die Gemütsbewegungen eines Knaben nachzudenken. Er sah das blutige Kampfgetümmel in Dunsinan vor sich. Er hörte Rufe, Schreie, Schwerterklirren, Trommeln und Trompeten. Tod, Mord und Rache – alles trieb unaufhaltsam auf das unvermeidliche Ende zu. König Jakob würde das Stück wahrscheinlich nicht gefallen, wohl aber dem

Pöbel! Die Gründlinge würden hingerissen sein. Selbst Richard Burbage, der als Macbeth gerade den Tod gefunden hatte, strahlte wie schon lange nicht mehr. Er wischte sich den Schweiß von der Stirn und versetzte William einen freundschaftlichen Rippenstoß. «Das ist ein gutes Stück, Will. Und jetzt schreibe uns eine ebenso gute Komödie, wenn du mein Freund bist.»

Sie sahen einander lächelnd an, doch beiden war bewußt, daß diese Sache noch immer zwischen ihnen stand.

Die Probe war zu Ende. Sie zogen sich lachend und plaudernd um. Macduff, Banquo, Ross, Macbeth – alle verwandelten sich wieder in gewöhnliche Londoner Bürger und machten sich auf den Weg. Die einen eilten nach Hause zu Weib und Kindern, die anderen zu Bier und Wein in die Taverne. Und Moreton, Philip Henslowes Gehilfe, der an einer unbewachten Tür gehorcht hatte, eilte zu seinem Herrn und sagte: «Sie proben ein neues Stück, das von einem Schotten handelt. Bestimmt um dem König zu schmeicheln. Der junge Fox hinkt noch, aber er ist trotzdem der beste Knabenschauspieler, den ich je sah.»

«Er spielt also wieder?» Master Henslowe machte ein nachdenkliches Gesicht.

Nur William blieb noch im still gewordenen ‹Globe›. Die Bühne war jetzt nicht mehr Dunsinan (und auch nicht Helsingör oder die Schenke zum wilden Schweinskopf oder der Ardenner Wald). Sie war jetzt ein Podium aus nackten Brettern. Häßlich, klobig, kahl. Und doch konnten eine Handvoll Männer mit Geist und Witz und Phantasie diese Bretter in der Vorstellung anderer Menschen in das Kapitol verwandeln oder in das mondbeschienene Belmont oder das Lager bei Azincourt. Der große Caesar konnte hier sterben, Richard Plantagenet konnte hier zur Abdankung gezwungen werden . . .

Er blickte auf die kahle, leere Bühne, und plötzlich wurde

ihm bewußt, daß all die Gestalten, die auf dieser Bühne getobt und geflucht und geweint und gelacht hatten, *seine* Geschöpfe waren. *Er* hatte ihnen Leben eingehaucht, diesen Schatten eines Nachmittags. Schatten, die Verblassen und in Vergessenheit geraten würden, wenn andere Männer andere Stücke schrieben.

Doch solange sie lebten, blieben sie seine Geschöpfe, dachte er nicht ohne Stolz. Und er würde noch andere zum Leben erwecken – sie nahmen schon Gestalt an: Marcus Antonius, Octavius Caesar, M. Aemilius Lepidus und – schön und schrecklich, prächtig, die Bühne und das Parterre und noch die hinterste Galerie beherrschend – seine königliche Dirne!

Nein, niemand, kein Knabenschauspieler, würde diese Rolle spielen können. Und doch, irgendwann, dachte er, wenn die Zeit reif war, würde auch seine Cleopatra das Licht der Welt erblicken. Also mußte er beizeiten beginnen, Matthew auf die Rolle vorzubereiten. Wenn überhaupt ein Knabe die Rolle spielen konnte, dann er. Matthew besaß die schauspielerische Fähigkeit. Ihm fehlte nur das Feuer, die Glut, das Selbstvertrauen. Aber das alles würde kommen. In Wilton House hatte er entdeckt, daß sich hinter der stillen, höflichen Schale ein leidenschaftliches Wesen verbarg. Wenn das einmal freigelassen wurde und wenn der Knabe noch ein paar Zoll gewachsen war und in ein oder zwei Jahren die nötige Sicherheit im Auftreten besaß, dann würde er ein besserer Schauspieler sein als der affektierte Nicholas Fox.

Aber wie sollte man dieses Feuer freilassen? Und wo steckte der kleine Teufel überhaupt?

«Siehe da, Master Henslowe!» rief Mistress Fox aufs freundlichste. «Rosie!» brüllte sie dann. «Ein Glas Kanarienwein für den Herrn!»

Philip Henslowe verbeugte sich höflich und ließ sich langsam auf einen Stuhl nieder. Er war ein alter Mann, zu alt, fand er, um sich die Füße wund zu laufen für die Truppe des Lord-Admirals (oder die Schauspielertruppe des Prinzen Heinrich, wie sie jetzt hieß). Aber heutzutage konnte man sich auf niemanden mehr verlassen und mußte alles selbst machen! Außerdem, so sagte er sich, war dieser Besuch sicherlich ein gottgefälliges Werk. Er war hier, um einer geschlagenen Mutter Trost zu spenden. Und wenn es darum ging, dem Herrn zu dienen, kannte Master Henslowe keine Müdigkeit.

Er hielt sein Glas gegen das Licht und nippte daran. Dann sah er Mistress Fox voller Kummer und Anteilnahme an. «Mistress Fox, der Herr hat Euch hart gestraft.»

Inwiefern? überlegte Nell Fox. Dann fiel es ihr ein. Sie senkte den Blick. «Ja, Master Henslowe.»

«Der Herr straft und züchtigt, welche er lieb hat.»

Nell Fox wartete. Master Henslowe seufzte. «So jung! Und auf immer ein Krüppel!» Er sah sie betrübt an. «Verzeiht, Madam, aber ich kann mir nicht helfen, ich glaube sicher, bei der Truppe des Lord-Admirals hätte dergleichen nicht passieren können.»

«Auf immer ein Krüppel?» fuhr Nell Fox ihn an. «Unsinn! Er hinkt noch ein bißchen, aber auch das ist spätestens in einem Jahr vorbei.»

Henslowe schüttelte den Kopf und stieß einen noch tieferen Seufzer aus. «Wenn er sich der Truppe des Prinzen Heinrich anschließen wollte, könnten wir vielleicht schon eine kleine Beschäftigung für ihn finden –»

«Der Preis ist nach wie vor zehn Pfund.»

«Seid Ihr von Sinnen ...?» Der alte Herr traute seinen Ohren nicht. «Ich bot Euch eine Gefälligkeit an, Mistress Fox. Aus christlicher Nächstenliebe.»

«Zehn Pfund.»

«Fünf. Ein verkrüppelter Junge, der nur dazu taugt, in den

Pausen Quitten zu verkaufen ...»

«Zehn.»

Philip Henslowe erhob sich und ging. Wie traurig und enttäuschend war diese Welt für einen gottesfürchtigen Mann!

Nach der Rückkehr aus der Scheinwelt des ‹Globe› kam sein Logis ihm ein wenig karg vor: der schwere, plumpe Tisch mit dem zerschlissenen Teppich darauf, die schlichten Hocker, der große, hohe Polsterstuhl mit dem Riß im Bezug, das bescheidene Bücherregal – Plutarch in der englischen Übersetzung von Sir Thomas North, die *‹Chroniken›* von Raphael Holinshed, dann Seneca, Plautus und die Novellen von Cinzio –, der Schreibtisch, auf den er jetzt den vollendeten *‹Macbeth›* warf und auf dem seine Notizen für das Stück über Cleopatra lagen, und die häßliche große Anrichte. Ja, es war eine bescheidene Unterkunft, aber sie erfüllte ihren Zweck. Hier konnte er schlafen, essen und schreiben. Das war alles, was er brauchte. Dies war das Zimmer, wo er dem wenig geachteten Gewerbe des Schreibens nachging. Der Edelmann William Shakespeare wohnte in New Place, seinem Haus in Stratford am Avon. Aber hier, über dem Kopfputzmacherladen in der Silver Street im Sprengel Cripplegate, schrieb er seine Stücke.

Er warf seinen Umhang ab. Wo war nur der Junge? Niemand hängte ihm den Umhang in den Schrank! Er hob ihn auf und hängte ihn selber sorgfältig fort. Er war von Natur aus ordentlich und hatte durch sein Junggesellenleben in London gelernt, Ordnung zu halten.

Wenn ein Knabenschauspieler ohne ein Wort verschwand, stellte sich hinterher meistens heraus, daß er von einer der Kindertruppen abgeworben worden war. Aber bei Matthew war es sicher etwas anderes. Er mußte ein ernstes Wort mit ihm reden. Es ging nicht an, daß ein Knabenschauspieler einfach davonlief und sich versteckte, nur weil sich bei einer Probe herausgestellt hatte, daß er einer Rolle nicht gewachsen war.

Sein Abendessen stand auf dem Tisch. Ein Leinentuch war darüber gebreitet. Er nahm das Tuch ab. Ein in Essig eingelegter Hering, Brot, Käse, Wein. Kein üppiges Mahl, aber es würde den Hunger stillen. Für eine Französin hatte Marie Mountjoy erstaunlich wenig kulinarische Phantasie.

Er setzte sich hin, lehnte seine Notizblätter an die Weinflasche und aß seinen Hering. Er zerteilte ihn mit dem Messer und aß ihn mit den Fingern. Er war zu sehr in seine Gedanken vertieft, um mit der neumodischen Gabel zu essen, die er sonst gern benutzte.

Es klopfte an der Tür. Marie Mountjoy öffnete sie und ließ Annette Peyre herein.

Er stand hastig auf und verneigte sich höflich. Dabei dachte er verlegen an seine fettigen Finger und fragte sich zugleich besorgt, ob dem Jungen etwas fehlte.

Annette Peyre sagte: «Verzeiht, Herr, daß ich Euch bei Eurem Mahl störe.»

Er schüttelte den Kopf. «Ich war nicht hungrig. Bitte, nehmt Platz, Mistress Peyre.» Er bot ihr den hohen Polsterstuhl an und hoffte, sie würde den Riß im Bezug nicht bemerken.

Sie setzte sich und legte ihre schmalen Hände auf die Lehnen.

Sie sahen einander an. Wie lange war es her, seit sie sich zuletzt gesehen hatten? Fast ein Jahr. Sie hatte sich nicht verändert. Und der schreckliche Sommer hatte keine Spuren in ihrem lieblichen Gesicht hinterlassen.

Und er? Sie hatte gefürchtet, nicht mehr den Mann vorzufinden, den sie in Erinnerung hatte. Aber er war der gleiche geblieben, höflich, freundlich und mit dem gleichen gütigen Ausdruck in seinen schönen dunklen Augen. Er war ein wenig gealtert, aber es stand ihm gut, und er sah jetzt eher noch stattlicher aus. Wie seltsam, dachte sie, daß die Frau dieses

Mannes es vorzog, in Stratford zu leben, statt bei ihm zu sein. Wenn ich mit solch einem Mann verheiratet wäre ...

Sie sagte: «Ich komme Matthews wegen. Ihr wart sehr gut zu ihm, Master Shakespeare. Aber der Junge ist unglücklich. Er sagt, er werde nie ein guter Schauspieler.»

«So?» sagte er mit einer Miene, die sie nicht deuten konnte.

«Ich kam, um *Eure* Meinung zu hören», fuhr sie fort.

Er sagte streng: «Zuerst möchte ich wissen, wo der Junge steckt. Er ist mein Lehrling. Ich möchte wissen, warum er nicht hier ist.»

Sie warf den Kopf zurück und sagte gekränkt: «Er ist zu Hause.»

«Dann wird freilich nie ein Schauspieler aus ihm werden. Es ist ein Beruf für Männer, nicht für Muttersöhnchen, die nach Hause laufen, wenn sie einmal einer Rolle nicht gewachsen sind und ausgetauscht werden.»

«Er ist erst zwölf, Master Shakespeare.»

«Wir hatten oft jüngere Knaben, die das Leben bei uns durchaus ertragen haben.»

Warum, dachte er, war er so hart? Vielleicht aus Enttäuschung. Er liebte Matthew. Er liebte ihn fast wie einen Sohn. Und er hatte gehofft, Matthews Zuneigung für ihn hätte dem Jungen die Härten des Schauspielerlebens leichter gemacht. Auch verletzte es ihn, daß der Junge mit seinen Sorgen nicht zu ihm gekommen war. Vielleicht war es töricht gewesen, aber er hatte geglaubt, dem Jungen so etwas wie ein Vater zu sein. Offenkundig sah Matthew es nicht so. Er sagte: «Wenn er nicht bis morgen früh um sieben Uhr hier in diesem Zimmer erscheint, betrachte ich seine Lehre als beendet. Sagt ihm das.»

Sie erhob sich zornig – und sah noch schöner aus in ihrem Zorn. «Offenbar fehlt es meinem Sohn an Charakterfestigkeit, um ein guter Schauspieler zu werden. Aber hat er das Talent?»

«Ja – wenn er in seinen Rollen aufgehen würde. Aber er spielt sie – wie ein Trauerkloß.»

Sie sagte kühl: «Ich werde ihm Eure Botschaft ausrichten. Aber ich glaube nicht, daß er wiederkommt.»

Er neigte den Kopf.

Sie gingen zur Tür. Er legte die Hand auf den Türknopf. Sie stand da und wartete, daß er ihr die Tür öffnete. Wie kann ich so unversöhnlich sein, dachte er, der Junge ist erst zwölf! Der Mann ist härter, dachte sie, als ich angenommen habe.

«Gute Nacht, Master Shakespeare», sagte sie.

Aber sie standen zu dicht beieinander, die einsame und verängstigte Frau und der in seiner Eitelkeit gekränkte Mann. Plötzlich sanken sie sich in die Arme und umklammerten einander verzweifelt. Ihre Finger gruben sich in seinen Arm. Er preßte seine Lippen auf ihr Haar und versank in einem Meer des Verlangens. «Nein», rief sie und riß sich los. Sie sah ihn traurig an. «Wie konnten wir uns so vergessen . . .»

Er mußte sich räuspern, ehe er sprechen konnte. Dann hörte er sich mit der Unaufrichtigkeit eines Verführers sagen: «Madam, wollt Ihr nicht noch ein Weilchen bleiben? Meine armselige Behausung . . .»

Er war fast erleichtert, als sie ihn sanft zur Seite schob. «Lebt wohl, Herr», sagte sie. «Ich hätte nicht kommen dürfen. Es war unschicklich und unbedacht. Ich bitte Euch, verzeiht mir, Herr.» Und dann ging sie. Sie ging die steile, dunkle Treppe hinunter. Und er hörte, wie die Haustür hinter ihr ins Schloß fiel.

Einen Augenblick lang war er versucht, hinter ihr herzulaufen. Doch dann trat er wieder in sein Zimmer. Ein Hering in Essig, ein Glas Wein, eine tropfende Kerze. Ein einsames Zimmer. So sah das Leben aus, das er selber gewählt hatte! Was für ein Narr er doch war! Und warum war er nicht in Stratford bei seiner Frau und seinen zwei hübschen Töchtern, in dem schönen Haus, das er gekauft hatte? *Warum* wählte er immer wieder London und die Einsamkeit? Er setzte sich wütend an seinen Schreibtisch, griff nach der Feder, tauchte sie ins Tintenfaß und schrieb: «Alexandria. Ein Zimmer in Cleopatras Palast.»

Matthew kam nicht zurück. Und William war verletzt. Er hatte gewußt, wie empfindsam und unberechenbar der Junge war. Doch hatte er immer so zufrieden gewirkt, wenn er abends bei ihm seinen Ovid las oder seinen Lehrherrn bei Tisch bediente. Es war töricht gewesen, sich die Hoffnung zu machen, der Junge werde eines Tages Hamnets Platz und er den Platz von Matthews Vater einnehmen. Und er war immer freundlich zu dem Jungen gewesen! Oh, wie abscheulich er Undankbarkeit fand! Allerdings war Matthew noch ein Kind. Und jeder sagte, daß man heutzutage von der Jugend keine Manieren mehr erwarten durfte. Höflichkeit, so schien es, war eine Tugend der Vergangenheit.

Aber wenn der Knabe nichts dabei fand, einfach fortzubleiben, hätte jedenfalls seine Mutter ihn entschuldigen können. Sie hätte noch einmal zu mir kommen können, dachte er mit einer Mischung aus freudiger Erregung und Furcht.

Doch er wußte, daß Annette Peyre nicht noch einmal zu ihm kommen, daß sie sich nicht ein zweites Mal an den Rand des Abgrunds wagen und in jene unbekannten Tiefen hinabblicken würde. Und ebenso wußte er, daß alle seine vernünftigen Vorsätze in ihrer Gegenwart wie Wachs an der Flamme dahingeschmolzen wären.

Dann kam eines Tages ein Brief. Eine saubere, energische Handschrift. Er öffnete ihn.

Mein Herr, Matthew hat sich schlecht betragen. Ich wollte ihn zu Euch schicken, damit er sich entschuldigt. Aber ich will ihn nicht zwingen, denn ich denke, wenn etwas zu Ende ist, soll man es dabei belassen. Um unser aller willen.

Ich bete, daß Gott seine Hand über Euch halte.

Gedenkt meiner!

Annette Peyre

Gedenkt meiner! Die zwei Worte waren unverkennbar nachträglich eingefügt worden. Sie hatte sich bemüht, den Brief möglichst unpersönlich zu halten, und hatte dann doch nicht widerstehen können, diese kleine Bitte an ihn zu richten, daß er sie nicht ganz vergaß. Welch ein trauriger Brief! Tränen traten ihm in die Augen.

Madam, schrieb er zurück, *zwingt den Jungen nicht. Ich gehöre nicht zu denen, die auf Entschuldigungen Wert legen.*

Er hielt inne. Nach einer Weile nahm er die Feder wieder auf und schrieb: *Ich werde Eurer gedenken, Madam, bis an mein Ende. Und «ich bitte Euch, liebes Herz, gedenkt meiner!»*

William Shakespeare.

Würde sie das Zitat aus ‹*Hamlet*› wiedererkennen? Vielleicht nicht. Aber es erlaubte ihm eine kleine Zärtlichkeit, die er sich sonst nicht hätte gestatten dürfen.

Er streute Sand über den Brief und versiegelte ihn mit seinem Wappenring.

Er gab einem Jungen einen Penny, damit er den Brief überbrachte. Zu Ende denn, dachte er. Und nun an die Arbeit. Er ließ Nicholas Fox holen.

«Nicholas, ich schreibe ein Stück über Cleopatra, die Königin von Ägypten, eine ungestüme, leidenschaftliche, kluge Frau. Ein fürstliches Weib – in jeder Beziehung. Meinst du, du könntest eine solche Rolle spielen?»

«Natürlich, Master Shakespeare.»

William betrachtete den Jungen. Wie er gewachsen war, seit

sie ihn damals in die Truppe aufgenommen hatten! Er hielt sich gut, und das Hinken war kaum noch zu bemerken. Seine Augen standen ein wenig zu dicht beieinander, und die Nase war reichlich lang geraten, aber sonst war er ein hübscher Junge. Mit einem dunkel geschminkten Gesicht, einer schwarzen Perücke, einem weiten Rock, und einem langen, spitz zulaufenden Mieder würde er seinem Bild von Cleopatra ziemlich nahe kommen. Wenn er nur nicht so unausstehlich wäre! «Und woher weißt du das so genau?» fragte er ihn.

Die hochmütigen Nasenflügel zuckten verächtlich. «Hat Euch meine Lady Macbeth nicht mächtig gefallen?»

«Das habe ich nie gesagt.»

«Ich habe bemerkt, Master Shakespeare, daß Ihr recht sparsam umgeht mit Eurem Lob, wenn es sich um mich handelt. Aber gebt nur zu, es hat Euch gut gefallen.»

«Vergeßt nicht, Master Fox», sagte er, «daß ich einer der Teilhaber bin. Und daß Ihr ein Knabenschauspieler seid.»

Nicholas Fox sah ihn kühl an und schwieg.

William mußte lächeln. «Nicholas», sagte er, «ich mag dich nicht sehr, und du magst mich bestimmt auch nicht. Aber du bist noch sehr jung. Wenn wir zusammenarbeiten, lernen wir vielleicht, besser miteinander auszukommen.»

Er wartete. Er lächelte jetzt nicht mehr. Er wartete darauf, daß Nicholas mit sich ins reine kam.

Schließlich sagte der Junge mit ernstem Gesicht: «Ich würde die Rolle gern spielen, Master Shakespeare.»

«Wir werden sehen, wie du dich bei den Proben machst.»

«Es kommt nur selten vor, daß mir etwas mißlingt, Master Shakespeare.»

«Ja, ich habe das beobachtet. Also gut. Ich habe schon ein paar Szenen geschrieben. Du wirst dir die Rolle unter meiner Aufsicht einstudieren. Sei bitte morgen früh pünktlich um sieben Uhr im Probenraum.»

Nicholas Fox stand auf, verbeugte sich steif und ging leicht hinkend davon.

William seufzte. Wieviel lieber hätte er Matthew die Rolle der «großen Zauberin» gegeben! Wie gern hätte er ihn bei den Proben angeleitet! Es hätte länger gedauert, gewiß. Aber sicherlich hätte Matthew es, wenn er einmal seine Ängste und seine Zaghaftigkeit überwunden hätte, gut schaffen können.

14
Ich tat Venedig manchen Dienst

Bei der Teilhaberversammlung ging es zum Schluß recht geräuschvoll zu. «Er kann doch nicht einfach ohne ein Wort davonlaufen!» brüllte Richard Burbage wutschnaubend.

«Er hat es aber getan», sagte William.

«Wenn ihr *mich* fragt – besser konnten wir ihn doch gar nicht loswerden», sagte William Sly. «Er sah immer so aus, als könnte er kein Wässerchen trüben, aber er hat uns doch nichts als Ärger gemacht.»

John Heminge sah William fassungslos an. «Und sein Vertrag, Mann?»

«Er hatte keinen.»

«Keinen Vertrag!» rief Heminge entrüstet. Es war wirklich nicht leicht, Geschäftsführer einer Schauspielertruppe zu sein! Um jede Kleinigkeit mußte man sich selber kümmern.

Richard Burbage sagte erbittert: «Natürlich! Er hat keinen Vertrag, weil William hier ohne seine Familie lebt und darum gar nicht das Recht hatte, den Jungen in seine Obhut zu nehmen!»

«Ja, das stimmt», sagte William höflich.

Henry Condell fuhr ihn an: «Du kannst die Sache doch nicht einfach so abtun, Will. Wir haben bald keinen Knabenschauspieler mehr! Mark sprießt der Bart, so daß er aussieht, als hätte er sich das Gesicht geschwärzt. Und als Abraham neulich die Ophelia spielte, dachte ich, ich hör ein Schaf husten.»

Der sanfte Augustine Phillips sagte begütigend: «Ja, wir

müssen uns wohl nach neuen Knaben umsehen.»

«Nach neuen Knaben!» fauchte Burbage. «Wie willst du auch nur einen einzigen brauchbaren Knaben in London finden? Die gehen alle zu den Kindertruppen. Und es gibt immer mehr Kindertruppen! Die Kinder der königlichen Kapelle, die Kinder von Windsor, die Kinder von St. Paul, die Kinder vom Blackfriars! Und nicht nur, daß sie uns das Publikum abspenstig machen – sie greifen sich jeden Knaben in London, der nicht schielt oder eine Hasenscharte hat ...»

Sie lachten. Richards Wutanfälle schlugen oft ins Komische um. Auch er selbst mußte lachen.

«Dann müssen wir *‹Caesar›* oder *‹Heinrich IV.›* spielen», sagte Phillips. «Nicholas Fox kann die Calpurnia und die Frau Hurtig spielen, und wenn die Lady Percy brüllt wie eine kalbende Kuh, ist das ja auch nicht weiter schlimm.»

«Wir brauchen mehr als zwei Stücke», sagte Heminge murrend.

«Vielleicht», sagte Richard Burbage in höhnischem Ton, «hat Master Shakespeare ja die Güte, uns eine Komödie mit nur einer Frauenrolle, die Nicholas Fox spielen kann, zu schreiben.»

Alle sahen William erwartungsvoll an.

William schwieg.

Richard Burbage sagte: «Nein, ihr braucht Will gar nicht erst anzusehen. Der feine Herr hat seine eigenen Pläne!»

William sagte leise: «Ich schreibe an einer Tragödie. Es wird ein Stück mit vielen Frauenrollen, und eine darunter wird vielleicht kein Knabe je spielen können.»

«Warum, um Gottes willen, schreibst du dann so etwas?» fragte Heminge.

«Weil ich muß.»

Zum Teufel! dachte Heminge wütend. Wie sollte man Gewinne erwirtschaften, wenn die Knabenschauspieler nicht durch Verträge gebunden wurden und die Stückeschreiber zu ihrem eigenen Vergnügen schrieben?

Und er war in dem Kreis nicht der einzige, der so dachte. William spürte es. Er spürte die Kälte, die plötzlich von den anderen ausging, die stumme Mißbilligung, die sie ihm bekundeten.

Es war ihm schrecklich. Er hätte am liebsten gerufen: Freunde, ich schreibe euch eine Komödie, die beste, die es je gab! Aber er schwieg. Diesmal blieb er fest.

Sie brachen auf. Und diesmal legte keiner den Arm um seine Schulter, keiner sagte: «Komm mit in die Taverne, Will.» Keiner schenkte ihm einen tröstenden Blick. John Heminge packte betont geschäftig seine Rechnungsbücher zusammen, und der hagere Henry Condell starrte auf seine Notizen, als er zur Tür schlenderte. Sogar Robert Armin, der in seinen Stükken oft den Narren spielte, hatte sein melancholisch belustigtes Gesicht von ihm abgewandt. Richard Burbage bedachte ihn mit einem langen, prüfenden Blick und einem kurzen Kopfnikken. Was war los mit ihnen? Hatten sie ihm irgend etwas übelgenommen? Oder lag es wirklich nur daran, daß er, der brave Stückeschreiber, diesmal nicht bereit war, nach ihrer Pfeife zu tanzen?

Zusammen drängten sie zur Tür hinaus. Keiner wartete auf ihn. Keiner drehte sich noch einmal um, ihm gute Nacht zu sagen.

Er blieb allein an dem langen Tisch sitzen. Sein Logis würde ihm heute abend noch einsamer vorkommen. Er würde daran denken, wie die anderen zusammen in der Taverne saßen. Er würde an Matthew denken, der ihn verlassen hatte. Und er würde an Annette Peyre denken, die er einen Augenblick in den Armen gehalten hatte. Er würde an seine Familie denken, an Anne, die ihn gern vor Ungemach beschützt hätte, an seine Töchter, die er so schändlich vernachlässigt hatte, und an

Hamnet, seinen toten Sohn. Ja, heute abend würde er an sie alle denken, und sie würden sein Gewissen peinigen, während die nächtlichen Schatten an den Wänden tanzten und der Nachtwächter in den dunklen Straßen die Stunden ausrief.

Er stand müde auf und ging zur Tür hinaus.

Und da stand, lächelnd und ein wenig verlegen, Augustine Phillips und wartete auf ihn! «Will, alter Freund», sagte er, «der Junge wird dir fehlen, nicht wahr? Du wirst dich sehr einsam fühlen ...»

«Ja», sagte William.

«Ich hatte immer gehofft, er würde einmal den Platz deines toten Sohnes einnehmen.»

«Und ich hatte gehofft, *ich* könnte ihm den Vater ersetzen», sagte William und sah den sanften Augustine mit einem traurigen Lächeln an.

Sie gingen gemeinsam durch den stillen Abend. Augustine Phillips sagte: «Du hast viel für uns getan, Will, mehr als jeder andere. Und die Teilhaber wissen das. Kommst du mit uns in die Taverne?»

William schüttelte lächelnd den Kopf. «Nein, Augustine. Aber ich danke dir.»

«Dann begleite ich dich nach Hause. Wenn man Kummer hat, darf man nicht allein sein.»

Und so gingen sie gemeinsam, ohne viel zu sagen, durch die Straßen. Der Schein der Abendsonne verwandelte den Fluß in ein goldenes Band, und die Boote glänzten wie venezianische Gondeln.

15

Wir beide müssen scheiden, Herr

Die Tage wurden wieder länger, und der Frühling stand bevor. Aber bisher hatte das neue Jahr in England nur Enttäuschung gebracht.

Königin Elisabeth lag nun schon zwölf Monate in ihrem Grab, und viele sehnten sie zurück, denn mit König Jakob wurden sie nicht vertraut. Der seltsame Schotte saß jetzt ein Jahr lang auf Englands Thron. Doch auch wenn es hundert Jahre gewesen wären – die Engländer hätten ihn nicht besser verstanden. Und König Jakob versuchte anscheinend erst gar nicht, all die Eigenheiten, die Widersprüche und die zahllosen kleinen Feinheiten zu verstehen, die zusammen den schlichten, rechtschaffenen Engländer ausmachen.

Aber es gab auch Lichtblicke. Die Verbannung aller päpstlichen Priester durch den König hatte offenkundig Gottes Zorn besänftigt. Die Pest hatte aufgehört. Der Hof kehrte nach London zurück. Und London erblühte zu neuem Leben. Nach all den Monaten des Schreckens gab man sich eifrig und übermütig wieder den Freuden des Lebens hin.

Der König jagte mit noch größerer Begeisterung, und die Königin sorgte für noch mehr Vergnügungen am Hofe. Ben Jonson schrieb noch bissigere Maskenspiele, und Inigo Jones schuf noch kostspieligere und prächtigere Szenenbilder. Der französische Botschafter, der «durch Zufall» die Einladungen zu Aufführungen am Hofe immer zu spät erhielt, wurde noch bleicher, und der spanische Botschafter, der «durch Zufall» immer in der ersten Reihe saß, wurde noch eingebildeter. Denn König Jakob hatte sich trotz seiner Jagdleidenschaft und seiner persönlichen Fehde mit dem Teufel die Zeit genommen, in aller Stille mit dem katholischen Spanien Frieden zu schließen. Alles war schon unterschrieben und besiegelt. Es war eine höchst rühmenswerte Leistung.

Doch niemand rühmte ihn dafür. Die Länder auf dem Kontinent verhielten sich mißtrauisch und feindselig. Die englischen Puritaner schnaubten vor Wut. Und die englischen Katholiken waren entsetzt. Spanien eine befreundete Macht! Was sollte jetzt aus den hübschen kleinen Verschwörungen werden, die alle von Geldern aus dem katholischen Ausland abhingen? Was für ein heimtückischer Schachzug von König Jakob, dachten die Katholiken.

William Shakespeare war mit der Arbeit an seinem Stück *‹Antonius und Cleopatra›* gut vorangekommen. Master Fox zeigte ein gewisses Interesse an seiner Rolle und machte sich recht ordentlich. Es war an der Zeit, dachte William, wieder einmal nach Stratford zu reisen. Ja, er konnte es kaum erwarten, Anne und die beiden Mädchen wiederzusehen und auch seine Mutter, deren scharfe Zunge er liebte und zugleich ein wenig fürchtete. Oh, dachte er, wieder in der Frühe in New Place zu erwachen, im eigenen Haus, und durch das Fenster den weißen Morgennebel über dem Fluß zu sehen und das Schilpen der Spatzen zu hören und einen langen Tag der Muße vor sich zu haben! Er schrieb Anne, er werde im August kommen, und malte sich aus, wie sie das Siegel erbrechen, den Brief lesen und dann rufen würde: «Susanna! Judith! Euer Vater kommt!» Und ihr schönes, unscheinbares Gesicht würde strahlen vor Freude.

Doch dann geschah etwas, das ihn empörte. Alle Teilhaber der Schauspielertruppe wurden als königliche Kammerdiener nach Somerset House befohlen, um dem spanischen Gesandten aufzuwarten, wenn er vom 9. bis zum 27. August während der Friedensverhandlungen dort residieren würde.

Welch eine Unverschämtheit! Er war ein Poet und Schauspielschreiber, kein Lakai! Er hatte sich schon genug geärgert, als Richard Burbage ihm im März viereinhalb Ellen roten Tuches hingeworfen und gesagt hatte, davon müsse er sich eine Livree für den Krönungszug König Jakobs machen lassen. Doch das jetzt war die Höhe! Er schrieb Anne einen zweiten Brief und teilte ihr, unnötig schroff in seinem Zorn, mit, er werde nun doch nicht nach Stratford kommen in diesem Jahr, und er fügte hinzu, nicht weil es wichtig war, sondern da er wußte, daß es Susanna gefallen würde, daß der König seine Dienste verlange. Die arme Anne! Für sie würde es wieder eine Enttäuschung sein.

Und so ging es weiter, dieses Jahr der Ernüchterungen und Enttäuschungen. Das Parlament piesackte den König, und der König piesackte das Parlament. Der König belehrte die Puritaner, und die Puritaner belehrten den König.

Doch das war nicht alles . . .

Ein ungeschickter König, eine lebenslustige Königin, ein widerborstiges Parlament und ein Volk, das trotz aller Heimsuchungen und Hexenängste erstaunlich fröhlich lebte – das war das eine England.

Aber es gab noch ein anderes England: den Staat.

Und der Staat war wachsam, klug und unbarmherzig.

Der Staat sah seine vornehmste Aufgabe darin, dem Land den König zu erhalten. Und deshalb verfolgte er die Feinde des Königs, wo immer sie zu finden waren. Und nicht nur die Feinde des Königs, sondern auch deren Helfer, alle, die ihnen Hilfe und Unterschlupf gewährten, und sogar die Unschuldigen, die das Unglück hatten, einen von ihnen zu erkennen.

Die Waffen des Staates waren Spione, die Folterbank und das Henkersbeil.

Und wenn der Staat Verrat witterte, zögerte er nicht, erbarmungslos zuzuschlagen.

Der Staat – das waren Robert Cecil und seine Männer, die Tag und Nacht unterwegs waren oder in seinen Vorzimmern und um seinen Schreibtisch herumhuschten.

Und wer waren die Feinde des Königs? Nicht die hungernden Bauern, nicht die zu Unrecht Verurteilten, nicht die Armen und Elenden, die nichts mehr zu verlieren hatten. Nein, es waren die Papisten und Jesuiten, Menschen, die in das gleiche Himmelreich gelangen wollten wie der König, aber auf einem anderen Wege.

Den Männern in Rom war der Gedanke, daß ein ganzes Land, nämlich das protestantische England, der ewigen Verdammnis anheimfallen sollte, unerträglich, und sie beschlossen, diese halsstarrigen Ketzer notfalls mit Feuer und Schwert vor den ewigen Flammen der Hölle zu retten.

Zu diesem Zweck mußten sie jedoch erst einmal auf der Insel Fuß fassen.

Die Armada, einhundertdreißig von Spaniens König Philipp II. gegen England ausgesandte Kriegsschiffe mit Granden, Soldaten, Priestern und Mönchen an Bord und Muttergottesstatuen an den Masten, war unverständlicherweise besiegt worden.

Das lag nun sechzehn Jahre zurück. Seither hatte Rom sich darauf beschränkt, Jesuitenpriester ins Land zu schmuggeln. Sie sollten den englischen Katholiken Mut zusprechen und nach und nach die übrige Bevölkerung bekehren.

Doch dies schien ein recht langwieriges Verfahren. Und es wurden immer wieder Stimmen laut, daß jemand, der den calvinistischen König Jakob töte, ein gottgefälliges Werk tue.

So kam es, daß Verschwörungen angezettelt wurden. Und als König Jakob aus Verärgerung über Gerüchte, daß er selber ein heimlicher Katholik sei, die Geldbußen für diejenigen, die sich nicht der anglikanischen Kirche beugten, die Rekusanten, erhöhte, vermehrten sich die Verschwörungen wie Unkraut. Überall in England steckten Männer bei zugezogenen Gardinen die Köpfe zusammen und flüsterten. Gewöhnlich war mindestens einer von ihnen ein Spion, doch das merkten die anderen nicht. Sie schmiedeten Pläne, sandten Botschaften aus, die prompt abgefangen wurden, und vertrauten Männern, die für ein paar Silbermünzen ihre Großmutter verraten hätten. Und das Ziel all dieser Bemühungen war, den König von Gottes Gnaden zu ermorden, um so freie Hand für die Errettung der ketzerischen Engländer vor der ewigen Verdammnis zu gewinnen.

Und Robert Cecil wachte und wartete. Gelegentlich deckten seine Männer eine Verschwörung auf oder zerrten einen Priester aus seinem Schlupfwinkel in einem vornehmen Haus. Dann begannen die Folterknechte und Richter ihr grausames Spiel, bis der Schuldige und immer auch ein paar von den Unschuldigen das Beil des Henkers zu spüren bekamen. Und all dies geschah teils im Namen des Papstes und teils im Namen jenes eifersüchtigen Gottes, auf den die Puritaner sich beriefen.

Von dem irrwitzigsten Vorhaben aber wußte im Jahre 1604 erst einer, der Mann, der es ersonnen hatte. Master Robert Catesby hatte seinen großen Plan noch keiner Seele anvertraut.

Die schlimmen Vorzeichen mehrten sich. Das Jahr 1605 war noch keine drei Tage alt, als ein Bär ohne Kopf durch den Mittelgang einer kleinen Dorfkirche trottete, auf die Kanzel stieg und vor den Augen der entsetzten Gemeinde den Pfarrer erdrückte. Den ganzen Januar über schwebte allnächtlich ein großer Feuerball über St. Paul, und so hell war sein Schein, daß man dabei hätte lesen können. Die Flüsse führten so oft Blut statt Wasser, daß man es kaum noch erwähnte. Die Hunde jaulten, die Raben krächzten, die Käuzchen schrien. In Ottery St. Mary fraß eine Katze ihren eigenen Schwanz. Und in Winchester drangen Spatzen in die Kathedrale ein und saßen während des heiligen Abendmahls feierlich wie die Richter auf den Chorstühlen.

In Ripon erblickte der Nachtwächter bei einer seiner Runden die Heilige Dreifaltigkeit im Glorienschein am Himmel, während der weniger vom Glück begünstigte Nachtwächter von Ely, als er in eine Baugrube spähte, den leibhaftigen Teufel eine verdammte Seele aufs grausamste peinigen sah. Das größte Aufsehen aber erregte eine Vision, die Hunderten ehrbarer Londoner Bürger zuteil wurde: der große Palast von Westminster sank an einem Januarnachmittag in der roten Feuersbrunst eines Sonnenuntergangs in sich zusammen.

Doch trotz all dieser Warnungen nahm das Jahr ruhig und friedlich seinen Lauf. Nur die Katholiken waren wirklich unglücklich. Die Geldbußen für Rekusanten waren empfindlich erhöht worden. Außerdem fürchteten sie, daß der calvinistische Schotte noch härtere Maßnahmen gegen sie ergreifen würde. Und so widmeten sich die Fanatiker unter ihnen in verstärktem Maße ihren Verschwörungen. Alle anderen dagegen hielten sich weiterhin an den guten alten Kompromiß, den Königin Elisabeth für sie gefunden hatte: sie besuchten die vorgeschriebene Anzahl protestantischer Gottesdienste und zelebrierten heimlich die heilige Messe.

An diesen Kompromiß hielt sich auch Annette Peyre. Sie war keine Fanatikerin. Sie war eine gute Katholikin und eine treue Engländerin. Und wenn dem französischen König Heinrich IV. Paris eine Messe wert war, dann war ihr, so sagte sie sich, ihr Seelenfrieden einen protestantischen Gottesdienst wert.

Aber seit einigen Monaten hatte sie ihren Seelenfrieden verloren. Es war nicht klug von ihr gewesen, dem Freund ihres Mannes zu erlauben, daß er ihr Haus benutzte. Robert Catesby war ein undurchsichtiger Mann. War es möglich, daß er Verrat plante? Nein, das war undenkbar. Und doch, tief in ihrem Herzen wußte sie, daß es so war. Er und seine Freunde trafen, sooft sie konnten – und manchmal auch in ihrem Haus –, zusammen und schmiedeten finstere Pläne.

Sie wußte, was diejenigen erwartete, die Verrätern Obdach gewährten. Aber die alte Freundschaft, der Mangel an Beweisen, die, wie sie wußte, trügerische Hoffnung, ihre Unkenntnis würde sie vor Strafe schützen, und auch das Gefühl einer Verpflichtung ihrer Kirche gegenüber – all das hatte sie bisher bewogen, nichts zu sagen.

Abermals dachte sie darüber nach. Robert war nur selten in London. Er war ein guter Mann und würde nicht gegen das Gesetz verstoßen. Aber seine Freunde? Worüber sprachen sie so endlos? Ihr fröstelte bei dem Gedanken an ihr Gezischel und Geflüster. Nein, es war albern, sich etwas vorzumachen. Sie wußte, sie führten etwas Böses im Schilde. Sie wußte es seit langem und hatte es nur nicht wahrhaben wollen. Aber jetzt mußte sie etwas unternehmen, wenn nicht um ihretwillen, dann um Matthews willen.

Sie war eine beherzte Frau. Sie nahm ihren Umhang, schloß ihn unter dem Kinn, zog die Kapuze über ihr glattes, glänzendes Haar und machte sich auf den Weg.

Sie schritt energisch aus. Männer stießen sie im Vorübergehen an, riefen hinter ihr her oder pfiffen durch die Zähne, und ein paarmal drängte man sie auch in die Gosse in der Mitte der Straße, doch wurde sie nicht ernsthaft belästigt. An ihrer entschlossenen Haltung war etwas, das sie vor den derberen Annäherungsversuchen, mit denen Frauen rechnen mußten, die sich unbegleitet auf die Straße wagten, bewahrte.

Sie gelangte in das verrufene Viertel am Südufer der Themse, wo die Spitzbuben und Dirnen herumstrichen und wo sich die Bärenhatz-Arenen, die Bordelle und einige Theater, darunter auch das ‹Globe›, befanden.

Sie fand die Hafenmole und den Gasthof, den Master Catesby ihr genannt hatte. Sie bekreuzigte sich unter ihrem weißen Umhang und betete, daß sie ihn antreffen würde.

Überall sah man verrottende Bretter, halb verfallene Holzhäuser und schmutzige Wasserarme. Nicht gerade der Ort, wo man als Frau gern sich selbst überlassen ist, dachte sie, als plötzlich eine Stimme hinter ihr rief: «Mein Gott, Mistress Peyre, was tut Ihr denn hier?» Die Stimme klang nicht unfreundlich, aber mißtrauisch.

Sie drehte sich um, und da stand Robert Catesby mit ernstem, unbewegtem Gesicht in seiner ganzen Größe vor ihr.

Es war nicht leicht, das zu sagen, was sie ihm sagen wollte. «Master Catesby», begann sie, «mein Mann schätzte Euch. Und auch ich schätze Euch, aber ...» Sie sah ihn mit einem flehenden Lächeln an und legte die Hand auf seinen Arm. «Aber ich muß Euch mein Haus verbieten.»

Sein Gesicht blieb starr. Er zog nur den Arm unter ihrer Hand fort. Dann sagte er: «Ist das Eure Art, Eurer Kirche zu dienen?»

Sie lächelte nicht mehr. «Und wie dient *Ihr* der Kirche?» fragte sie.

«Ich bin bereit, ihr mein Leben zu opfern, wenn es sein muß.»

«Und auch das Leben anderer Menschen?»

«Wenn es sein muß ...»

Eine schreckliche Furcht ergriff sie. Aber ihre Stimme blieb ruhig. «Ihr kamt in mein Haus, um die heilige Messe zu hören, Ihr und Eure Freunde. Ich hatte Angst, aber ich erlaubte es, wie es meine Pflicht als gute Katholikin war. Doch danach habt ihr Euch beraten. Und Ihr habt mein Haus benutzt, um irgendwelche Dinge – ich weiß nicht was – zu schreiben. Ich habe das Gefühl, Ihr habt mein Vertrauen mißbraucht, Herr, und meinen Sohn und mich in große Gefahr gebracht.»

«Für unseren Glauben zu sterben sollte unser Wunsch und Sehnen sein.»

«Aber nicht andere zu töten!» sagte sie schnell. «Und außerdem, Master Catesby, ersehne ich weder für meinen Sohn noch für mich den Tod.»

Er sah sie verächtlich an. «Ein Glück, daß nicht alle Katholiken sich so an *dieses* Leben klammern, Mistress.» Dann fügte er grausam hinzu: «Dem Herrn sei Dank, daß Euer Gemahl das nicht mehr erleben mußte!»

Sie war zutiefst verletzt, ging aber nicht darauf ein. «Andere zu töten», sagte sie, «ist gegen Gottes Gebot.»

«Nicht wenn es darum geht, Millionen Seelen vor den Qualen der Hölle zu erretten», sagte er scharf. «Im übrigen hat der Heilige Vater jedem, der einen ketzerischen König tötet, vollen Dispens gewährt.»

Sie sah ihn entgeistert an, und plötzlich nahm sie in dem soldatischen Gesicht zum erstenmal den verkniffenen Mund und den nach innen gewandten Blick des Fanatikers wahr. «Ihr – ihr würdet den König töten?»

Er sah sie schweigend an. Voller Haß, dachte sie. «‹Wer nicht mit mir ist, der ist wider mich›», zitierte er und sagte dann mit einer kurzen Verbeugung: «Wir werden Euch nicht wieder belästigen, Mistress Peyre.»

«Es tut mir leid», sagte sie. «Und seid versichert, niemand wird von mir ein Wort erfahren . . .»

«Das freut mich zu hören, Madam. Denn wohlgemerkt, in Eurem Haus wurde Verrat geplant, und Euer Kopf steckt genauso in der Schlinge wie meiner, Mistress Peyre.»

«Ihr habt mich wahrlich schwer getäuscht, Herr!» sagte sie unglücklich und wandte sich zum Gehen.

Nach ein paar Schritten drehte sie sich noch einmal um und ging zurück. Er stand regungslos da und musterte sie kühl. «Herr», sagte sie, «gefährdet nicht das Leben Unschuldiger. Es *kann* nicht Gottes Wille sein!»

Er starrte sie an. «Hinweg von mir, Satan!» zischte er und drehte sich um und ging davon.

Sie hatte Angst. Sie hatte den *Verdacht* gehabt, ihr Haus würde für verräterische Zwecke benutzt, und war entschlossen gewesen, dem ein Ende zu machen.

Nun ging sie heimwärts und *wußte*, daß in ihrem Haus Verrat geplant worden war. Damit war auch sie in den Augen des Staates eine Verräterin – sie, Annette Peyre, die wie die meisten Katholiken stets gewissenhaft die Gesetze des Staates und ihrer Religion beachtet hatte.

Sie hatte den Verrätern ihr Haus verboten. Aber sie wußte, das würde weder sie noch Matthew retten. Falls Robert Catesby und seine Freunde bei irgendeiner Wahnsinnstat gefaßt wurden, dann würden auch Matthew und sie in höchster Gefahr sein. Oh, warum hatte sie nicht früher gehandelt? Doch sie wußte, daß auch das sie nicht gerettet hätte. Sie war von dem Augenblick an verurteilt gewesen, als ihr Mann und Robert Catesby Freundschaft geschlossen hatten.

Außerdem mußte sie von nun an die schreckliche Gewißheit mit sich herumschleppen, daß Catesby darauf sann, den König zu ermorden. Und wer so etwas wußte und es nicht sogleich dem Staat zur Kenntnis brachte, machte sich gemein mit den Mördern des Königs, machte sich mitschuldig. Ich sollte es melden, dachte sie, um Matthews und meine Haut zu retten, um das Leben des Königs und das Leben unschuldiger Katholiken zu retten.

Aber sie wußte, sie würde es nicht fertigbringen. Alles in ihr sträubte sich dagegen. Sie hatte Robert Catesby versprochen, niemandem etwas zu sagen, doch auch ohne dieses Versprechen hätte sie niemals jemanden verraten können, der ihrem Mann einst ein Freund gewesen war.

Geduckt schlich sie dicht an den Häusern entlang. Sie zitterte am ganzen Leibe vor Angst und mußte immer wieder stehenbleiben, um sich den Schweiß von der Stirn zu wischen.

Das schlimmste war, daß sie mit niemandem darüber sprechen durfte. Nicht einmal mit Matthew. Obwohl der Junge anscheinend irgend etwas ahnte. Auch das war eine Gefahr. Kinder sagten schnell einmal ein unbedachtes Wort. Und nachdem sie ihm versichert hatte, daß alles in Ordnung sei, konnte sie ihn jetzt nicht warnen. Eine unvorsichtige Bemerkung gegenüber einem seiner Kameraden von der Kindertruppe, bei der er jetzt war, und schon würden die Fragen und die Verhöre beginnen – das grausame Spiel, das unweigerlich auf dem Schafott endete.

So bedrückt war sie, daß sie das ‹Globe› gar nicht bemerkte, als sie daran vorbeikam, und als jemand ihren Namen rief, brauchte es eine Weile, bis es ihr bewußt wurde und sie erschrocken aufblickte. Es war Master Shakespeare.

In ihrer Freude und Erleichterung lief sie auf ihn zu.

«Mistress Peyre!» sagte er und faßte sie bei den Schultern und betrachtete sie beunruhigt. «Was ist, Mistress Peyre, habt Ihr Sorgen?»

Sie lächelte traurig und verzagt. «Nein, nur ein wenig Kopfschmerzen.»

Aber er spürte, daß sie nicht die Wahrheit sagte. «Ihr habt Sorgen, Mistress Peyre.»

Sie senkte den Kopf. Wie gern hätte sie alle ihre Sorgen diesem gütigen Mann anvertraut. Aber sie durfte es nicht.

Es betrübte ihn, sie so unglücklich zu sehen. Er faßte sie zart am Arm. «Kommt mit ins Theater. Die Schauspieler sind alle schon fortgegangen. Ich gebe Euch ein Gläschen Likör. Und dann könnt Ihr mir von Euren Kümmernissen erzählen.» Er lächelte sie aufmunternd an.

Sie entzog ihm sanft ihren Arm. «Ich habe keine Kümmernisse», sagte sie und hielt mit Mühe die Tränen zurück. «Ich bin beunruhigt über eine Angelegenheit, die meine Kirche betrifft. Doch wäre es unziemlich, darüber mit einem Andersgläubigen zu reden.»

«Verzeiht», sagte er zerknirscht. «Ich würde keinen Augenblick auch nur daran denken . . .» Dabei drängte er sie behutsam in Richtung der Tür. Es mußte doch einen Weg geben, dieser armen, verzweifelten Frau zu helfen.

Und dann befanden sie sich in dem verlassenen Theater, in einem Raum mit einem langen Tisch, an dem zwölf Stühle standen, und an den Wänden hingen Schwerter und Perücken und Lanzen und Lauten. «Hier halten wir unsere Teilnehmerversammlungen ab», sagte er, nicht weil er meinte, es würde sie vielleicht interessieren, sondern um sie von ihren geheimen Sorgen abzulenken. Er brachte ihr ein Glas Likör. «Wie geht es Matthew?»

«Was er bei Euch gelernt hat, kommt ihm sehr zustatten. Er ist jetzt bei der Kindertruppe der Königin. Master Evans sagte mir, er schätze ihn sehr.»

«Er fehlt mir, der Junge. Meine Abende sind einsam, seit er nicht mehr da ist», sagte er.

«Ich war sehr traurig, als er Euch verließ, Master Shakespeare.»

Sie saßen scheu da und wagten nicht, einander in die Augen zu sehen. Die Erinnerung an ihre letzte Begegnung machte sie beide verlegen.

Er sagte: «Und ich bin noch aus einem anderen Grunde einsam. Augustine Phillips, einer von unserer Truppe – Ihr erinnert Euch vielleicht, er spielte den Jaques in ‹*Wie es euch gefällt*› und manchmal in ‹*Hamlet*› den Horatio –, ist gestorben.»

«Oh, das tut mir leid», sagte sie.

«Er war mir der liebste von allen. Ein ruhiger und schlichter, immer hilfsbereiter Mann. Nicht wie die meisten von uns Schauspielern», sagte er und lächelte, «die polternd umherstolzieren und toben und brüllen.»

«Dann habt Ihr also einen Freund verloren», sagte sie.

«Ja, einen guten Freund.»

«Das tut mir leid.»

Wieder schwiegen sie, beide bemüht, Trost auszustrahlen.

Schließlich erhob sie sich und ging auf die Tür zu. Er folgte ihr. Und beide erinnerten sie sich an das letzte Mal, als sie auch zur Tür gegangen und einander plötzlich in die Arme gesunken waren.

Er küßte sie zart auf die Stirn. «Könnt Ihr mir nicht doch Eure Sorgen anvertrauen, Mistress Peyre?»

«Nein», sagte sie fröstelnd. «Ich darf sie niemandem anvertrauen.»

«Außer Eurem Beichtvater, nicht wahr?»

Sie schwieg. *Jede* Sorge, jede Sünde konnte man dem Beichtvater und damit Gottes Sohn anvertrauen, der die Sünde der Welt auf sich nahm. Aber diese Sorge nicht. Auch Pater Grainger konnte ihr diese Last nicht abnehmen. Denn Pater Grainger, fürchtete sie, trug die gleiche Last des Wissens wie sie.

Sie beschlossen, sich nicht wiederzusehen. Es war unklug, es war unrecht, und es war quälend. Und wenn sie ihrer Liebe zu einem verheirateten Mann nachgab, dachte Annette Peyre, würde Gott sich von ihr abwenden, gerade zu einer Zeit, da sie seiner Hilfe am dringendsten bedurfte. Sie wagte nicht, ihn noch mehr zu erzürnen.

«Wir dürfen uns nicht wiedersehen», sagte sie unter Tränen.

«Nein», sagte er, «wir dürfen uns nicht wiedersehen.» Er seufzte. «Lebt wohl, Annette.»

Sie dachte an die langen, einsamen Jahre, die vor ihr lagen.

Sie konnte nicht wissen, daß das Schicksal anders entschieden hatte, daß Master Catesby, obwohl es erst Mai war, seine Freunde inzwischen in alle Einzelheiten seines ungeheuerlichen Plans eingeweiht hatte. Die Verschwörer hatten sich in alle vier Winde zerstreut und warteten in ihren Schlupfwinkeln auf den Nebel und das Dunkel des Novembers.

16

Fliehn muß ich diese Zauberkönigin

Sie sahen sich nicht wieder. Die Sommertage schleppten sich dahin, und die Sommerabende wurden ihm lang, wenn er einsam an seinem Tisch saß und draußen vor dem Fenster die Schwalben wie Pfeile vorüberschießen sah oder die spielenden Kinder lärmen und die Frauen im letzten Sonnenlicht vor der Haustür plaudern hörte. Einsamkeit. Er hatte sie bisher nie kennengelernt. Die Gestalten seiner Stücke waren ihm Gesellschaft genug gewesen. Doch jetzt vermißte er Matthews Gesang und sein scheues Lächeln, wenn er gelegentlich von seinem Ovid aufblickte. Und er vermißte Annette Peyre, deren Schatten immer wieder anmutig durch seine Träume glitt – ein Schatten, den man so wenig festhalten konnte wie den flüchtigen Wind.

Der gute Augustine Phillips hatte ein Testament gemacht und ihm, William, ein Dreißig-Shilling-Goldstück hinterlassen! Auch ihn vermißte er. Der sanfte, bescheidene Mann hatte ihm oft mit Trost und Rat geholfen. Er war der erste aus dem Freundeskreis, der starb.

Sie sahen sich nicht wieder. Die Sommertage schleppten sich dahin. Annette Peyre putzte ihr Haus und jätete das Unkraut im Garten. Die Apfelblüten hatten wie Schnee den Boden bedeckt. Jetzt reiften die Äpfel zwischen den Blättern und färbten sich goldgelb.

Vielleicht handelt Robert Catesby nicht, dachte sie. Vielleicht habe ich mehr in seine Worte hineingelegt, als sie bedeuteten. Daß er Erfolg haben und den Katholizismus in England wiederherstellen konnte, hatte sie ohnehin nie geglaubt. Dazu hatte sie zu viele Verschwörungen scheitern sehen – leidvoll und blutig scheitern sehen.

Vielleicht würde er nicht handeln. Doch um sich keine Unterlassungssünde zuschulden kommen zu lassen, beschloß sie, mit Pater Grainger zu sprechen, der sich seit der Verbannung der katholischen Priester tagsüber mit seinen Meßgewändern und Kommunionsgeräten in einem Adelshaus versteckt hielt und nachts wie eine schwarze Fledermaus durch die Straßen huschte. Sie sprach lange und ernst auf ihn ein, denn sie war überzeugt, daß er das Ohr der Verschwörer besaß, auch wenn er nicht einer von ihnen war. Sie sprach von der Sünde, einen Mitmenschen zu töten – selbst wenn er ein Ketzer war –, über den Irrwitz, sich gegen den Staat zu erheben, und über die Notwendigkeit, daß man als Katholik in einem protestantischen Land ruhig und unauffällig lebte. Sie sprach mit bebender Stimme von der Macht und der Gnadenlosigkeit des Staates.

Pater Grainger hörte ihr mit kühler Miene zu, und dann widerlegte er alles, was sie gesagt hatte. Er wies auf zahlreiche Beispiele aus der Leidensgeschichte der Kirche hin, auf die Märtyrer und Glaubensstreiter, ohne deren Zeugnis und deren Kampf die Kirche schon vor tausend Jahren wie ein verglimmendes Feuer ausgetreten worden wäre, und tadelte sie für ihren Mangel an Glauben, Mut und Eifer. Er empfahl ihr, sorgfältig ihre Seele zu erforschen. Der Name Catesby und das Wort Verschwörung wurden nicht ausgesprochen. Doch der eine wußte, worüber der andere sprach.

Und Annette blieb ohne Trost.

Vielleicht würde Catesby ja gar nicht handeln. Doch bald nach ihrem ersten Gespräch mit Pater Grainger sah sie, als sie eines Tages aus dem Fenster blickte, einen Mann, der auf der anderen Straßenseite in einem Torbogen lehnte und trotz der

Hitze einen Umhang und einen tief ins Gesicht gezogenen Hut trug. Am nächsten Tag war er wieder da, diesmal an der Straßenecke, und zwei Tage später, als sie vom Einkaufen zurückkam, sah sie ihn zwischen zwei Häusern herumstehen.

Mit hoch erhobenem Kopf wandte sie sich um und ging energischen Schrittes auf ihn zu. Sie würde schon herausfinden, wer er war! Doch er entschwand in einem Gäßchen, und als sie dort ankam, war weit und breit nichts mehr von ihm zu sehen.

Sie ging zitternd nach Hause.

Es gab drei Möglichkeiten. Entweder war er einer der Späher von Sir Robert Cecil. Und das hieße, daß schon Verdacht auf sie gefallen war.

Oder Pater Grainger und Master Catesby waren besorgt, daß sie zuviel wußte, und ließen sie überwachen, um zu vereiteln, daß sie Verbindung mit Cecils Männern aufnahm.

Oder Catesby hatte den Mann beauftragt, sie zu ermorden, ehe sie etwas ausplaudern konnte.

Für einen Späher des Staates war er zu unvorsichtig, dachte sie. Die Polizeispitzel verrichteten ihre Arbeit wie Holzwürmer im verborgenen. Allerdings konnte man nie sicher sein. Und so trieb sie, obwohl seine Gegenwart sie zermürbte, ihr Spiel mit ihm. Sie lief plötzlich aus dem Haus, um ihn zu stellen, was ihr jedoch nie gelang, oder sie machte lange Spaziergänge durch die Straßen Londons. Gänge, die ihr Spaß machten, ihm aber seinem schleppenden Gang nach eindeutig mißfielen. Oder sie stellte sich ans Fenster und prostete ihm mit einem Glas Wein fröhlich zu.

Aber ihr war ganz und gar nicht fröhlich zumute. Nachts verbarrikadierte sie die Tür und schlief mit einem Messer unter dem Kissen. Und wenn sie nachts aufwachte, trat sie oft ans Fenster und beobachtete angstvoll die unsteten Schatten in der Straße.

Die Sommertage schleppten sich dahin. Das unheilvolle Jahr schleppte sich dahin. Weiße, wattige Sommerwolken segelten über London hinweg, die Blüten der Kastanien waren längst wie Kerzen verglüht, und in den schwülen Sommernächten verstummte der Gesang der Vögel.

Annette Peyre aber wartete in ihrem stillen Haus auf die Nachricht, die ihr Leben zerstören würde.

Unterdessen arbeiteten einige Männer in dunklen, feuchten Kellergewölben. Sie gruben einen Tunnel, schafften schwere Fässer herbei, prüften ihren Inhalt und lagerten sie und häuften immer mehr Kohle und Reisig und eiserne Stangen auf. Es waren besessene, fanatische Männer, die so den letzten Sommer ihres Lebens vergeudeten.

Doch auch andere Menschen sahen wenig vom Sonnenschein. Die Kinder der königlichen Kapelle – jetzt die Kindertruppe der Königin – probten und spielten von früh bis spät. Die Knaben wurden ausgepeitscht, wenn sie ihre Rollen nicht konnten, gescholten, wenn sie nicht gut spielten, und geohrfeigt, wenn sie auf der Bühne nicht glücklich und zufrieden aussahen. Master Henry Evans, der Leiter der Truppe, war ein Tyrann. Und dem so leicht aufbrausenden Master Ben Jonson, der fast alle Stücke für sie schrieb, konnte man nichts recht machen. Matthew Peyre weinte sich abends oft in den Schlaf und dachte wehmütig an die glücklichen Tage bei Master Shakespeare. Er hatte nur einen Wunsch: Master Evans zu entfliehen und zu den Schauspielern des Königs zurückzukehren.

Aber eines hatte der tyrannische Master Evans erreicht. Aus Matthew war ein guter Schauspieler geworden. Er trat jetzt straffer und schwungvoller auf. Er hatte all das gelernt, was der sanfte Master Shakespeare ihm nicht hatte beibringen können. Innerhalb eines Jahres war er Master Evans' bester Schauspieler geworden. Und deshalb wurde er auch im ‹Blackfriars›, dem ehemaligen Dominikanerkloster, in dem die Truppe ihren Theatersaal hatte, wie ein Gefangener gehalten.

Kein Zweifel, Nicholas Fox machte gute Fortschritte. Doch Master Shakespeare konnte ihn noch immer nicht leiden. Im Gegenteil, er fand ihn anmaßender und hochmütiger als je zuvor. Allerdings wuchs er allmählich in die Rolle der ägyptischen Königin hinein. Und sein Hinken hatte fast aufgehört. Eines war sicher, der Junge würde sich, wenn es soweit war, nicht von Richard Burbage in den Schatten stellen lassen.

Er selber kam mit dem Stück trotz der sommerlichen Hitze und trotz aller seiner anderen Aufgaben gut voran. Seine königliche Zigeunerin fesselte und bezauberte ihn. Natürlich war an eine Reise nach Stratford in *diesem* Sommer nicht zu denken. Die arme Anne! Aber sobald er das Stück fertig hatte und die Proben beendet waren, würde er aufbrechen. In diesem Jahr würde er es wohl nicht mehr schaffen. Aber dann eben im nächsten Sommer.

Er schrieb und schrieb – mitgerissen, angefeuert, berauscht von der Schönheit der Worte. Nie zuvor hatte er sich einer so farbigen Sprache bedient, nie zuvor eine solche Flut von Bildern geschaffen, die ihn weitertrug wie die Strömung eines Flusses. Und das Ganze, dachte er, hatte etwas von der melancholischen Pracht eines Sonnenuntergangs.

Was trieb ihn, so zu schreiben? fragte er sich. War es ein verzweifelter Versuch, der Einsamkeit zu entfliehen? Die ungestüme Suche nach einem Ausgleich für den bitteren Verzicht auf Annette Peyre? Beneidete er Antonius, der rufen konnte: «Fliehn muß ich diese Zauberkönigin!» – und dann die Welt in Flammen setzte, weil er es nicht über sich brachte? Und war Antonius, der sich wissentlich «zum Narren einer Buhlerin» machte, nicht der mutigere, edlere Charakter?

Gewiß, auch er hatte erfahren, was es hieß, zum Narren

einer Buhlerin zu werden. Aber um ein Antonius zu sein, brauchte man Mut, einen wilden, rücksichtslosen Mut.

Er schrieb. Und er hörte schon, wie Richard Burbage als Marcus Antonius verächtlich rief: «Schmilz in die Tiber, Rom! Der weite Bogen des festen Reichs, zerbrich!» O Dick würde wie immer großartig sein; und Nicholas, als Cleopatra, jedenfalls erträglich. Charmion, Iras und Octavia würden schwer zu besetzen sein, es gab einfach nicht genug Knabenschauspieler, aber irgendwie würde man einen Weg finden. Er säuberte seine Feder. Genug für heute! «Nun triumphiere, Tod! Du führtest heim das schönste Fraunbild!» murmelte er vor sich hin.

Die Sommertage schleppten sich dahin. Ein brütend heißer Tag folgte dem anderen. London war wie ein Backofen. Man hörte von jungen Männern, die ihre Halskrausen abnahmen und sich in diesem halbnackten Zustand auf der Straße ihren entsetzten Mitbürgern zeigten.

Annette Peyre suchte jeden Abend die kühle Frische ihres Gartens. Sie fand die Hitze unerträglich und bedrückend, eine zusätzliche Qual zu den Ängsten, die ihr auf der Seele lagen.

Und doch lag trotz der Augusthitze schon ein Hauch von herbstlicher Traurigkeit über allem. Draußen, vor den Wällen der Stadt, glitzerten die Stoppelfelder im gleißenden Licht. Auf der Themse schnappten stolze Schwäne ärgerlich nach einzelnen gelben Blättern. Bald würden die ersten Nebel und der erste Rauhreif kommen. Bald würden die rauhen Oktoberstürme kommen und wie emsige Mägde die Überreste des Sommers fortkehren. Bald würde man in der frühen Abenddämmerung die herbstlichen Laubfeuer auflodern sehen – und, wenn Gott will, dachten einige, das große Feuer, in dessen Flammen das protestantische England ein jähes Ende finden würde.

17

Du sollst mir das übrige nächstens hersagen

Da sie nicht genügend Knabenschauspieler hatten, führten sie ‹*Romeo und Julia*› wieder auf. Nicholas Fox gab eine vortreffliche Julia ab, und die anderen Frauen in dem Stück waren allesamt älter, so daß sich niemand wundern würde, wenn sie mit tiefer Stimme sprachen – sie konnten also gut von den Männern gespielt werden.

William Shakespeare kassierte die Pennies am Eingang. Es war ein schwüler Nachmittag. Trotzdem strömten die Leute herbei, schwitzend, lachend, aufgeregt. Lehrlinge mit ihren wollenen Kappen auf dem Kopf, Zimmerleute mit ledernen Schürzen, Metzger mit glutroten Gesichtern und Steinmetzen, so grau wie die Heiligenstatuen, an denen sie arbeiteten. Jeder hielt seinen Penny in der klebrigen Hand und in der anderen eine Flasche Bier, sein Werkzeug oder einen Apfel. Ganz in der Nähe mußte gerade eine Bärenhatz stattfinden. Der Lärm war unverkennbar: der kurze Aufschrei aus tausend Kehlen, das laute Gebrüll, wenn eine Bulldogge sich festgebissen hatte, die Flüche und Verwünschungen, wenn ein Hund feige war. Es klang nach einer guten Hatz, dachten manche und machten kehrt, um ihren Penny dort auszugeben. Doch die meisten blieben. Sie kannten die Schauspieler und wußten, daß auf der Bühne ebensoviel Blut fließen würde wie bei der Bärenhatz.

Und sie würden eine Geschichte erzählt bekommen, der sie vielleicht sogar folgen konnten. Und wenn nicht, dann würde es doch genug Händel und Liebesleidenschaft zu sehen geben, um eine Weile lang den eigenen schwitzenden und juckenden Körper, den mürrischen Brotherrn und die Mühsal des Alltags zu vergessen.

William Shakespeare beobachtete, wie sie, einer nach dem anderen, ihren Penny bezahlten und dann losstürzten, um im Parterre möglichst weit vorn einen Platz zu erwischen. Die vornehmeren Zuschauer, so die jungen Herren von den Rechtsschulen, zahlten meist drinnen noch einmal einen Penny für einen Sitzplatz auf einer der Galerien, und manchmal noch einen dritten für einen bequemen Stuhl mit Kissen. Die Kavaliere vom Hofe, die gelegentlich kamen, bezahlten sechs Penny oder sogar einen ganzen Shilling für die Logen.

Der weißhaarige alte Mann, der dort, leicht gebeugt, in seinem pelzgefütterten Mantel stand, würde sich, dachte William, sicherlich einen bequemen Stuhl für drei Penny leisten. Als der ehrwürdige alte Herr näher kam, erkannte William zu seinem großen Erstaunen Master Philip Henslowe.

Sein Erstaunen hatte zwei Gründe. Erstens ging ein Theaterbesitzer nie in ein fremdes Theater. Wenn er ein Stück stehlen wollte, schickte er einen Kundschafter mit einer Schreibtafel hin. Und zweitens war Philip Henslowe ein Geizhals. Wenn er einen Penny ausgab, mußte er schon einen sehr wichtigen Grund für sein Kommen haben.

William sah seinen einstigen Brotherren mißtrauisch an, versuchte aber einen möglichst harmlosen Ton anzuschlagen. «Ah, Master Henslowe! Welch unerwartete Ehre!»

Henslowe legte seinen Penny auf den Tisch und sah William strahlend an: «Ich wollte mir schon lange einmal Eure traurige Tragödie ansehen, Master Shakespeare.»

Sollte er den alten, schlauen Fuchs hereinlassen? Warum kam er? Sicher nicht, um das Stück zu stehlen – es war schon zweimal gedruckt worden, das erste Mal als Raubdruck. Doch Erfahrung und sein Gefühl rieten ihm, Master Henslowe abzuweisen. «Ich kann Euch nicht einlassen, Master Henslowe», sagte er mit fester Stimme.

Henslowe sah ihn wieder strahlend an. «Wieso? Ist mein Penny schlechter als die anderen?»

Schon ertönte vom Dach her der erste der drei Trompetenstöße. Die hinter Henslowe wartenden Leute, die schon gemurrt hatten, schimpften jetzt wütend. William winkte Master Henslowe herein.

Der alte Herr bedachte ihn mit einem triumphierenden Lächeln, begab sich ins Parterre und stellte sich unter die Gründlinge. Der eine Penny hatte ihn schon genug geschmerzt. Einen zweiten für einen Platz in einer ihrer üppigen Galerien sollten die königlichen Schauspieler nicht von ihm bekommen. Er zog ein gebackenes Hühnerbein aus der Tasche, stellte sich bequem hin und blickte erwartungsvoll auf die Bühne.

«Wir hatten heute einen unerwarteten Besucher – Master Henslowe!» sagte William.

«Hast du ihn etwa hereingelassen?» Richard Burbage, der gerade dabei war, sich abzuschminken, sah ihn mit funkelnden Augen an.

«Ich wußte nicht, wie ich es verhindern sollte. Er kam beim ersten Trompetenstoß, und es gab ein Gedränge.»

«Du hättest den alten Teufel zur Hölle schicken sollen! Hast du ihn wenigstens gefragt, was er wollte?»

«Ja. Er hat gesagt, er wolle meine ‹traurige Tragödie› sehen, der glattzüngige Kerl.»

«Das wird uns sicher noch teuer zu stehen kommen. O Gott! Wäre *ich* doch bloß am Eingang gewesen! Ich hätte ihn schon irgendwie fortgescheucht!»

Der kaum versteckte Vorwurf kränkte William nicht. Er war dergleichen gewohnt und fragte nur trocken: «Und wie, Dick? Mit einem Besenstiel?»

Alle lachten schallend. Jeder kannte die Geschichte, wie Richard Burbage einst als junger Mann einen Gerichtsvollzieher mit einem Besenstiel in die Flucht geschlagen und sich hinterher damit gebrüstet hatte: «Der Bursche wollte sein Teil holen. Und er hat sein Teil bekommen – *damit!*»

Richard Burbage lachte. William lachte. Alle lachten.

Aber Master Henslowe lachte nicht, während er durch die Abenddämmerung nach Hause ging. Er war im ‹Globe› gewesen, um Master Fox in Augenschein zu nehmen. Er *mußte* den Knaben für die Truppe des Prinzen Heinrich haben.

Er dachte angestrengt nach. Der habgierigen Mutter des Jungen ein wenig mehr Geld zu bieten, hatte keinen Sinn. Es war ein zu trauriger Anblick, die Habgier am Werk zu sehen. Dennoch hätte er auch das auf sich genommen, aber es war aussichtslos. Also mußte er sich an den Knaben selbst wenden. Doch mit Geld allein würde er nicht viel erreichen. Ein guter Knabenschauspieler hatte eine leuchtende Zukunft bei den Schauspielern des Königs.

Konnte er ihm eine noch hellere Zukunft bei der Truppe des Prinzen Heinrich bieten? Nein. Bestechung kam nicht in Frage bei diesem vielversprechenden Jungen. Welche andere Möglichkeit gab es? Drohungen!

Philip Henslowe überlegte und beschloß, seinem Freund, dem Bischof von Winchester, einen Besuch abzustatten. Ihre Bekanntschaft rührte daher, daß Henslowes Bordelle sich allesamt in der Nachbarschaft der bischöflichen Residenz befanden.

Die letzten Sommertage waren vergangen. Nun war es Herbst.

In den Kellergewölben unter dem Palast von Westminster nahm Catesbys großer Plan feste Gestalt an. Sicherlich würde niemand die hier aufgestapelten Fässer, die Eisenstangen und den Berg Reisig und Kohlen bemerken oder sich etwas dabei denken. Und im übrigen war da ja immer noch Master Guy Fawkes, der jeden lästigen Fragesteller beruhigen würde. Was konnte mehr Vertrauen einflößen als ein ehemaliger tapferer Soldat, der mit einer Blendlaterne in den Kellern unter dem Parlamentsgebäude auf und ab ging.

Es war Herbst. Im ‹Blackfriars›-Theater bereitete man sich auf den Winter vor. Das hieß: mehr Proben, mehr Aufführungen. Denn das ‹Blackfriars›-Theater hatte ein Dach – während bei den anderen Theatern nur der Außenbau mit den Galerien und die Bühne überdacht waren. Man konnte es sich daher erlauben, an dunklen Winterabenden bei Kerzenlicht zu spielen.

Matthew Peyre war verzweifelt. Er plante seine Flucht. Doch im Grunde seines Herzens wußte er, daß ein Entkommen unmöglich war. Die Fenster des Dormitoriums waren vergittert. Jede seiner Bewegungen wurde von dem listigen Master Evans bewacht. Und selbst falls er entkommen konnte, war damit nicht viel erreicht. Denn Master Evans war nicht so unbekümmert gewesen wie Master Shakespeare – er hatte einen Vertrag, auf den er sich berufen konnte, falls Matthew Peyre davonlief. Matthew blickte sehnsüchtig zwischen den Gitterstäben hindurch auf den weiten Himmel und die sonnenbeschienenen Dächer Londons. Er dachte an das Haus seiner Mutter und an den Garten. Der Garten lag um diese Tageszeit schon halb im kühlen Schatten, doch wenn man auf einen der Apfelbäume kletterte, war man wieder im Sonnenschein und konnte sich einen der sonnenwarmen Äpfel pflücken. Es war lange her, seit er seinen letzten Apfel gegessen hatte.

Nicholas Fox stand hochmütig vor Master Henslowe. Der Umstand, daß zwei grob aussehende Männer ihn gewaltsam hergeschleppt hatten und ihn auch jetzt an beiden Armen gepackt hielten, beeindruckte ihn nicht im geringsten.

Master Henslowe bot ihm höflich einen Stuhl an. Nicholas setzte sich mit finsterem Blick.

Master Henslowe seufzte. «Die Sünde, Master Fox, frißt wie ein Geschwür am Herzen unserer Stadt. Würdet Ihr mir da zustimmen?»

Nicholas schwieg. Was wollte der alte Gauner von ihm?

Master Henslowe schwenkte Schriftstücke hin und her. «Der hochwürdige Bischof von Winchester ist ein Eiferer im Kampf wider die Sünde.»

Nicholas sah ihn wartend an. «Der hochwürdige Bischof», fuhr Master Henslowe jetzt in einem heiteren Plauderton fort, «hat sich eine Liste unzüchtiger und sündiger Weiber machen lassen, auf daß sie öffentlich ausgepeitscht werden. Ein schöner Beweis für den wahrhaft christlichen Eifer des hochwürdigen Bischofs, nicht wahr, Master Fox?»

Nicholas befeuchtete seine trockenen Lippen. «Ja.»

Master Henslowe warf einen Blick auf das Schriftstück in seiner Hand. «Auf dieser Liste sehe ich auch den Namen einer gewissen Mistress Fox. Ist sie zufällig verwandt mit Euch?»

Nicholas sprang auf. «Wie könnt Ihr es wagen!»

Die beiden Männer zogen ihn derb auf den Stuhl zurück.

Master Henslowe sagte honigsüß: «Seine Majestät der König, ebenfalls ein Eiferer für den Herrn, würde sicherlich nicht sehr entzückt sein, wenn er feststellen müßte, daß die Mutter eines seiner Schauspieler als gemeine Dirne öffentlich ausgepeitscht worden ist.»

Wieder sprang Nicholas auf. «Meine Mutter ist keine gemeine Dirne!»

«Gemein nicht, nein, da geb ich Euch recht, Master Fox.»

Nicholas sagte: «Und warum habt Ihr mich holen lassen?»

«In dem aufrichtigen Verlangen, Euch zu helfen», sagte Master Henslowe mit gewinnender Offenheit.

«Helfen? Und wie?»

Master Henslowe seufzte. «Ja, das wird sehr schwierig sein. Gehörtet Ihr zur Truppe des Prinzen Heinrich, wäre alles viel einfacher. Doch so ...»

«Wieso einfacher?»

«Weil ich das Ohr des hochwürdigen Bischofs von Winchester habe. Mir zuliebe würde er vielleicht bei einer neuerlichen Prüfung die Sündhaftigkeit Eurer Mutter nicht gar so streng beurteilen.»

«Ihr wollt, daß ich mich der Truppe des Prinzen Heinrich anschließe?»

«Verehrter junger Herr, wie könnte ich daran denken, Euch solches vorzuschlagen? Wie könnte ich meinen alten Freunden, Master Burbage und Master Shakespeare, einen Knaben abspenstig machen? Ganz abgesehen davon, daß Eure Treue –»

«Treue?» rief Nicholas. «Was nützt mir Treue! Wie wären die Aussichten?»

Master Henslowe nickte beifällig. Das war ein junger Mann nach seinem Herzen. «Exzellent, Master Fox, exzellent! Also hört ...»

Es dauerte nicht lange, bis sie zu einer Einigung kamen.

«Ich sagte dir ja, daß Henslowes Besuch uns noch teuer zu stehen kommt!» schrie Richard Burbage. «Aber daß er uns unseren einzigen Knaben stiehlt, darauf wäre ich nicht gekommen.»

«Und wie steht es mit seinem Vertrag?» fragte William beklommen.

«Er ist nicht das Papier wert, auf dem er geschrieben steht. Gegen einen Shylock wie Henslowe kommt keiner an. Zum Teufel, Will, und das alles ist *deine* Schuld. Erst läuft dir der eine Knabe davon, und dann läßt du zu, daß der alte Gauner uns den anderen stiehlt!»

«Ich war es immerhin, der die beiden angestellt hat – gegen

deinen Willen», sagte William leise.

«Hör bloß auf!» fauchte Richard Burbage. «Das ist jetzt nicht der Augenblick für Spitzfindigkeiten. Begreifst du denn nicht, in was für einer hoffnungslosen Lage wir sind!»

«Sicher, und ob. Meine Cleopatra –»

«Oh, verschone mich mit deiner verdammten Cleopatra! Ohne Knaben können wir überhaupt kein Stück mehr aufführen. Was ist denn mit dem jungen Peyre? Kannst du den nicht vielleicht zurückholen?»

William schwieg. «Ich kann es ja versuchen», sagte er schließlich.

Was blieb ihm anderes übrig? Er zog seinen Hut tief ins Gesicht – wie ein papistischer Verschwörer, dachte er bitter belustigt – und machte sich auf den Weg zum ‹Blackfriars›-Theater. Gewiß, es kam unter den Schauspielertruppen immer wieder vor, daß man sich gegenseitig Stücke stahl und Schauspieler oder Knabenschauspieler abspenstig machte. Trotzdem war es ein Geschäft, das ihm zuwider war. Doch er hatte ein schlechtes Gewissen. Er nahm an, es sei wohl wirklich seine Schuld, daß sie beide Knabenschauspieler eingebüßt hatten.

Aber von Matthew war nichts zu sehen. Keine Spur, solange er sich auch in der Nähe des ‹Blackfriars› herumdrückte. Matthew saß hinter Gittern. Er war ein viel zu wertvoller Besitz, als daß Master Evans ihn hätte frei herumlaufen lassen.

Und so saßen die Schauspieler des Königs ohne Knaben da. Es war eine verzweifelte Lage. Aber wieder einmal kam ihnen das Glück zu Hilfe, ohne das auch die tüchtigsten und fähigsten Schauspieler keinen Erfolg haben konnten. Und seltsamerweise war der Retter in der Not niemand anders als Philip Henslowe!

Die Truppe des Prinzen Heinrich hatte mit Nicholas Fox einen guten Fang getan. Trotzdem fehlten immer noch Knabenschauspieler für die Frauenrollen.

Also setzte der unermüdliche Master Henslowe seinen Hut auf und besuchte eine Aufführung im ‹Blackfriars›-Theater. Er ging ohne einen festen Plan hin. Aber wie stets hoffte der fromme alte Herr zuversichtlich, daß Gott der Allmächtige ihm einen Weg weisen würde.

Und seine Hoffnung sollte sich erfüllen.

Er sah sich das Schauspiel nicht ohne Anteilnahme an. Es war eine unterhaltsame Komödie über das Lehrlings-Dasein. Aber er war nicht hergekommen, um sich zu unterhalten. Er beobachtete und lauschte mit angespannter Aufmerksamkeit.

Und es dauerte nicht lange, bis dieser treue Untertan seines Königs zutiefst erbebte vor Entrüstung. Die Urheber des Stükkes, Master Ben Jonson, Master George Chapman und Master John Marston, diese schamlosen Gesellen, erfrechten sich doch tatsächlich, die Schotten zu verspotten.

Es kostete ihn seine ganze Kraft, sitzen zu bleiben und sich diese niederträchtigen Spötteleien über die Landsleute des Königs mit anzuhören. Geschrieben von Master Jonson und seinen Kumpanen, aufgeführt von Master Evans und gespielt von unschuldigen Knaben! Es war schändlich! Für ein paar lumpige Pfund Sterling die Gefühle des Königs von Gottes Gnaden zu verletzen! Wieder einmal bestätigte sich die traurige Wahrheit, daß die Liebe zum Mammon die Wurzel allen Übels war.

Kaum war das Stück zu Ende, stand er auf, verließ das Theater und eilte, so schnell ihn seine alten Beine und sein Stock mit dem silbernen Knauf trugen, zu seinem Kontor zurück.

Keuchend kletterte er die Stiege hoch, ließ sich in seinen Schreibtischstuhl sinken und ergriff eine Feder und einen Bogen Papier. *An den höchst ehrenwerten Robert Cecil, Grafen von Salisbury. Gnädiger Herr . . .*

Nein, Master Henslowe war nicht der Mann, der sich Frechheiten und Frivolitäten anhörte, ohne etwas dagegen zu unternehmen.

Es war nicht gleich das Ende der Kindertruppe der Königin, doch König Jakob war verständlicherweise verärgert über diese Sticheleien. Er schickte Chapman ins Gefängnis, worauf Ben Jonson, der Hitzkopf, darum ersuchte, gleichfalls eingesperrt zu werden. Und die Königin entzog der Truppe ihr Wohlwollen und ihre Unterstützung. Die Anzahl der Besucher sank beträchtlich, da viele Bürger es tunlichst vermieden, sich in einem Theater zu zeigen, das des Königs Mißfallen erregt hatte. Und so stellte Master Evans plötzlich fest, daß er mehr Knaben hatte, als er brauchte. Die Schauspieler des Königs übernahmen einige. Auch Master Henslowe kaufte einige von ihnen und verkaufte sie mit zufriedenstellendem Profit an die Truppe des Prinzen Heinrich weiter. «Gesegnet sei der Name des Herrn», schrieb er in das Buch, in das er diesen Gewinn eintrug.

Die Feder kratzte, die Kerze flackerte, das erste Feuer in diesem Herbst knisterte im Kamin. In den Räumen über dem Putzmacherladen in der Silver Street hatte sich nichts verändert.

Es klopfte an der Tür. Die Tür öffnete sich. William blickte auf.

Ein großer, hübscher Jüngling, bleich und ernst, stand schweigend auf der Schwelle.

William starrte ihn an. Dann sprang er auf und umarmte den Jungen mit Tränen in den Augen. «Matthew!» rief er. Und er packte ihn bei den Schultern und musterte ihn von Kopf bis Fuß. «Mein Gott, wie bist du groß geworden! Master Evans hat einen Mann aus dir gemacht.»

Matthew lächelte scheu und senkte mit gespielter Zerknirschtheit den Kopf. William war tief bewegt. Die Geste erinnerte ihn an alte Zeiten. Der Knabe sagte: «Vater, ich bin hinfort nicht mehr wert, daß ich dein Sohn heiße. Mache mich als einen deiner Tagelöhner.»

«Nein, mein Junge, wir werden ein gemästetes Kalb essen, oder was sonst die Wirtin uns auftragen kann.» Er lief hinaus an die Treppe und rief nach Mistress Mountjoy. *(Denn dieser mein Sohn war tot und ist wieder lebendig geworden.)* Er kam ins Zimmer zurück und rieb sich froh die Hände. «Wie steht's?» fragte er. «Kommst du wieder zu den königlichen Schauspielern zurück?»

«Wenn sie mich nehmen, Herr!» Sein Lachen war offen, freundlich, zuversichtlich. Aus dem Knaben war ein Mann geworden. Aber er war ja inzwischen auch mindestens vierzehn Jahre alt. «Und was hältst du von Master Evans?» fragte er ihn.

«Er hat mich geschlagen, Herr, und mich wie einen Gefangenen gehalten. Aber er hat mir das Spielen beigebracht ...» Er lachte und fügte hinzu: «Indem er mich prügelte, wenn ich schlecht spielte.»

Mistress Mountjoy erschien und brachte Wein, kalten Rinderbraten, Brot, Käse und die unvermeidlichen eingelegten Heringe. Während sie geschäftig den Tisch deckte, saßen William und Matthew am Kamin, sahen ins Feuer und warfen sich hin und wieder einen flüchtigen scheuen Blick zu. Wie gut, wieder hier zu sein, dachte Matthew. Es ist alles so, wie es war. Und er – er ist wie Vater. Gütig, verständnisvoll, jemand, dem man seine Sorgen anvertrauen kann. Und William dachte: Er ist erwachsen geworden. Er hat an Sicherheit gewonnen und strahlt sogar eine gewisse Fröhlichkeit aus. Ob er meine königliche Zigeunerin spielen könnte? Nach dem Abendessen soll er die Rolle einmal lesen.

Sie setzten sich zu Tisch. Und als Mistress Mountjoy wieder

gegangen war, stellte William die Frage, die ihm schon die ganze Zeitlang auf der Zunge brannte. «Wie geht es deiner Mutter?»

Der Junge senkte den Kopf. «Danke, gut.»

Es war eine Antwort, die gar nichts besagte. «Aber –?» fragte William.

Der Knabe sah ihn an, und er wirkte plötzlich verstört. «Nichts, kein Aber, Herr.»

William sagte: «Komm, mein Junge. Irgend etwas ist doch nicht in Ordnung – ich sehe es dir an.»

«Sie macht sich Sorgen, Herr.»

«Immer noch?» Er erinnerte sich, wie verängstigt sie ausgesehen hatte, als sie sich das letzte Mal begegnet waren. Es habe etwas mit ihrer Kirche zu tun, hatte sie damals gesagt.

Doch inzwischen schien Matthew beschlossen zu haben, sich ihm anzuvertrauen. Er sagte: «Da ist ein Mann unseres Glaubens, ein Master Catesby, der eine Zeitlang häufig in unser Haus kam. Ich weiß nicht wieso, aber die Angst meiner Mutter hat irgendwie mit ihm zu tun.»

William spürte den Stachel der Eifersucht. Sie war eine schöne und, wie er zugeben mußte, zurückhaltende Frau. Der Umstand, daß sie eine kleine Schwäche für ihn zu haben schien, besagte gar nichts.

«Er ist nicht ihr Liebhaber», sagte der Junge.

William seufzte erleichtert und leerte sein Glas. Doch dann dachte er: Wenn er nicht ihr Liebhaber ist, warum macht sie sich so große Sorgen seinetwegen?

Matthew sagte: «Es wäre schön, Master Shakespeare, wenn Ihr einmal zum Abendessen zu uns kommen könntet.»

«Vielen Dank, Matthew.» Ja, dachte er, das wäre schön; Annette hatte gesagt, es sei nicht ziemlich. Aber wenn der Junge dabei war ...

Nach dem Essen warf William ein Bündel Bogen auf den Tisch. «Das ist mein neues Stück über die Zigeunerin Cleopatra.»

Matthew begann zu lesen. Nach einer Weile fragte William: «Glaubst du, du könntest die Cleopatra spielen?» Und er konnte es sich nicht verkneifen hinzuzufügen: «Nachdem Master Evans dir das Spielen beigebracht hat?»

«Ich würde es von Herzen gern versuchen, Herr.»

«Also gut. Fangen wir gleich an. Lesen wir diese Szene hier. Du die Cleopatra, ich den Antonius.»

Sie saßen vor dem Kamin, William auf dem hohen Stuhl, Matthew auf einem Hocker. Oh, es war gut, wieder ein Feuer im Kamin zu haben, und es war gut, diesen Sohn wiedergefunden zu haben. Ein hübscher Junge, dachte er, groß und schlank und aufrecht, freimütig und mit offenem Blick. Aus dem launischen Knaben war ein ausgeglichener Jüngling geworden. Und dieser Jüngling würde die schönste Frauenrolle spielen, die er je geschrieben hatte.

18

Die Hölle ist finster!

Herbsttage. Große, dunkle Wolken türmten sich an einem milchig blauen Himmel. Alles wirkte verschwommen, so als betrachte man es durch einen dünnen Schleier. Die Tage wurden kürzer, und die Luft war stechend kalt am Morgen und am Abend. Der grausame Winter kündigte sich an.

Annette Peyre atmete ein wenig auf. Bald würde Schnee die Straßen verwehen, Städte und Dörfer abschneiden und die Menschen in ihre Häuser treiben. Wenn Master Catesby einen Anschlag hätte verüben wollen, dann hätte er sicher längst gehandelt, sagte sie sich. Ein Mord – und vor allem die Ermordung des Königs – nützte nur etwas, wenn sich gleichzeitig alle im Lande lebenden Katholiken erhoben. Und für eine große Erhebung waren die langen, hellen Sommertage sicher besser geeignet als die dunklen Monate. So hoffte sie, ihr werde ein friedlicher Winter beschert sein, ein Winter mit Kerzenlicht und einem lustig flackernden Feuer im Kamin. Und es beruhigte sie auch, Matthew wieder bei Master Shakespeare zu wissen.

Im ‹Globe› probten sie jetzt *‹Antonius und Cleopatra›*. Es ging recht gut. Richard Burbage, der den Antonius spielte, behandelte Matthew Peyre mit unverhohlener, jedoch gutmütiger Herablassung. Aber von der Rolle der Cleopatra war er hingerissen. Und Matthew Peyre war als Cleopatra dem Antonius eine verführerische Geliebte und war auch eine königliche Königin – nur das, was Cleopatra von einem Fischweib hatte, kam etwas zu kurz. William war zufrieden. Wenn nichts mehr dazwischenkam, würden sie das Stück Anfang November aufführen können. Und er würde es sich ansehen, nicht von der Bühne oder von der Garderobe aus, sondern als richtiger Zuschauer in einer der Sechs-Penny-Logen oben in der Galerie. Er spielte nicht selbst mit in dem Stück, und seine Arbeit als Spielleiter war dann ja beendet.

Für Matthew war es eine glückliche Zeit. Kein Nicholas Fox piesackte und verspottete ihn. Er arbeitete Tag für Tag mit Master Shakespeare zusammen und kam gut mit den Schauspielern aus, die er früher so gefürchtet hatte. Und mindestens einen Abend in der Woche verbrachte er bei seiner geliebten Mutter.

Robert Cecil, der Graf von Salisbury, blickte nur selten zum herbstlichen Himmel auf, denn über alles, was sich in England ereignete, kamen Berichte auf seinen Schreibtisch. Und nun sollte auch noch das Parlament zusammentreten, und er mußte alle dafür erforderlichen Vorbereitungen überwachen. Das Datum war schon festgesetzt worden: der 5. November. Aber es waren tausend Entscheidungen zu treffen. Der König und die Königin würden bei der feierlichen Eröffnung zugegen sein. Und ebenso ihr ältester Sohn, Prinz Heinrich. Aber wie war es mit Prinz Karl und Prinzessin Elisabeth? Und mit den Gesandten? Die Mitglieder des Geheimen Kronrats würden erscheinen. Kurz, alles, was Rang und Namen hatte, würde anwesend sein. Schon die Reisevorbereitungen waren ein Alptraum. Man mußte den König und die Seinen und die Adligen vor Verrückten mit Pistolen, vor Katholiken mit Messern und vor Hexen mit dem bösen Blick schützen. Bei dem Gedanken an die Verantwortung, die da auf ihm lastete, wurde dem sonst so gelassenen Sir Robert Cecil etwas bänglich zumute. Es war unausdenkbar, wenn der königlichen Familie etwas zustieß und die Schwierigkeiten mit der Erbfolge wieder von neuem begannen, nachdem nun doch alles so vernünftig und friedlich geregelt worden war.

Er bat den König um eine Audienz und machte ihn auf die Gefahren aufmerksam.

König Jakob nahm Gefahren nicht auf die leichte Schulter. Seit seiner Kindheit hatten ihm immer wieder Anschläge gedroht. Er ordnete an, daß die Zahl der Soldaten, die an der Route des königlichen Zuges stehen würden, verdoppelt, daß alle in London bekannten Hexen festgenommen und daß die hitzigsten Papisten überwacht werden sollten. Außerdem riet er, die weniger reputierlichen Häuser an der Route des königlichen Zuges nach Waffen und Schießpulver durchsuchen zu lassen. «Diese Maßnahmen, mein lieber Salisbury», schloß er, «sollten genügen, denn vergeßt nicht, daß Gott der Herr mich schützt. Er wird nicht zulassen, daß mir, dem König von Gottes Gnaden, ein Leid geschieht.»

Robert Catesbys Plan, mit ein paar Fässern Schießpulver die gesamte königliche Familie und das gesamte Parlament in die Luft zu sprengen, wäre, gerade weil er so verblüffend simpel war, um ein Haar gelungen. Ein schreckliches Blutbad, der Bartholomäusnacht vergleichbar, wäre die Folge gewesen.

Selbst der Graf von Suffolk schöpfte keinen Verdacht, als er am Nachmittag des 4. November bei einem Rundgang durch die Kellergewölbe unter dem Parlamentsgebäude auf Master Fawkes stieß, der mit seiner Blendlaterne neben seinen Pulverfässern saß. Im Gegenteil, der gemütliche Tonfall des ehemaligen Soldaten bewirkte, daß der Graf sich beruhigt entfernte. Und hätte nicht einer der Verschwörer, der mehr Familiensinn als Verstand besaß, an einen Verwandten geschrieben und ihm geraten, der Parlamentseröffnung am 5. November unter irgendeinem Vorwand fernzubleiben, dann hätte Guy Fawkes wohl die lange Lunte gezündet und wäre bereits auf dem Weg nach Flandern gewesen, ehe die Flamme das Pulver erreicht hätte.

Der Graf von Monteagle, der die Warnung erhielt, ging mit dem Brief zu Sir Robert Cecil, und Robert Cecil begab sich damit zum König, und König Jakob erkannte, daß vielleicht doch etwas schiefgehen konnte.

Robert Cecil schickte seine Häscher aus. Guy Fawkes wurde ergriffen, und die Verschwörer wurden durch ganz England gejagt und festgenommen oder bei der Verfolgung getötet. Die Gerichtsverhandlungen begannen. König Jakob schrieb einen persönlichen Bericht über die Affäre nieder. Er ordnete an, daß in allen Kirchen Dankgottesdienste abzuhalten seien, und dankte dem Allmächtigen für seine wunderbare Errettung. Er befahl den Bischöfen, für die verurteilten Verschwörer eine so abscheuliche Todesstrafe zu ersinnen, daß nie wieder jemand einen König von Gottes Gnaden zu ermorden wagte. (Doch trotz ernster und inbrünstiger Gebete um Erleuchtung konnten die hochwürdigen Herren am Ende nichts anderes vorschlagen als das altbewährte Verfahren: Hängen und Vierteilen. Manch einer sah darin einen traurigen Beweis für die geistigen und geistlichen Grenzen der Kirche von England.)

Annette Peyre wurde am 6. November um vier Uhr früh zum Verhör abgeholt.

Sie lag wach, als die Häscher kamen. Die Gerüchte von der Aufdeckung einer Verschwörung waren auch zu ihr gedrungen, und sie hatte vor Angst keinen Schlaf finden können.

Sie hörte die hallenden Schritte, das Klirren von Waffen, die leise gerufenen Kommandos.

Sie hörte, wie die Bewaffneten die Haustür einschlugen und polternd die Treppe heraufkamen.

Nein, sie starb nicht vor Angst. Sie stand auf, zog sich ein Kleid an und einen Umhang über die Schultern, strich sich das Haar glatt und wartete.

Als die Männer ins Zimmer gestürmt kamen, erschien sie ihnen bleich, aber gefaßt. Doch ihre Glieder waren wie gelähmt vor Furcht. Sie mußten sie die Treppe hinunterschleppen. Erst als man sie aus ihrem Haus in den kalten, unbarmherzigen Novembermorgen hinauszerrte, begann sie zu schreien.

«Herr, sie haben meine Mutter geholt!»

«Wer? Wohin?» William legte den Gänsekiel nieder und blickte auf.

«Ich weiß es nicht. Aber sie ist Katholikin. Die Pulververschwörung! Ich habe Angst um sie, Master Shakespeare.»

Auch William hatte die Gerüchte gehört. Er und Matthew sahen einander an. Beide ahnten Schlimmes. Beide erinnerten sich an Annettes Ängste. Und beiden fiel der Name Robert Catesby ein. Er war in den Gerüchten allerdings nicht erwähnt worden. Man hatte bisher nur von einem gewissen Guy Fawkes gehört.

William stand auf. «Wohin hat man sie gebracht?»

«Ich weiß es nicht.» Es klang wie ein Verzweiflungsschrei. Matthew war aschfahl im Gesicht und zitterte am ganzen Leibe, doch in seinen Augen funkelte eine wilde Entschlossenheit. «Sie haben die Tür eingeschlagen. Und die Nachbarn sagen, bewaffnete Männer hätten sie fortgeschleppt.»

William zögerte. Immerhin handelte es sich um eine papistische Verschwörung. Kein Wunder also, wenn der Staat die Katholiken für ein paar Tage in Gewahrsam nahm – vielleicht sogar zu ihrem eigenen Schutz? In einer Woche spätestens würde Annette wieder daheim sein.

Nein. Er durfte sich nichts vormachen. Annette Peyre war in Gefahr.

Es gab nur einen Weg, ihr zu helfen. Er mußte sich an die Hohen und Mächtigen wenden und sie um Hilfe bitten. Wen kannte er? Mary Herbert, die Gräfin von Pembroke. Henry Wriothesley, den Grafen von Southampton, von dem sicher keine Hilfe zu erwarten war. Und er kannte den König.

Er legte den Arm um des Knaben Schulter. «Ich gehe jetzt und werde sehen, was ich tun kann, Matthew. Und du gehst nicht aus dem Haus, hörst du? Die Straßen sind zu gefährlich heute abend für Katholiken!»

Der Junge sah dankbar zu ihm auf.

William zog sich sein bestes rostrotes Wams und seine pflaumenblaue Kniehose an, warf sich seinen senfgelben Umhang über die Schultern und stülpte sich seinen hohen, steifen Hut auf den Kopf. Dann machte er sich auf den Weg.

In seiner Angst rannte er fast. In den Straßen war es still. Die Häuser einiger bekannter Katholiken standen in Flammen. Die Regierung ahndete allerdings solche Racheakte. Bei den vielen Holzhäusern überall konnte aus einem solchen Feuer zu leicht ein großer Brand entstehen.

Er eilte weiter und betete zu Gott, daß die Gräfin von Pembroke in London weilte.

Er erreichte das Stadthaus der Pembrokes, lief die Stufen hinauf und klopfte. Die Tür wurde geöffnet. Er bat den Diener zu fragen, ob die Frau Gräfin die Güte habe, Master Shakespeare zu empfangen.

Sie begrüßte ihn mit der gewohnten Herzlichkeit. Aber seine Bitte schlug sie ihm ab. «Lieber Master Shakespeare, wißt Ihr, was Ihr da verlangt? Fürsprache für eine Papistin?» Ihre Stimme klang freundlich besorgt, aber zugleich entsetzt.

«Gräfin, sie ist eine alte Freundin von mir, die Mutter des Schauspielerknaben, der meine Cleopatra spielen wird.»

«Aha!» sagte sie und sah ihn augenzwinkernd an. «Ich verstehe, ohne Rettung der Mutter keine Cleopatra!»

«Das ist nicht der Grund, Madam. Ich erbat Eure Hilfe, weil sie eine gute, edelmütige Frau und gänzlich unschuldig in dieser Sache ist.»

«Und woher wißt Ihr, daß sie unschuldig ist, Herr? Seid Ihr so vertraut mit den Plänen der Papisten?» fragte sie, blickte dabei aber lächelnd auf ihre beringten Finger.

«Nein, Madam», antwortete er mit ernster Stimme. «Ich weiß nur, daß sie nie Blut vergießen würde – niemandes Blut.»

«Aber sie ist Katholikin, und hat nicht der Bischof von Rom erklärt, wer einen ketzerischen König ermorde, tue ein gottgefälliges Werk?»

«Sie würde so etwas nicht glauben.»

«So? Sie würde dem Stellvertreter Gottes auf Erden nicht glauben? Dann muß sie eine seltsame Katholikin sein, Master Shakespeare.»

Spielte sie mit ihm? Wollte sie ihn auf die Probe stellen? «Gräfin», sagte er, «werdet Ihr ein Wort einlegen für diese unschuldige Frau?»

Sie schwieg und blickte wieder auf ihre Finger. Schließlich sah sie auf und sagte: «Nein. Ich *wage* es nicht. Es würde ihr nicht helfen, und es würde mich und die Meinen in Gefahr bringen. Der König ist außer sich vor Zorn. Und ich bin ohnehin schon in Ungnade.» Dann fügte sie mit einem gezwungenen Lächeln hinzu: «Einmal ist genug, Master Shakespeare.»

Er war abgewiesen. Jeder weitere Versuch war zwecklos. Wenn die Gräfin vom Pembroke nein sagte, dann blieb sie auch dabei. Und wie zur Bestätigung sah sie ihn mit ihrem wunderbaren Lächeln an und sagte: «Eure Katholikin tut mir aufrichtig leid. Doch nicht einmal der beredte Poet William Shakespeare könnte mich dazu bringen, beim König Fürsprache für sie einzulegen.»

«Ich danke Euch, Madam.» Er küßte ihre Hand, verneigte sich und ging verzweifelt davon. Wenn diese kluge und beherzte Frau es für hoffnungslos hielt, dann war es fürwahr hoffnungslos!

19

Wie des Himmels milder Regen

«Schon wieder eine Audienz beim König? Was wollt Ihr?» fragte der Graf von Southampton.

«Ich will um Gnade bitten für eine Katholikin, die zu Unrecht verhaftet wurde», sagte William kleinlaut.

Southampton musterte ihn kalt und sagte in scharfem Ton: «Zu Unrecht? Und woher wißt Ihr das?»

«Sie ist unschuldig», sagte William unbeirrt.

«In den Augen des Königs und in den Augen seiner getreuen Untertanen sind alle Katholiken schuldig. Und das gleiche gilt für jene, die sich für sie verwenden. Tut, was Ihr wollt, Master Shakespeare. Ich habe Euch gewarnt.»

Sie sahen einander gedankenvoll an. William seufzte. «Ich möchte gleichwohl um eine Audienz ersuchen.»

«Wie Ihr wünscht.» Ein Southampton verschwendete nicht seine Zeit damit, einem Narren seine Narretei auszureden. Und erst recht nicht, wenn der Narr William Shakespeare hieß. «Ich werde es dem König kundtun», sagte er. Und er lächelte sogar.

Ein dünnes Lächeln, blitzend wie Eis unter dem Wintermond.

Southampton hatte recht gehabt. Der König war erschöpft und gereizt. In seinem Gesicht zuckte es, und er starrte William lange Zeit abwesend an. Dann sprach er, und seine Worte überschlugen sich. «Ah, Master Shakespeare! Habt Ihr das

Stück über meinen Ahn Banquo immer noch nicht fertig? So, doch? Oh, wir müssen es gelegentlich sehen. Aber Schießpulver, Mann! Ein Mordanschlag auf den Herrscher von Gottes Gnaden!»

«Eine schreckliche Sünde, Eure Majestät.»

Die großen, runden Augen waren wieder starr auf ihn gerichtet: «Auch mein Vater wurde gewaltsam getötet, erinnert Ihr Euch?» König Jakob seufzte tief. «Jei. Es war ein schlimmes Unglück, Master Shakespeare. Und Ihr habt das Stück über den edlen Banquo fertig?»

«Ja, Eure Majestät.»

«Gut so, Mann, gut so. Master Shakespeare, seht Ihr nicht auch die Hand Gottes in der Aufdeckung dieser Verschwörung? Oh, wie töricht und ruchlos von diesen Menschen zu glauben, Gott der Herr würde es zulassen, daß sein frommer Knecht zu Schaden kommt.»

«Majestät, ich komme, um Eure Gnade für eine Frau zu erflehen, die zu Unrecht verhaftet wurde. Als Kammerdiener Eurer Majestät und als königlicher Schauspieler verbürge ich mich für ihre Unschuld.»

Die großen, runden Augen sahen ihn an, ohne zu blinzeln. «Ihr wollt *mich* um Gnade für eine Papistin bitten, Herr? Ihr seid ein mutiger, ein tollkühner Mann, Master Shakespeare.»

«Sie ist unschuldig, Eure Majestät.»

«Eine Papistin unschuldig?» König Jakob lachte grimmig. «Dann dürfte sie andere kennen, die nicht so unschuldig sind, Herr.»

«Nein, Eure Majestät.»

«Ihr scheint ja sehr viel zu wissen, Herr!» Jetzt funkelten die Augen böse. «Womöglich würde mein Foltermeister sich für *Eure* Geschichte interessieren, Master Shakespeare.»

William fühlte, wie ihm das Blut aus dem Gesicht wich. Sein Mund war so trocken, daß er zu seiner Antwort zweimal neu anheben mußte. «Majestät, ich bin ein Mitglied Eures Haushaltes, ein königlicher Kammerdiener, ein treuer Protestant!»

«Es wurde schon so mancher Wurm im königlichen Tafelwerk gefunden, Master Shakespeare. Und Motten, die des Königs Linnen fraßen. Und – merkt's Euch wohl, Master Shakespeare – Verräter in des Königs Schlafgemach!»

Die Drohung war nicht zu überhören. Der König mochte erschöpft und gereizt sein, aber er konnte einen Kirchturm von einem Leuchtenpfahl unterscheiden: er wußte sehr wohl, wie man die Wache rief, wie man Befehle erteilte. Und er wußte genau, wer dieser tollkühne Bittsteller war. William fuhr sich mit der Zunge über die Lippen und sagte steif: «Wenn Eure Majestät an der Treue Eures treuesten Dieners zweifeln, dann mögen Eure Majestät die Wache rufen und ihn in den Tower werfen lassen. William Shakespeare will lieber sterben, als von dem König, den er liebt, für einen Verräter gehalten zu werden.»

Das klang nicht viel anders, dachte er spöttisch, als die Reden der Bühnenhelden. Aber im täglichen Leben würde es kaum wirken. Doch zu seiner Verwunderung klopfte ihm König Jakob auf die Schulter und sagte: «Och, Shakespeare, Mann, nehmt's mir nicht übel! Ich zweifle nicht an Eurer Treue. Nein, ich bin nur – ich bin etwas gereizt, das müßt Ihr doch verstehen.»

«Gereizt? Majestät! Andere Fürsten würden nach solchen Schrecken kraftlos daniederliegen. Doch Eure Majestät sind – wenn ich so sagen darf – ruhig und gelassen, unerschütterlich wie stets. Niemand, gnäd'ger Herr, der Euch jetzt sähe, vermöchte zu glauben, daß Ihr erst gestern die Hand des Todes nach Eurer Schulter greifen fühltet!» O Gott, übertrieb er es auch nicht zu sehr? fragte er sich verzweifelt.

Anscheinend nicht. König Jakobs Augen leuchteten vor Genugtuung. «Ihr seid ein kluger Mann, Shakespeare. Nur wenige wissen es zu würdigen, wie ich die Gefahr verachte.»

«Manche Menschen», sagte William in strengem Ton, «sind sonderbar begriffsstutzig.» Er machte eine Pause und sagte dann: «Um auf diese Frau zurückzukommen, Eure Majestät ...»

«Jei. Ihr sagt, sie sei unschuldig? Und sie habe von der Verschwörung nichts gewußt?»

«So ist es, Majestät.»

«Gut. Sehr gut, Shakespeare. Ich werde ihre Freilassung anordnen. Und Ihr sagt, Ihr habt das Stück über meinen Ahnherrn Banquo fertig? Vortrefflich! Gut, gut. Aber Pulver, ein Mordanschlag auf den Herrscher von Gottes Gnaden – unglaublich, Master Shakespeare!»

William verbeugte sich fast bis zum Boden. «Mit Verlaub, Eure Majestät! In einem meiner Stücke sagte ich über die Gnade: ‹Sie zieret den Fürsten auf dem Thron mehr wie die Krone.› Und ich verglich sie mit des Himmels mildem Regen.»

Der König sah jetzt wohler aus. «Und wie heißt das Stück?» fragte er.

«*‹Der Kaufmann von Venedig.›*»

«Wir werden es am Hofe aufführen lassen. Im Palast von Whitehall. Sobald wir die Verschwörer gerichtet haben. Es kann nicht schaden, wenn wir den Hof an unsere königlichen Tugenden erinnern.»

William verbeugte sich tief. «Der Name der Frau, Eure Majestät, ist Annette Peyre.»

Der König rief den Hauptmann der Wache herbei. «Sorgt dafür, daß Annette Peyre, eine Papistin, die heute morgen ergriffen wurde, unversehrt freigelassen und nach Hause geleitet wird.»

«Sehr wohl, Majestät», sagte der Hauptmann, salutierte und entfernte sich.

William sprach dem König seinen ehrlich empfundenen Dank aus und verabschiedete sich mit einer tiefen Verbeugung.

Southampton hatte angesichts der gereizten Stimmung des Königs fest angenommen, daß Master Shakespeare den Empfangssaal von zwei Wachen flankiert und auf dem Wege zum Kerker verlassen würde. Er verbarg sein Erstaunen und fragte mit gekräuselten Lippen: «Nun, Master Shakespeare, wurde Euch gewährt, worum Ihr gebeten habt?»

William nickte. «Ich bin Euch überaus dankbar, gnäd'ger Herr.»

Dann ging er weiter. Der Graf von Southampton sah ihm verwundert nach.

20

Oh, ihr seid alle von Stein

Er eilte zu seinem Logis zurück. Matthew hörte ihn die Treppe heraufkommen und erwartete ihn, zitternd vor Aufregung. «Was ist?»

«Es ist alles gut, der König hat Order gegeben, deine Mutter freizulassen.»

Matthew wankte benommen ins Zimmer. «O Herr! Und Ihr habt die schriftliche Order?»

«Nein.» Er hätte es auch lieber schwarz auf weiß gehabt. Doch er hatte nicht gewagt, auch darum noch zu bitten. «Aber er hat den Hauptmann der Wache in meiner Gegenwart angewiesen, dafür zu sorgen, daß deine Mutter unversehrt freigelassen und nach Hause geleitet wird.»

«O Herr!» Zu Williams Bestürzung warf sich der Junge vor ihm auf die Knie und küßte ihm die Hand. «Ihr seid um unseretwillen beim König selbst gewesen?» fragte er schluchzend.

«Steh auf!» sagte William fast grob in seiner Verlegenheit.

Matthew erhob sich schwankend und wischte sich die Tränen aus den Augen. «Ich – ich wollte Euch nur danken, Herr», sagte er kläglich.

«Geh nach Hause und bereite alles für die Rückkehr deiner Mutter vor. So kannst du am besten deine Dankbarkeit bezeigen.» Dann fügte er in freundlicherem Ton hinzu: «Deine Mutter ist eine starke Frau, Matthew. Aber sie hat böse Ängste ausgestanden. Sie braucht jetzt deine Fürsorge und Liebe.»

«Sie wird sie bekommen, Herr», rief der Junge.

William lächelte. «Das will ich glauben.» Dann sagte er ernst: «Aber vergiß nicht, morgen früh ist die letzte Probe von ‹*Antonius und Cleopatra*›, und am Sonnabend ist die Aufführung.»

Die letzte Probe. Sie war auf acht Uhr morgens angesetzt worden. Es war noch fast dunkel. Ein paar Kerzen brannten auf der Bühne, und die Männer, die dort hin und her liefen, sahen wie Schatten aus. Außer der Garderobe und der Bühne war alles im ‹Globe› in gespenstisches Grau getaucht.

Die Schauspieler waren unruhig und aufgeregt. Jeder wußte, daß es auch von ihm mit abhing, ob das Spiel ein Erfolg oder ein kläglicher Reinfall wurde.

William, eine Kerze in der Hand, prüfte als Spielleiter in der Garderobe den großen Bogen an der Wand, auf dem für die Schauspieler die Folge der Auftritte und Abgänge verzeichnet war.

Richard Burbage ging, seine Rolle murmelnd, auf und ab. Er war, auch wenn er es William gegenüber nicht zugegeben hätte, begeistert von dem Stück.

Die beiden zusätzlich eingestellten Schauspieler, die Demetrius und Philo spielten, waren da. Der Wahrsager war da, und die Knaben, die Cleopatras Bedienstete spielten, waren da. Alle waren da.

Aber wo in Gottes Namen war Matthew?

Richard Burbage bekam, wie zu erwarten, einen Tobsuchtsanfall. William hatte ein ungutes Gefühl. Aber er hatte zu viel zu tun, um lange darüber nachzudenken, *warum* der Junge nicht da war. Es war schlimm genug, daß er nicht da war.

Sie schickten einen jungen Burschen los. Er sollte sich nach Matthew umsehen und ihn notfalls im Hause seiner Mutter abholen. In der Zwischenzeit probten sie einige der in Rom spielenden Szenen.

Der junge Bursche kam zurück. William unterbrach die Probe. «Hast du ihn gefunden?»

«Ja, Master Shakespeare. Er ist zu Hause bei seiner Mutter.»

«Und er ist nicht mit dir gekommen?»

«Nein.»

«Und warum nicht, um alles in der Welt?» fragte Richard Burbage.

«Er wollte es mir nicht sagen. Ich glaube, er ist krank, Herr. Und er bat, Master Shakespeare möchte, falls er könne, zu ihm kommen.»

«Zum Teufel! Der Kerl hat uns nichts als Ärger gemacht. Und nun erwartet er auch noch, daß einer der Teilhaber nach ihm sieht! Krank! Und was wird aus der Aufführung am Sonnabend?» Richard Burbage war außer sich.

William sagte in ruhigem Ton: «Ich fürchte, Dick, irgend etwas Ernstes ist passiert. Ich gehe hin, sobald wir die Szenen geprobt haben, in denen wir ihn nicht brauchen.»

Burbage schnaubte. Daß ein Teilhaber auf einen Wink hin zu einem Knabenschauspieler ging – nein, das war zuviel! Er wandte sich an Heminge: «John, wir sollten lieber noch ein anderes Stück für Sonnabend vorbereiten, für den Fall, daß dem gnädigen jungen Herrn nicht danach zumute ist, uns mit seiner Anwesenheit zu beehren. Wie ist es mit ‹*Julius Caesar*›, John?»

«Die Textrollen und die Kostüme liegen bereit. Wenn wir heute mit den Proben beginnen, können wir es bis Sonnabend schaffen.»

«Los! Zur Hölle mit ‹*Antonius und Cleopatra*›. Fangen wir doch gleich an. Und du, William, solltest jetzt vielleicht nach deinem leidenden, jammernden Lehrling sehen. Sage ihm in unser aller Namen, er möge zu seiner Kindertruppe zurückgehen! Wir brauchen Männer hier!»

William machte sich wütend auf den Weg. Richard war manchmal wirklich unerträglich! Er ging verärgert durch die Straßen. Verärgert über sich selbst, daß er, wenn Matthew nur pfiff, wie ein Hündchen zu ihm lief, und verärgert über Matthew, der die Aufführung verpatzte und ihm diese Demütigung zufügte. Doch der Zorn wurde von immer stärker werdenden bösen Vorahnungen verdrängt. Was würde er dort vorfinden?

Die Tür war von den Soldaten völlig zertrümmert worden.

Matthew stand auf der Schwelle.

Und er spuckte ihm ins Gesicht. «Tretet ein, Master Protestant!» schrie er mit schriller Stimme. Sein Gesicht war aschfahl. Und seine schwarzen Augen funkelten haßerfüllt.

William wischte sich wortlos den Speichel vom Bart und folgte dem Knaben ins Haus.

Matthew öffnete leise die Tür zum Wohnzimmer. Drinnen war es dunkel. Die Vorhänge waren zugezogen. «Sie kann das Tageslicht nicht ertragen», sagte Matthew.

William blieb zögernd in der Tür stehen.

Die grausame, höhnische Knabenstimme sagte: «Geht nur hinein, Master Protestant, und betrachtet Euch das Werk der Protestanten.»

William ging ein paar Schritte in den Raum hinein. Er konnte nichts sehen in der Dunkelheit.

Der Junge sagte jetzt mit einer rührend sanften, zärtlichen Stimme: «Mutter, Master Shakespeare ist gekommen, dich zu besuchen.»

Williams Augen hatten sich ein wenig an die Dunkelheit gewöhnt, und er sah jetzt ein weißes Gesicht, eine Gestalt auf einer Couch, und plötzlich krallten sich Finger in sein Handgelenk, und eine hohe, schleppende Stimme sagte: «Oh, gnäd'ger

Herr, was wollt Ihr wissen? Ich sage Euch alles, alles, wenn Ihr mich nur nicht ... Ja, Herr, es war Master Catesby, es waren er und Master Winter und Pater Grainger ...»

Dann ein unverständliches Gestammel, ein plötzlicher Schrei, und wieder Gestammel und ein jammervolles Gewimmer.

«Wie Ihr seht, Master Shakespeare, kam Eure Hilfe zu spät», sagte Matthew in kaltem, schneidendem Ton.

William taumelte aus dem Zimmer, durch die Halle und stürzte hinaus in das fahle Licht der Novembersonne. Ziellos und schwankend wie ein Betrunkener schleppte er sich durch die Straßen.

Matthew war in dem dunklen Zimmer bei seiner Mutter geblieben.

Er wußte von der anderen, der erschreckenden Natur. Spinne und Fliege, Katze und Maus, Fuchs und Vogel – Jäger und Gejagte. Wenn er den Schrei der Eule hörte, vermeinte er die mörderischen Klauen, die Schnabelhiebe zu spüren. Ein Dutzend Kreaturen mußten unter Qualen sterben, damit eine Kreatur leben konnte.

Aber daß der Mensch dem Menschen so etwas zufügen konnte ... Die Menschen, so hatte er geglaubt, waren teils edel, teils schlecht, und die meisten waren weder das eine noch das andere. Jetzt plötzlich kamen sie ihm wie die leibhaftigen Teufel vor, die einander grausam und erbarmungslos zu Tode quälten. Und die Welt, die er so liebte, war ihm plötzlich eine Hölle geworden, eine von brennenden, stechenden, quälenden Teufeln bewohnte Hölle. Das verdunkelte Zimmer, in dem Annette Peyre lag, ihre trostlosen Schreie hatten die Sonne verfinstert und die Musik der Welt erstickt.

Er verlor fast den Verstand. Er schloß sich in sein Zimmer ein, warf sich auf seine Couch und verfluchte das grausame

Menschengeschlecht, dem er, Gott mochte ihm gnädig sein, angehörte.

Er mußte versuchen, jedenfalls Matthew zu helfen, denn Annette Peyre, das wußte er, war nicht mehr zu helfen. Doch er war wie gelähmt, und das Herz war ihm so schwer, daß er nichts tun konnte.

Um seiner Verzweiflung Luft zu machen, griff er zur Feder. In den ‹*Chroniken*› von Holinshed hatte er einen Stoff gefunden, eine Geschichte von einem alten mißtrauischen König, von Schurkerei, Blutvergießen und Herzeleid. Sein Stück sollte ein Schrei der Empörung und des Entsetzens werden.

Und so schrieb er und grübelte, von Fieberanfällen geschüttelt und geschwächt, von langen Tagen der Verzweiflung zermürbt. Manchmal saß er da und starrte ins Leere. Manchmal schrieb er fieberhaft. Und manchmal war er selber der alte, halbirre König: «Blast, Wind, und sprengt die Backen! Wütet! Blast! Sturzwasser ihr und Wolkenbrüche, speit!»

Mistress Mountjoy glaubte, er sei verhext worden. Sie stellte ihm sein Essen hin und ließ ihn in Ruhe. Wenn seine Schauspielerfreunde kamen, hieß er sie freundlich willkommen, war aber jedesmal froh, wenn sie wieder gingen. Es gab nur einen Besucher, den er herbeisehnte, und der würde nicht kommen.

Doch er kam, noch immer bleich, und die schwarzen Augen funkelten noch immer haßerfüllt.

William eilte auf ihn zu, um ihn zu umarmen. Aber die ablehnende Haltung des Jungen hielt ihn zurück. «Matthew», sagte er, «wie geht es deiner Mutter?» Sein Mund war trocken. Er konnte nur flüstern.

Matthew bekreuzigte sich. «Unser Heiland Jesus Christus hat sie zu sich in den ewigen Frieden geholt.»

«Gott sei's gedankt!» sagte William. Er setzte sich, ließ den Kopf auf den Tisch sinken und weinte.

Matthew stand da und starrte ihn an.

William kam wieder zu sich. Er hob den Kopf. «Und du, Matthew? Was hast du nun vor?» Er stand auf. Eine fast heitere Ruhe erfüllte ihn plötzlich. «Möchtest du ein Glas Wein, Matthew?» fragte er.

«Nein, danke, Herr.» Er stand noch immer in seiner ablehnenden Haltung da. «Herr, ich – ich habe mich im Hause meiner Mutter ungehörig gegen Euch betragen. Ich bitte Euch, verzeiht mir, Herr.»

«Komm, Matthew! Komm doch, setz dich.»

«Ich würde lieber stehen, Master Shakespeare. Ich möchte nicht lange bleiben.»

«Aber Matthew, dies ist dein Zuhause. Und – ich wollte es dir schon lange sagen . . .» Er sah den großen, unbeugsamen Jungen bittend an. «Ich dachte . . . Ich hatte einst einen Sohn, Matthew, und ich dachte, ich hatte gehofft, du könntest vielleicht an seine Stelle treten und womöglich sogar meinen Namen annehmen.» Und als der Junge nichts erwiderte, fügte er hinzu: «Ich habe nur noch Töchter. Die Genehmigung, ein Wappen zu führen, verfällt mit meinem Tod. Ich hoffte –»

Der Junge lächelte. Endlich lächelte er! Er sagte: «Dort, wo ich hingehe, brauche ich kein Familienwappen, Master Shakespeare.»

Es klang unheilvoll, und William fragte: «Wohin gehst du, Matthew?»

Der Knabe sagte, noch immer lächelnd: «Nach Douai, Herr.»

«Douai?»

«Ins Priesterseminar in Douai. Ich muß meine Mutter rächen, Herr. Nicht so, wie Protestanten Rache nehmen, sondern indem ich möglichst viele englische Seelen für Christus rette, Master Shakespeare. In ein paar Jahren werde ich als Priester nach England zurückkehren. Und mit Gottes Hilfe werden wir England eines Tages in den Schoß der Kirche zurückführen.»

William hatte ihn entsetzt und wie gebannt angestarrt. Jetzt sagte er in scharfem Ton: «Du bist verrückt, Matthew.»

Der Junge zog hochmütig die Augenbrauen hoch. «Verrückt, Master Shakespeare?»

«Ja, verrückt! Deine Mutter und Master Catesby und Hunderte anderer starben einen qualvollen Tod um dieser theologischen Haarspaltereien willen – und nun willst auch du dein Leben wegwerfen?»

Der Junge lächelte selbstsicher. «Das ewige Leben, Herr, und die ewige Verdammnis, das sind keine Haarspaltereien.»

«Glaubst du wirklich, Matthew, daß ein frommer Mann, wenn er nicht deinem Glauben angehört, in die Hölle fährt?»

«Aber gewiß, Master Shakespeare. Ihr seid ein guter Mann, ein gütiger Mann. Meine Mutter verehrte Euch, und ich – ich liebte Euch. Doch Ihr seid zu ewigem Höllenfeuer verdammt. Es sei denn, Ihr bereut.»

William war kein Fanatiker. Sein Gott war ein barmherziger Christus, der die finstersten Tiefen menschlichen Leidens durchschritten hatte. Und er glaubte auch an die Schönheit, die allem in der Natur, vom schlichten Blütenblatt bis zum Sternenzelt, innewohnte. Und im übrigen hielt er es mit der weisen alten Königin Elisabeth, die sich weder für den protestantischen noch für den katholischen Glauben erklärt, sondern einmal gesagt hatte: «Daß Gott das Wort am Anfang sprach, daß er das Brot nahm und es brach und daß sein Wort das Heil und Licht, das glaube ich mit Zuversicht.»

Er sagte bitter: «Du willst also dein Leben wegwerfen?»

«Nicht bevor ich ein paar Seelen gerettet habe.»

Es war zwecklos. William seufzte und sagte: «Du wärst ein guter Schauspieler geworden.»

Verwundert sah er Matthew an. Der Junge schien plötzlich

gewachsen zu sein. Seine Augen glänzten. Eine innere Glut schien aus seinem Gesicht zu leuchten, eine überirdische Freude, wie William sie noch nie gesehen hatte. «Es mag wohl sein», sagte der Junge, «daß ich eines Tages wieder auf der Bühne stehe, Master Shakespeare. Aber es wird nicht im ‹Globe› und nicht im ‹Blackfriars›-Theater sein.»

Mit verzagter, trauriger Stimme fragte William: «Welche Bühne wird es sein, Matthew?»

«Das Blutgerüst!» rief Matthew hell und triumphierend. Dann ging er.

Das Zimmer kam ihm leer vor. Das Feuer im Kamin war heruntergebrannt. Er warf ein paar Scheite in die Glut und ging an seinen Schreibtisch. Sein Blick fiel auf einen Stapel beschriebener Bogen. *‹Antonius und Cleopatra›*. Er nahm die Blätter und trug sie zum Feuer.

Die frischen Scheite knisterten. Flammen umzüngelten sie, erstarben und flackerten von neuem auf.

Er überlegte es sich anders. Nein, man zerstörte nicht, was man geschaffen hatte. Er ging zu seinem Schreibtisch zurück. Zu seinen Lebzeiten würde das Stück nicht aufgeführt werden, dafür würde er sorgen. Zu schmerzliche Erinnerungen an Matthew und Annette Peyre waren für ihn damit verbunden. Und nach seinem Tode würde sich wahrscheinlich niemand mehr dafür interessieren.

Trotzdem, er brachte es nicht über sich, es zu verbrennen. Er warf die Blätter in eine Schublade. Man zerstörte nicht, was man geschaffen hatte.

Epilog

«Hamnet Shakespeare. Geboren 1585. Gestorben 1596.»

Ein kleiner Stein für eine kleine Spanne. Eine kurze Inschrift für ein kurzes Leben.

Er dachte an Matthew. Wie viele Jahre würden dem Jungen noch vergönnt sein? Er würde ein paar Jahre studieren, und man würde ihn zum Priester weihen. Dann würde man den blassen jungen Mann, als Kaufmann oder als Scholaren verkleidet, nach England zurückschicken, und dort würde er noch ein paar Monate, vielleicht sogar noch ein paar Jahre leben. Er würde sich tagsüber in einem einsamen Versteck verborgen halten und nachts den Gläubigen Trost, Unterweisung und den Leib Christi bringen. Bis – bis ihn jemand verriet, bis er verhaftet, verurteilt und schließlich grausam hingerichtet wurde.

Dunstschwaden, die vom Fluß heraufkamen, krochen wie graue Gespenster über den Kirchhof von Stratford hin. Er wandte sich ab. Gestern, am ersten schönen Frühlingstag, war er losgeritten. Er hatte alle zehn Meilen das Pferd gewechselt und so siebzig von den neunzig Meilen, die ihn von Stratford trennten, zurückgelegt. Heute, am zweiten Tag, hatte er schon lange vor Morgengrauen im Sattel gesessen und war nach Stratford galoppiert, als hätte er den Teufel im Nacken. Er sehnte sich nach Luft, nach der vertrauten Umgebung, wo er wieder frei atmen konnte. Er sehnte sich nach Anne und nach seinen Töchtern. Er sehnte sich nach der wohltuenden Ruhe, die von den Bäumen, den Wiesen und den Blumen am Wegesrand ausging.

Er ritt weiter.

Die strahlende Frühlingssonne hatte den Morgennebel vertrieben, als er an dem Häuschen vorbeikam, wo er und Anne gewohnt hatten, als sie noch jung waren. Und nun tauchte New Place vor ihm auf. Die rautenförmigen Butzenscheiben glitzerten im Sonnenlicht, und die roten Backsteine strahlten Wärme und Geborgenheit aus.

Er kam näher. Die Sonne schien in das vordere Zimmer, und er sah, daß sie beim Frühstück saßen, zwei grauhaarige Frauen – seine Mutter und Anne – und ein dunkler und ein blonder Schopf – Judith und Susanna.

Er sah, wie Anne aus dem Fenster blickte, wie sie besorgt den Fremden musterte. Und dann das ungläubige Staunen in ihrem Gesicht, als sie ihn erkannte.

Sie entschwand seinem Blick.

Und gleich darauf öffnete sich die Tür, und Anne stand auf der Schwelle und breitete die Arme aus und lächelte ihn voller Liebe und Freude an. Er sah, wie ihre Lippen sich bewegten und verwundert seinen Namen aussprachen.

«Anne!» flüsterte er. Und lief auf sie zu im hellen Morgenlicht des neuen Tages.

Nachbemerkung des Autors

William Shakespeare hat in seiner Tragödie *‹Antonius und Cleopatra›* mit der Cleopatra eine Frauengestalt geschaffen, die so vielschichtig ist, daß im allgemeinen nur sehr erfahrene Schauspielerinnen diese Rolle zu spielen wagen. Man könnte sagen, die Rolle der Cleopatra ist für eine Schauspielerin das, was für einen männlichen Schauspieler die Rolle des Hamlet ist.

Als Shakespeare *‹Hamlet›* schrieb, konnte er davon ausgehen, daß der große Schauspieler Richard Burbage die Titelrolle spielen würde. Als er *‹Antonius und Cleopatra›* schrieb, mußte er davon ausgehen, daß die Rolle der Cleopatra von einem Knabenschauspieler gespielt werden würde, denn vor 1660 war es in England nicht üblich, daß Frauen im professionellen Theater auftraten. Nun ist es unwahrscheinlich, daß es einen Knabenschauspieler gab, der dieser Rolle gewachsen gewesen wäre. Andererseits – warum schrieb Shakespeare, der ja auch ein guter Geschäftsmann war, dieses Stück dann überhaupt? Oder gab es in der Schauspielertruppe doch einen Knaben, der die Rolle vielleicht hätte spielen können? Und wenn ja, wie kommt es dann, daß das Stück, soweit wir wissen, erst lange nach Shakespeares Tod zum erstenmal aufgeführt wurde? Eine denkbare Erklärung versuche ich in diesem Buch über William Shakespeare und seine Zeit zu geben.

E. M.